Spieglein, Spieglein...

Lebensbilder im Märchen

Ilona Picha-Höberth

Über die Autorin:

Ilona Picha-Höberth ist freie Erzählerin und Autorin.

Neben ihren künstlerischen Erzählveranstaltungen hält sie Vorträge, Seminare und Workshops, um die tiefenpsychologische Bedeutung und heilende Botschaft von Märchen und Mythen zu vermitteln.

Bisher erschienen im creAstro-Verlag:

«Wer küsst Rapunzels Schuh?»	2005
«Picco – ein Märchen»	2008
«Märchen vom Grünen Fluss»	2010
«Stille Nacht – Raue Nacht» CD	2010
«Märchen von der Unmöglichkeit der Liebe»	2012
«Dunkles Land»	2016
«Seelenbrüche»	2018
«Stille Nacht – Raue Nacht» Buch	2019
«Zeit-Los»	2019
«Wasserburg mit anderen Augen sehen»	2020
«Wasserburg verWunschen & verZaubert»	2021

Nähere Informationen: picha-hoeberth.com

Ilona Picha-Höberth

Spieglein, Spieglein...

Lebensbilder im Märchen

creAstro Verlag

Besuchen Sie auch die Website «creastro.de»

Bibliografische Information der Deutschen Bibliothek: Die Deutsche Bibliothek verzeichnet diese Publikation in der Deutschen Nationalbibliografie; detaillierte bibliografische Daten sind im Internet über https://portal.dnb.de/opac.htm abrufbar.

Ilona Picha-Höberth
Spieglein, Spieglein
Wasserburg am Inn, creAstro-Verlag 2022
ISBN 978-3-939078-22-7

1. Auflage 2022
Umschlaggestaltung: Gerhard Höberth
printed in Germany

Inhaltsverzeichnis

Die Sprache der Seele

Märchen sind weit mehr als zauberische Geschichten für Kinder. Sie sind Spiegel aller Herausforderungen, denen wir uns auf unserem Lebensweg stellen müssen. Sie erzählen uns über das Glück und Leid unserer Kindheit, über all die Schätze, die wir in uns tragen, die Krisen, die wir bewältigen und über alle Verluste, die wir betrauern müssen, über ge- und missglückte Beziehungen zu uns selbst und zu anderen. Märchen sind, wie alle Bildsprachen, eine Sprache der Seele. Wenn wir sie verstehen lernen, lernen wir, uns selbst zu verstehen. Sie werden zu Vor-Bildern für alle Lebenssituationen von der Geburt bis zum Tod.

Wir sind heute im Grunde viel zu sehr damit beschäftigt, auf uns selbst zu schauen. Auf unsere Bedürfnisse und unsere Befindlichkeiten. Wir fragen uns permanent, «stimmt das für mich?». Wir kreisen in immer wiederkehrenden Bewegungen um unsere Egos. Psychologische Ratgeber, Fitnessprogramme, sogar Yoga, gesunde, biologische Ernährung – alles hat ausschließlich unsere Selbstoptimierung zum Inhalt. «Selfcare» heißt der neue Weg zur Erleuchtung. Nichts interessiert uns im Sinne einer besseren sozialen Struktur, einer gesünderen Umwelt, wenn es nicht mit einer spürbaren Verbesserung unserer individuellen Ansprüche einhergeht. Und wenn wir ehrlich sind, interessiert uns doch nicht einmal eine spirituelle oder göttliche Instanz, wenn sie uns nicht schöner, gesünder und erfolgreicher macht. Wenn wir nicht bei ihr die Erfüllung unserer persönlichen Wünsche in Auftrag geben können. Aber das Leben ist keine steile Karriereleiter, die immer nach oben führt. Es verläuft rhythmisch und ist durchzogen von Irrungen und Wirrungen. Dazu gehören alle Höhen und Tiefen, jede Freude und jedes Leid. Dazu gehört es auch, dass wir über unser Scheitern und unsere Fehler lernen. Und dazu gehört es auch, dass wir uns als untrennbarer Teil des Ganzen betrachten.

Unsere eigene Bedürftigkeit, unsere Vorstellung von individueller Freiheit gefährdet unsere Zukunft. Wir beuten in der Maßlosigkeit unserer Bedürfnisse – ob materiell oder psychologisch – unsere Umwelt aus, unsere tierischen Mitgeschöpfe und auch unsere Mitmenschen. Damit ist schon längst auch unser sozialer Friede gefährdet. Immer mehr Menschen glauben inzwischen, dass Demokratie einzig die Verwirklichung ihrer persönlichen Ansprüche zum Ziele haben muss. Paradoxerweise führt uns diese Fixierung auf uns selbst jedoch immer weiter weg von vollkommener Zufriedenheit und perfekter Harmonie, die uns doch – gerade von psychologischen und esoterisch-spirituellen Lehren – immer als höchstes zu erreichendes Ziel versprochen werden. Was nutzt es uns denn, dass wir immer schöner, reicher und gesünder werden, wenn die Welt vor die Hunde geht? Macht uns das wirklich glücklicher? Sollten wir nicht eigentlich viel mehr lernen, uns um andere zu sorgen, als um uns selbst?

Warum also über die Märchen wieder zurück zu dieser Selbstbetrachtung? Ergibt das überhaupt noch Sinn in diesem ohnehin ständigen Kreisen um sich selbst? Ja! Denn Märchen sind, wie alle archetypischen Bildsprachen, zeitlose und immerwährende Spiegel aller menschlichen Verhaltensformen und all der sich daraus ergebenden Krisen und Probleme – also auch die, der Herausforderungen unserer Zeit. Sie zeigen uns – wenn auch in verzerrter Form – die Schieflagen unserer eigenen Haltungen. Damit geben sie uns die Möglichkeit zu Korrektur und Verbesserung.

Allerdings setzt dies voraus, dass wir bereit sind, unsere Blickwinkel zu ändern. Wir müssen unser Fordern hinterfragen, unser Klagen darüber, dass uns irgendwer – meist Mama oder Papa – etwas schuldig geblieben wäre, und dass all unsere Lebensprobleme darin ihren Ursprung hätten. Wir müssen bereit sein, uns nicht immer als die infantilen Opfer eines Mangels oder einer Absicht zu sehen, sondern als Verantwortliche für unser Handeln. Die Vorstellung oder die Kenntnis davon, wie erzieherische, soziale und gesellschaftliche Einflüsse auf unsere späteren Einstellungen wirken, dürfen wir nicht als Entschuldigung für unsere egomanischen Haltungen missbrauchen. Die Prägungen unserer Vergangenheit dürfen nicht als Rechtfertigung für unsere Fehlhandlungen und Verweigerungen dienen, sondern als Möglichkeit gesehen werden, etwas anders und vielleicht auch besser zu machen – für uns selbst und für andere.

Selbstreflexion darf nicht verwechselt werden mit der Sucht nach der Befriedigung unserer egomanischen Bedürfnisse. «Reflectere» bedeutet «*zurückbeugen*», einen Schritt zurücktreten, also, Abstand zu nehmen von uns selbst, um Reaktionen der Außenwelt auf uns und unser Tun wieder wahrzunehmen, begreifen, dass «Ich» nur durch ein «Du» existieren kann.

Wenn wir Märchen in diesem Sinne betrachten, dann werden sie tatsächlich zu Vorbildern, die uns dazu dienen, uns selbst als Teil des Ganzen zu begreifen. Wir dürfen sie nicht dazu missbrauchen, zu urteilen und uns selbst zu Opfern zu stilisieren. Es geht darum, die Vergangenheit zu verstehen, das Geschehene einzuordnen und das Gegenwärtige zu überdenken, um unser eigenes Handeln dadurch zu revidieren. Märchen folgen einer inneren Ordnung, ihre Botschaften sind zeitlos. Wenn wir sie verstehen lernen, öffnen sie uns immer neue Räume zu immer neuen Erkenntnissen.

Märchen geben uns nicht immer die Antworten, die wir uns erhoffen – im Grunde stellen sie uns Fragen. Aber genau darauf kommt es an, denn Fragen eröffnen uns Wege, die uns zu den Antworten führen.

Dann werden Märchen zu Spiegeln, in denen wir nicht mehr länger das verzerrte Bild unserer selbst entdecken, sondern die Welt, so wie sie ist.

Der Teufel mit den drei goldenen Haaren

- Wenn Glückskinder zum Teufel gehen

Es war einmal eine arme Frau, die gebar ein Söhnlein, und weil es eine Glückshaut umhatte, als es zur Welt kam, so ward ihm geweissagt, es werde im vierzehnten Jahr die Tochter des Königs zur Frau haben.

Es trug sich zu, dass der König bald darauf ins Dorf kam, und niemand wusste, dass es der König war, und als er die Leute fragte, was es Neues gäbe, so antworteten sie: «Es ist in diesen Tagen ein Kind mit einer Glückshaut geboren: Was so einer unternimmt, das schlägt ihm zum Glück aus. Es ist ihm auch vorausgesagt, in seinem vierzehnten Jahre solle er die Tochter des Königs zur Frau haben.»

Der König, der ein böses Herz hatte und über die Weissagung sich ärgerte, ging zu den Eltern, tat ganz freundlich und sagte: «Ihr armen Leute, überlasst mir euer Kind, ich will es versorgen.» Anfangs weigerten sie sich, da aber der fremde Mann schweres Gold dafür bot und sie dachten: «Es ist ein Glückskind, es muss doch zu seinem Besten ausschlagen», so willigten sie endlich ein und gaben ihm das Kind.

Der König legte es in eine Schachtel und ritt damit weiter, bis er zu einem tiefen Wasser kam; da warf er die Schachtel hinein und dachte: «Von dem unerwarteten Freier habe ich meine Tochter geholfen.»

Die Schachtel aber ging nicht unter, sondern schwamm wie ein Schiffchen, und es drang auch kein Tröpfchen Wasser hinein. So schwamm sie bis zwei Meilen von des Königs Hauptstadt, wo eine Mühle war, an dessen Wehr sie hängen blieb. Ein Mahlbursche, der glücklicherweise da stand und sie bemerkte, zog sie mit einem Haken heran und meinte große Schätze zu finden, als er sie aber aufmachte, lag ein schöner Knabe darin, der ganz frisch und munter war. Er brachte ihn zu den Müllersleuten, und weil diese keine Kinder hatten, freuten sie sich und sprachen: «Gott hat es uns beschert.» Sie pflegten den Findling wohl, und er wuchs in allen Tugenden heran.

Es trug sich zu, dass der König einmal bei einem Gewitter in die Mühle trat und die Müllersleute fragte, ob der große Junge ihr Sohn wäre. «Nein», antworteten sie, «es ist ein Findling, er ist vor vierzehn Jahren in einer Schachtel ans Wehr geschwommen, und der Mahlbursche hat ihn aus dem Wasser gezogen.» Da merkte der König, dass es niemand anders als das Glückskind war, das er ins Wasser geworfen hatte, und sprach: «Ihr guten Leute, könnte der Junge nicht einen Brief an die Frau Königin bringen, ich will ihm zwei Goldstücke zum Lohn geben?» – «Wie der Herr König gebietet», antworteten die Leute und hießen den Jungen sich bereit halten. Da schrieb der König einen

Brief an die Königin, worin stand: «Sobald der Knabe mit diesem Schreiben angelangt ist, soll er getötet und begraben werden, und das alles soll geschehen sein, ehe ich zurückkomme.»

Der Knabe machte sich mit diesem Briefe auf den Weg, verirrte sich aber und kam abends in einen großen Wald. In der Dunkelheit sah er ein kleines Licht, ging darauf zu und gelangte zu einem Häuschen. Als er hineintrat, sass eine alte Frau beim Feuer ganz allein. Sie erschrak, als sie den Knaben erblickte, und sprach: «Wo kommst du her und wo willst du hin?» – «Ich komme von der Mühle», antwortete er, «und will zur Frau Königin, der ich einen Brief bringen soll; weil ich mich aber in dem Walde verirrt habe, so wollte ich hier gerne übernachten.» – «Du armer Junge», sprach die Frau, «du bist in ein Räuberhaus geraten, und wenn sie heimkommen, so bringen sie dich um.» – «Mag kommen, wer will», sagte der Junge, «ich fürchte mich nicht; ich bin aber so müde, dass ich nicht weiter kann», streckte sich auf eine Bank und schlief ein.

Bald hernach kamen die Räuber und fragten zornig, was da für ein fremder Knabe läge. «Ach», sagte die Alte, «es ist ein unschuldiges Kind, es hat sich im Walde verirrt, und ich habe ihn aus Barmherzigkeit aufgenommen: Er soll einen Brief an die Frau Königin bringen.» Die Räuber erbrachen den Brief und lasen ihn, und es stand darin, dass der Knabe sogleich, wie er ankäme, sollte ums Leben gebracht werden. Da emp-

fanden die hartherzigen Räuber Mitleid, und der Anführer zerriss den Brief und schrieb einen andern, und es stand darin, sowie der Knabe ankäme, sollte er sogleich mit der Königstochter vermählt werden. Sie ließen ihn dann ruhig bis zum andern Morgen auf der Bank liegen, und als er aufgewacht war, gaben sie ihm den Brief und zeigten ihm den rechten Weg.

Die Königin aber, als sie den Brief empfangen und gelesen hatte, tat, wie darin stand, hieß ein prächtiges Hochzeitsfest anstellen, und die Königstochter ward mit dem Glückskind vermählt; und da der Jüngling schön und freundlich war, so lebte sie vergnügt und zufrieden mit ihm.

Nach einiger Zeit kam der König wieder in sein Schloss und sah, dass die Weissagung erfüllt und das Glückskind mit seiner Tochter vermählt war. «Wie ist das zugegangen?», sprach er, «ich habe in meinem Brief einen ganz anderen Befehl erteilt.» Da reichte ihm die Königin den Brief und sagte, er möchte selbst sehen, was darin stände. Der König las den Brief und merkte wohl, dass er mit einem andern war vertauscht worden. Er fragte den Jüngling, wie es mit dem anvertrauten Briefe zugegangen wäre, warum er einen andern dafür gebracht hätte. «Ich weiß von nichts», antwortete er, «er muss mir in der Nacht vertauscht sein, als ich im Walde geschlafen habe.»

Voll Zorn sprach der König: «So leicht soll es dir nicht werden, wer meine Tochter haben will, der muss mir aus der Hölle drei goldene Haare von dem Haupt des Teufels holen; bringst du mir, was ich verlange, so sollst du meine Tochter behalten.» Damit hoffte der König, ihn auf immer loszuwerden. Das Glückskind aber antwortete: «Die goldenen Haare will ich wohl holen, ich fürchte mich vor dem Teufel nicht.»

Darauf nahm er Abschied und begann seine Wanderschaft. Der Weg führte ihn zu einer großen Stadt, wo ihn der Wächter an dem Tore ausfragte, was für ein Gewerbe er verstände und was er wüsste. «Ich weiß alles», antwortete das Glückskind. «So kannst du uns einen Gefallen tun», sagte der Wächter, «wenn du uns sagst, warum unser Marktbrunnen, aus dem sonst Wein quoll, trocken geworden ist, und nicht einmal mehr Wasser gibt.» – «Das sollt ihr erfahren», antwortete er, «wartet nur, bis ich wiederkommen.» Da ging er weiter und kam vor eine andere Stadt, da fragte der Torwächter wiederum, was für ein Gewerbe er verstünde und was er wüsste. «Ich weiß alles», antwortete er. «So kannst du uns einen Gefallen tun und uns sagen, warum ein Baum in unserer Stadt, der sonst goldene Äpfel trug, jetzt nicht einmal Blätter hervortreibt.» – «Das sollt ihr erfahren», antwortete er, «wartet nur, bis ich wiederkommen.» Da ging er weiter, und kam an ein grosses Wasser, über das er hinüber musste. Der Fährmann fragte ihn, was er für ein Gewerbe verstände und was er wüsste. «Ich weiß alles», antwortete er. «So kannst du mir einen Gefallen tun», sprach der Fährmann, «und nur sagen, warum ich immer hin- und herfahren muss und niemals abgelöst werde.» – «Das sollst du erfahren», antwortete er, «warte nur, bis ich wiederkomme.»

Als er über das Wasser hinüber war, so fand er den Eingang zur Hölle. Es war schwarz und rußig darin, und der Teufel war nicht zu Haus, aber seine Ellermutter sass da in einem breiten Sorgenstuhl. «Was willst du?», sprach sie zu ihm, sah aber gar nicht so böse aus. «Ich wollte gerne drei goldene Haare von des Teufels Kopf», antwortete er, «sonst kann ich meine Frau nicht behalten.» – «Das ist viel verlangt», sagte sie, «wenn der Teufel heimkommt, und findet dich, so geht dir's an den Kragen; aber du dauerst mich, ich will sehen, ob ich dir helfen kann.» Sie verwandelte ihn in eine Ameise und sprach: «Kriech in meine Rockfalten, da bist du sicher.» – «Ja», antwortete er, «das ist schon gut, aber drei Dinge möchte ich gerne noch wissen, warum ein Brunnen, aus dem sonst Wein quoll, trocken geworden ist, jetzt nicht einmal mehr Wasser gibt: warum ein Baum, der sonst goldene Äpfel trug, nicht einmal mehr Laub treibt: und warum ein Fährmann immer herüber- und hinüberfahren muss und nicht abgelöst wird.» – «Das sind schwere Fragen», antwortete sie, «aber halte dich nur still und ruhig, und hab acht, was der Teufel spricht, wann ich ihm die drei goldenen Haare ausziehe.»

Als der Abend einbrach, kam der Teufel nach Haus. Kaum war er eingetreten, so merkte er, dass die Luft nicht rein war. «Ich rieche, rieche Menschenfleisch», sagte er, «es ist hier nicht richtig.» Dann guckte er in alle Ecken und suchte, konnte aber nichts finden. Die Ellermutter schalt ihn aus: «Eben ist erst gekehrt», sprach sie, «und alles in Ordnung gebracht, nun wirfst du mir's wieder untereinander; immer hast, du Menschenfleisch in der Nase! Setze dich nieder und iss dein Abendbrot.» Als er gegessen und getrunken hatte, war er milde, legte der Ellermutter seinen Kopf in den Schoss und sagte, sie sollte ihn ein wenig lausen. Es dauerte nicht lange, so schlummerte er ein, blies und schnarchte. Da fasste die Alte ein goldenes Haar, riss es aus und legte es neben sich. «Autsch!», schrie der Teufel, «was hast du vor?»

«Ich habe einen schweren Traum gehabt», antwortete die Ellermutter, «da hab ich dir in die Haare gefasst.» – «Was hat dir denn geträumt?», fragte der Teufel. «Mir hat geträumt, ein Marktbrunnen, aus dem sonst Wein quoll, sei versiegt, und es habe nicht einmal Wasser daraus quellen wollen, was ist wohl schuld daran?» – «He, wenn sie's wüssten!», antwortete der Teufel, «es sitzt eine Kröte unter einem Stein im Brun-

nen, wenn sie die töten, so wird der Wein schon wieder fließen.»

Die Ellermutter lauste ihn wieder, bis er einschlief und schnarchte, dass die Fenster zitterten. Da riss sie ihm das zweite Haar aus. «Hu! Was machst du?», schrie der Teufel zornig. «Nimm's nicht übel», antwortete sie, «ich habe es im Traum getan.» – «Was hat dir wieder geträumt?», fragte er. «Mir hat geträumt, in einem Königreiche ständ ein Obstbaum, der hätte sonst goldene Äpfel getragen und wollte jetzt nicht einmal Laub treiben. Was war wohl die Ursache davon?»

«He, wenn sie's wüssten!», antwortete der Teufel, «an der Wurzel nagt eine Maus, wenn sie die töten, so wird er schon wieder goldene Äpfel tragen, nagt sie aber noch länger, so verdorrt der Baum gänzlich. Aber lass mich mit deinen Träumen in Ruhe, wenn du mich noch einmal im Schlafe störst, so kriegst du eine Ohrfeige.» Die Ellermutter sprach ihn zu gut und lauste ihn wieder, bis er eingeschlafen war und schnarchte. Da fasste sie das dritte goldene Haar und riss es ihm aus. Der Teufel fuhr in die Höhe, schrie und wollte übel mit ihr wirtschaften, aber sie besänftigte ihn nochmals und sprach: «Wer kann für böse Träume!»

«Was hat dir denn geträumt?», fragte er und war doch neugierig. «Mir hat von einem Fährmann geträumt, der sich beklagte, dass er immer hin- und herfahren musste, und nicht abgelöst würde. Was ist

wohl schuld?» – «He, der Dummbart!», antwortete der Teufel, «wenn einer kommt und will überfahren, so muss er ihm die Stange in die Hand geben, dann muss der andere überfahren, und er ist frei.» Da die Ellermutter ihm die drei goldenen Haare ausgerissen hatte und die drei Fragen beantwortet waren, so ließ sie den alten Drachen in Ruhe, und er schlief, bis der Tag anbrach. Als der Teufel wieder fortgezogen war, holte die Alte die Ameise aus der Rockfalte, und gab dem Glückskind die menschliche Gestalt zurück.

«Da hast du die drei goldenen Haare», sprach sie, «was der Teufel zu deinen drei Fragen gesagt hat, wirst du wohl gehört haben.» – «Ja», antwortete er, «ich habe es gehört und will's wohl behalten.» – «So ist dir geholfen», sagte sie, «und nun kannst du deiner Wege ziehen.» Er bedankte sich bei der Alten für die Hilfe in der Not, verließ die Hölle und war vergnügt, dass ihm alles so wohl geglückt war. Als er zu dem ‚Fährmann kam, sollte er ihm die versprochene Antwort geben. «Fahr mich erst hinüber», sprach das Glückskind, «so will ich dir sagen, wie du erlöst wirst», und als er auf dem jenseitigen Ufer angelangt war, gab er ihm des Teufels Rat: «Wenn wieder einer kommt und will übergefahren sein, so gib ihm nur die Stange in die Hand.»

Er ging weiter und kam zu der Stadt, worin der unfruchtbare Baum stand, und wo der Wächter auch Antwort haben wollte. Da sagte er ihm, wie er vom

Teufel gehört hatte, «tötet die Maus, die an seiner Wurzel nagt, so wird er wieder goldene Äpfel tragen.» Da dankte ihm der Wächter und gab ihm zur Belohnung zwei mit Gold beladene Esel, die mussten ihm nachfolgen. Zuletzt kam er zu der Stadt, deren Brunnen versiegt war. Da sprach er zu dem Wächter, wie der Teufel gesprochen hatte: «Es sitzt eine Kröte im Brunnen unter einem Stein, die müsst ihr aufsuchen und töten, so wird er wieder reichlich Wein geben.» Der Wächter dankte und gab ihm ebenfalls zwei mit Gold beladene Esel.

Endlich langte das Glückskind daheim bei seiner Frau an, die sich herzlich freute, als sie ihn wiedersah und hörte, wie wohl ihm alles gelungen war. Dem König brachte er, was er verlangt hatte, die drei goldenen Haare des Teufels, und als dieser die vier Esel mit dem Golde sah, ward er ganz vergnügt und sprach: «Nun sind alle Bedingungen erfüllt und du kannst meine Tochter behalten. Aber, lieber Schwiegersohn, sage mir doch, woher ist das viele Gold? Das sind ja gewaltige Schätze!» – «Ich bin über einen Fluss gefahren», antwortete er, «und da habe ich es mitgenommen, es liegt dort statt des Sandes am Ufer.» – «Kann ich mir auch davon holen?», sprach der König und war ganz begierig. «So viel Ihr nur wollt», antwortete er, «es ist ein Fährmann auf dem Fluss, von dem lasst Euch überfahren, so könnt Ihr drüben Eure Säcke füllen.»

Der habsüchtige König machte sich in aller Eile auf den Weg, und als er zu dem Fluss kam, so winkte er dem Fährmann, der sollte ihn übersetzen. Der Fährmann kam und hieß ihn einsteigen, und als sie an das jenseitige Ufer kamen, gab er ihm die Ruderstange in die Hand und sprang davon. Der König aber musste von nun an fahren zur Strafe für seine Sünden.

«Fährt er wohl noch? – Was denn? Es wird ihm niemand die Stange abgenommen haben.»

Wenn Glückskinder zum Teufel gehen

oder: Vom (un-)perfekten Start in ein erfülltes Leben.

Es war einmal eine arme Frau, die gebar ein Söhnlein, und weil es eine Glückshaut umhatte, als es zur Welt kam, so ward ihm geweissagt, es werde im vierzehnten Jahr die Tochter des Königs zur Frau haben.

Es trug sich zu, dass der König bald darauf ins Dorf kam, und niemand wusste, dass es der König war, und als er die Leute fragte, was es Neues gäbe, so antworteten sie: «Es ist in diesen Tagen ein Kind mit einer Glückshaut geboren: Was so einer unternimmt, das schlägt ihm zum Glück aus. Es ist ihm auch vorausgesagt, in seinem vierzehnten Jahre solle er die Tochter des Königs zur Frau haben.»

Der König, der ein böses Herz hatte und über die Weissagung sich ärgerte, ging zu den Eltern, tat ganz freundlich und sagte: «Ihr armen Leute, überlasst mir euer Kind, ich will es versorgen.» Anfangs weigerten sie sich, da aber der fremde Mann schweres Gold dafür bot und sie dachten: «Es ist ein Glückskind, es muss doch zu seinem Besten ausschlagen», so willigten sie endlich ein und gaben ihm das Kind.

Nein, es scheinen absolut keine günstigen Umstände zu sein, in die unser Märchenheld hineingeboren wird. Arm ist seine Mutter – arm das gesamte Elternhaus. So arm, dass man es sich gar nicht leisten kann, einen Esser mehr durchzufüttern. Dennoch ist dieses Kind etwas Besonderes. Nicht nur, dass es in einer Glückshaut geboren wurde, es wird ihm darüber hinaus sogar eine große Zukunft als König geweissagt.

Natürlich mag man sich jetzt die Frage stellen, wie ein Kind aus solch ärmlichen Verhältnissen zu einer Weissagung kommen mag – ist diese nicht immer Höhergeborenen vorbehalten, einem Monarchen, einem Weltenherrscher oder einem Buddha? Aber im Märchen ist vieles möglich und derlei nicht immer logisch erscheinenden Aussagen sind am Ende wichtige Grundlagen für den weiteren Verlauf einer Geschichte, die sonst vielleicht eine ganz andere Wendung genommen hätte.

Als Glückshaube oder Glückshaut («*Caput galeatum*») bezeichnet man es, wenn ein Kind mit den Eihäuten der Fruchtblase über Kopf oder Gesicht geboren wird. Unter der transparent weißlichen Haut sind, etwas schemenhaft, die Gesichtszüge des Säuglings erkennbar, was zu der Vorstellung führte, Kinder, die unter diesem warmen Schutz das Licht der Welt erblicken, wären auch im Leben von einem besonderen Schutz umgeben. Sie galten als von guten Geistern begleitet oder sogar als hellsichtig.

Trotz herrschender Armut mag es das Schicksal doch gut mit unserem Helden meinen, auch wenn es zunächst einmal gar nicht danach aussieht:

Die unerwartete Prophezeiung, dass er mit 14 Jahren einmal die Tochter des Königs ehelichen und damit selbst Herrscher über das Reich sein würde, bringt den amtierenden König auf den Plan, der mit einer solch unliebsamen und so gar nicht standesgemäßen Konkurrenz natürlich nicht einverstanden ist.

Sogleich macht er sich auf, den künftigen Machthaber aus dem Weg zu räumen. Damit setzt er das Rad des Schicksals erst so richtig in Schwung. Hier erinnert uns das Märchen an die großen Mythen der Weltgeschichte: Im Alten Testament wurde Moses, um ihn vor der angeordneten Tötung aller männlichen Nachkommen zu schützen, an den Ufern des Nils in einem Weidenkörbchen ausgesetzt. Das gleiche Schicksal erfuhren Romulus und Remus, die Gründer Roms, auf dem Tiber. König Herodes ließ in Bethlehem alle Neugeborenen töten, um die Machtübernahme Christus als neuer Weltenherrscher zu verhindern.

Es geht also auch im Märchen vom «Teufel mit den drei goldenen Haaren» um nichts weniger, als um die Errettung des Heldenkindes, des goldenen Kindes, dessen Macht und Herrschaft bereits mit der Geburt prophezeit wird und durch dessen Ankunft man alle Hoffnungen auf den Beginn einer neuen Zeit setzt.

Es ist der Lauf der Dinge, dass jeder alte Herrscher irgendwann einmal durch einen jungen abgelöst wird. Der König ist tot – es lebe der König! Meuchelmord und heimtückische Machenschaften waren an Herrscherhäusern keine Seltenheit, nicht nur, um unliebsame Konkurrenten in der Thronfolge auszuschalten, sondern auch, um ungewünschte Reformen zu verhindern. Im umgekehrten Fall wurden notwendige Änderungen der gesellschaftlichen Ordnungen oft erst dann möglich, wenn der König durch den Tod seinen Herrschaftsanspruch verlor. Dauerte es seinen Widersachern mit seinem natürlichen Ableben zu lange oder war man mit seiner Führung der Regierungsgeschäfte nicht einverstanden, half man dem ganz gerne nach – ob dies in Form einer Revolution vom Volke ausging oder durch eine Intrige seiner Feinde.

Monarchen herrschten auf Lebenszeit – erst durch ihren Tod war der Weg zu einem Machtwechsel frei. Welch Fortschritt, dass wir uns heute auf die Möglichkeit von Wahlen geeinigt haben.

Ist in den Märchen von König oder Königin die Rede, bezieht sich das i.d.R. jedoch nicht auf eine weltliche Regentschaft, sondern auf die Herrschaft über das eigene Leben. Märchen werden immer sowohl auf der Objektebene, also der Ebene des tatsächlich Beschriebenen, betrachtet, als auch auf der Subjektebene, der Sprache der Symbole und Bedeutungen. Wir betrachten die Protagonisten und auch die Gegenstände eines Märchens als Sinnbilder für bestimmte innerpsychische Haltungen.

König zu sein bedeutet, die Herrschaft im eigenen Leben anzutreten, d.h. das Lebenszepter selbst in die Hand zu nehmen und damit auch die Verantwortung für unser Sein und Handeln. Wenn – wie im vorliegenden Märchen – eine Prophezeiung verrät, dass der Weg des Märchenhelden dahin führt, einst König zu sein, wird schon klar, dass es sich hier um einen Weg der Entwicklung handeln muss, einen Weg der Herausforderungen und Prüfungen. Und wenn das Elternhaus arm ist, die Ressourcen dort mager sind – also nicht unbedingt die Bedingungen, die sich ein wohlbehütetes Kind als Start für eine gelungene Karriere wünschen kann –, zeigt sich auch, dass er für diesen Weg viel Geschick, Klugheit, Ausdauer und – nicht zuletzt – auch Glück brauchen wird.

Wie gut, wenn man da in einer Glückshaube geboren ist!

Mit 14 Jahren, so die Weissagung, sollte er einst König sein. Diese Zahl verrät, dass es sich um einen nicht ganz einfachen Weg der Erfahrung handeln wird.

Die Sieben ist die Zahl der abgeschlossenen Entwicklung. In vielen Mythen und religiösen Lehren eine heilige Zahl (s. Kapitel «Hans im Glück»). Sie weist auf etwas Ganzes hin, also auf einen Reifeprozess. Wird sie verdoppelt, zeigt das, dass es sich um einen längeren

Weg der Erfahrung handeln wird – eine doppelte, mehrfache Zeit der Prüfungen und des Lernens oder eine Prüfung auf verschiedenen Ebenen, nämlich der individuellen und der kollektiven oder aber der irdischen und der spirituellen.

Der König könnte also im Grunde getrost abwarten, ob seinem jungen Kontrahenten diese Prüfung überhaupt erst gelingt, aber er möchte den Anfängen wehren. Er kennt wohl die sich selbst erfüllende Kraft einmal getroffener Prophezeiungen. Zudem bedeutet dieser Kampf des Königs gegen seinen vermeintlichen Nachfolger auf psychologischer Ebene immer auch den Kampf des Alten gegen das Neue zum Erhalt des Status quo. Der alte König möchte keine Reformen, er möchte, dass die Dinge so bleiben, wie sie sind. Wie sehr er an seinem Habitus hängt, zeigt sich deutlich im weiteren Verlauf des Märchens.

Deshalb macht er sich sogleich persönlich auf den Weg zu den Eltern, um ihnen ihr Kind mit allerlei Versprechungen abzuschwatzen.

Und die armen Eltern stecken in der Bredouille. Das eigene Kind hergeben, das wissen wir, ist nicht nur im Märchen ein arges Vergehen. Aber was tun, wenn man arm ist? Wenn es hinten und vorne nicht zum Leben reicht?

Armut im Märchen bedeutet weit mehr, als nur Mangel an materiellen Ressourcen. Es bedeutet, dass sämtliche Lebensenergien abhandengekommen sind. So wiegt das Gold, das der arglistige König verspricht, auch mehr, als es scheint. In der Astrologie ist es der Sonne zugeordnet und steht dort symbolisch für Bewusstsein, Vitalität, Kreativität und Schaffenskraft. Ein Sonnensymbol zeigt auf psychischer Ebene die Kräfte an, die uns helfen, unser Leben zu managen und bewusst zu gestalten.

Es bietet also nicht nur Hoffnung auf finanzielle Versorgung, sondern auch auf neue Lebendigkeit und Lebenskraft. In den meisten Märchen symbolisiert die Geburt eines Kindes einen neuen Impuls in der häuslichen Gemeinschaft. Sie ist Zeichen dafür, dass die Beziehung der Eltern fruchtbar und damit glücklich ist. Im vorliegenden Fall aber ändert die Geburt des Märchenhelden nichts an der herrschenden Armut – im Gegenteil, sie scheint sie noch zu vergrößern.

Aber Märchen dürfen und können natürlich nicht nur auf der symbolischen Ebene gedeutet werden – sie sind und waren auch immer Spiegel der Gesellschaft und der darin herrschenden sozialen Strukturen. So war es durchaus realistisch, dass in mittellosen Familien jedes weitere Kind die Not vergrößerte. Was also blieb dann oft anderes, als das Kind einem ungewissen Schicksal zu überlassen, um dadurch das Überleben der Restfamilie zu sichern. Und im vorliegenden Fall verhilft das Gold sogar zu weit mehr. Wie so oft im Leben erweisen sich die Schicksalsschläge, die uns am härtesten erscheinen, am Ende als notwendige Auslöser für die glücklichsten Fügungen.

Der König legte es in eine Schachtel und ritt damit weiter, bis er zu einem tiefen Wasser kam; da warf er die Schachtel hinein und dachte: «Von dem unerwarteten Freier habe ich meine Tochter geholfen.»

Die Schachtel aber ging nicht unter, sondern schwamm wie ein Schiffchen, und es drang auch kein Tröpfchen Wasser hinein. So schwamm sie bis zwei Meilen von des Königs Hauptstadt, wo eine Mühle war, an dessen Wehr sie hängen blieb. Ein Mahlbursche, der glücklicherweise da stand und sie bemerkte, zog sie mit einem Haken heran und meinte große Schätze zu finden, als er sie aber aufmachte, lag ein schöner Knabe darin, der ganz frisch und munter war. Er brachte ihn zu den Müllersleuten, und weil diese keine Kinder hatten, freuten sie sich und sprachen: «Gott hat es uns beschert.» Sie pflegten den Findling wohl, und er wuchs in allen Tugenden heran.

Das Gold des Königs verspricht also neue Lebendigkeit auf allen Ebenen im verarmten Elternhaus und dafür muss das Kind geopfert werden – wie so oft in den großen Weltenmythen der Weg zur Herrschaft mit Opfer und Selbstaufgabe gepflastert ist.

Es wird in eine Schachtel gepackt und in den Fluss geworfen und, wie einst Moses oder Romulus und Remus, den Mächten des Schicksals übergeben.

Behältnisse, wie Körbchen, Wiegen und Bettchen verweisen auf das mondische Prinzip. Im besten Falle ummanteln sie uns, hüten und schaukeln uns, wie es eine Mutter tun sollte, und schützen uns vor allen Gefahren einer kalten Welt. Wenn das Behältnis aber nun nicht mehr ist, als eine alte Schachtel und dazu noch die Mutter so arm, dass sie das Kind nicht am Leben erhalten kann, dann sehen wir schon, dass es mit dem Schutz dieses Kindes nicht weit her ist. Es wird ins tiefe Wasser geworfen und damit den mystischen Bereichen Neptuns übergeben. Neptun, der später mit dem römischen Poseidon identifiziert wurde, herrscht über fließende Gewässer, springende Quellen und die Gewalt der Meere. Astrologisch gesehen verkörpert Neptun die höhere Oktave des Mondes. Wenn die irdische Mutter (Mond) nicht für den Schutz des Kindes sorgen kann, hilft nur noch die Zuflucht zu einer kosmisch-mütterlichen Instanz (Neptun).

Das, was jetzt passiert, ist so übermächtig, wie die Gewalt des Wassers, das symbolisch für das Unbewusste, das Vergessen, aber auch das Überirdische steht. Wer sich in die Bereiche Neptuns wagt (oder wagen muss), dem nutzt keine Cleverness, der braucht Vertrauen in höhere Mächte und er braucht Glück. Davon, das wissen wir, hat unser Märchenheld jede Menge. Und es zeigt sich auch, dass Glück am Ende der hat, der es dringend braucht. Wir denken so oft, wir wären vom Glück nicht begünstigt, weil wir die Vorstellung hegen, Glück bedeute, dass uns Unerwartetes und Kostbares zufällt, etwas, das uns bereichert und beschenkt. Was wir dabei meist übersehen ist, dass Glück haben heißt, aus schwierigen Situationen unbeschadet herauszukommen. Glück beweist sich meist genau dort, wo wir es gar nicht bemerken. Dort, wo schicksalhafte Mächte ihre schützende Hand über uns halten und uns – ohne unser Zutun – vor Unheil bewahren.

So geht das Schächtelchen auch nicht unter, sondern treibt munter bis vor die Stadt zu einer Mühle und die Reise des Helden beginnt.

Das Schächtelchen bewegt sich also hinaus aus den Bereichen des sozialen Miteinanders, in dem der kleine Held aufgrund Armut und Mangel ohnehin keinen Platz findet. Er gehört nicht dazu, weil er zu Höherem berufen ist. Wer seinen eigenen Lebensweg finden will, muss sich auf den Weg machen oder, wie in diesem Fall, auf den Weg gebracht werden.

Städte als Orte der sozialen Gemeinschaft, des Handels, des Austausches symbolisieren die Art, wie wir auf intellektueller Ebene miteinander umgehen. Wir lernen alle wichtigen Regeln und Verhaltensweisen, welche die Mechanismen des menschlichen Miteinanders bestimmen.

Aber sie sind keine Orte der Selbstfindung, der Reife und der Entwicklung. Und genau deshalb treibt es unseren Helden auch zu einer Mühle.

An Mühlen, so sagt man, waltet Gott oder der Teufel. Außerhalb der Städte und Dörfer gelegen, waren sie nicht nur Orte der schweren Arbeit und der harten Plackerei. In ihnen trafen sich auch zwielichtige Gesellen und die Außenseiter der Gesellschaft. Geheimer Handel wurde dort betrieben und okkulte Botschaften ans Tageslicht gebracht. Sie waren, wie Otfried Preußlers «Krabat» uns verrät, Orte der Schwarzen Kunst. Haben wir es hier vielleicht schon mit einer Vorstufe zur Hölle zu tun und erlebt unser Märchenheld hier eine Art Initiation auf irdischer Ebene, der später eine auf der metaphysischen folgt?

An der Mühle dreht das Rad im Fluss des Lebens. Dort kennt man die Mysterien des Seins, das Auf und Ab der immerwährenden Schicksalsmächte. Dort sind die Dinge in Bewegung, alles gibt sich diesem ewigen Kreislauf hin, alles fließt. Durch das Mahlen von Korn zu Mehl finden dort die großen alchimistischen Wandlungsprozesse statt. Im Mittelalter galten Mühlsteine als Symbol heidnischer Zauberkraft. Ein Müller ist ein Mensch, der sich auf die Geheimnisse von Wandel und Sein versteht, auf Werden und Vergehen. Sein Handwerk symbolisiert alle transformativen Prozesse des Lebens.

Welcher Ort könnte also besser sein, als eine Mühle, um sich auf die große Aufgabe des Lebensherrschers vorzubereiten?

Ein Mahlbursche, der sich einen Schatz erhofft, fischt das Schächtelchen heraus, nicht ahnend, dass er den Schatz eines neuen Königs birgt. Im Haus der Müllersleute wird das Kindlein gerne angenommen, weil man selber keine hat, und den unerwarteten Zuwachs als Gottesgeschenk begreift.

Wohlbehütet und unterrichtet in allen Tugenden erlebt der Held nun eine unbeschwerte Kindheit. Er erfährt hier all die Wärme und Geborgenheit, die es in seinem Elternhaus nicht gab, das mondische Prinzip des Versorgtseins.

Aber auch die schönsten Kindertage finden einmal ein Ende und als der Junge 14 Jahre als ist – und wir wissen, dass jetzt der Zeitpunkt gekommen ist, dass sich die Weissagung erfüllen sollte – tritt der alte König wieder auf den Plan.

Dinge entwickeln sich nicht ohne Herausforderung. Kein Lebensfaden bleibt ohne Verwirrung und ohne Knoten. Unannehmlichkeiten, Krisen oder Verluste sorgen oft zwangsläufig für neue Bewegung, für Fortschritt, der sonst nicht gemacht würde.

Auch für unseren Märchenhelden kommt die Zeit, in der er die Geborgenheit der Mühle hinter sich lassen muss.

Da es ihn aber nicht hinauszieht aus dieser Wärme, braucht es schon einen Auftrag, den der König nun für ihn hat: Einen Brief soll er überbringen, in dem – ohne sein Wissen – sein Schicksal besiegelt scheint.

Der Junge hat viel gelernt über die Wandlungsfähigkeit des Lebens. Er hat Wärme und Geborgenheit erfahren und dadurch die Seite der Gefühle und Empfindungen ausgebildet. Wichtige Lektionen, die nicht in Worte zu kleiden sind, die im Intellekt keinen Raum finden und dennoch eine wichtige Basis für unsere Fähigkeit bilden, uns am Leben zu erhalten. Aber er hat wohl nicht gelernt, seine intellektuelle Seite auszubilden, wie uns die Tatsache verrät, dass er sich offensichtlich nicht aufs Schreiben und Lesen versteht.

Es warten neue Herausforderungen auf ihn und so wird er wieder auf den Weg gebracht.

In den tiefen Wald führt es ihn hinein, der ebenso, wie das Wasser die unergründlichen Tiefen des Unterbewussten anzeigt. Der Wald ist Lebensraum wilder Tiere, Hexen, Räuber, Außenseiter der Gesellschaft – auf psychisch-mentaler Ebene all jener Bereiche, die wir nur allzu gerne verdrängen.

Er muss sich also um Themen kümmern, denen er bisher keine Aufmerksamkeit schenkte. Und er geht seinen Weg so lange, bis ihn die Kraft verlässt und er müde wird.

Wenn das Leben von uns verlangt, dass wir nach neuen Richtungen suchen, fällt es uns schwer, die eingetretenen Pfade des Gewohnten zu verlassen. Auch in Krisenzeiten versuchen wir, unserer Prägung gemäß, Probleme mit den uns bekannten Mitteln zu lösen. Mit den gleichen Argumenten, mit den gleichen Handlungen oder emotionalen Reaktionen. Dabei verirren wir uns hoffnungslos in den Wäldern unserer Ängste und Verunsicherungen. Neue Wege nehmen überraschende, nicht berechenbare Wendungen, sind verwachsen, steil, abschüssig oder verschlungen und sie führen zu unbekannten Zielen. Wir irren auf ihnen oft so lange, bis uns die Erschöpfung einholt. Und erst dann, wenn unsere Kräfte schwinden, sehen wir wieder ein kleines Licht am Horizont.

Der Knabe machte sich mit diesem Briefe auf den Weg, verirrte sich aber und kam abends in einen großen Wald. In der Dunkelheit sah er ein kleines Licht, ging darauf zu und gelangte zu einem Häuschen. Als er hineintrat, sass eine alte Frau beim Feuer ganz allein. Sie erschrak, als sie den Knaben erblickte, und sprach: «Wo kommst du her und wo willst du hin?» – «Ich komme von der Mühle», antwortete er, «und will zur Frau Königin, der ich einen Brief bringen soll; weil ich mich aber in dem Walde verirrt habe, so wollte ich hier gerne übernachten.»

«Du armer Junge», sprach die Frau, «du bist in ein Räuberhaus geraten, und wenn sie heimkommen, so bringen sie dich um.» – «Mag kommen, wer will», sagte der Junge, «ich fürchte mich nicht; ich bin aber so müde, dass ich nicht weiter kann», streckte sich auf eine Bank und schlief ein.

Bald hernach kamen die Räuber und fragten zornig, was da für ein fremder Knabe läge. «Ach», sagte die Alte, «es ist ein unschuldiges Kind, es hat sich im Walde verirrt, und ich habe ihn aus Barmherzigkeit aufgenommen: Er soll einen Brief an die Frau Königin bringen.» Die Räuber erbrachen den Brief und lasen ihn, und es stand darin, dass der Knabe sogleich, wie er ankäme, sollte ums Leben gebracht werden. Da empfanden die hartherzigen Räuber Mitleid, und der Anführer zerriss den Brief und schrieb einen andern, und es stand darin, sowie der Knabe ankäme, sollte er sogleich mit der Königstochter vermählt werden. Sie ließen ihn dann ruhig bis zum andern Morgen auf der Bank liegen, und als er aufgewacht war, gaben sie ihm den Brief und zeigten ihm den rechten Weg.

Auch unser Märchenheld ist nun müde und entdeckt als einzige Hoffnung ein kleines Licht. Dass es ausgerechnet das Licht in einem Räuberhaus ist, kann ihn nicht mehr schrecken, er ist einfach zu erschöpft. Die Müdigkeit ist so groß, dass alle Ängste und Sorgen ausgeschaltet sind. Da hilft nicht einmal die Warnung der Räubermutter. Er legt sich nieder und schläft ein.

Der Schlaf besitzt eine ähnliche Macht, wie das Wasser – auch er gehört zu Neptuns Reich. Alles Bewusste versinkt in seinen Tiefen und der Zugang zu unseren Träumen und Intuitionen wird frei. Im Zustand des Schlafes sind alle bewusst gesteuerten Denkprozesse ausgeschaltet, jede Form von Kontrolle. Wir geben uns der Welt der inneren Bilder hin. Schlaf ist die Zeit der Seele. Ein Zustand der Unschuldigkeit, wie es auch die Mutter der Räuber bemerkt.

Jetzt können Heilungsprozesse in Gang gesetzt werden, die sich dem bewussten Wollen und unseren Absichten entziehen. Nicht nur in den Märchen bringen Träume erlösende Erkenntnisse oder, wie im vorliegenden Fall, sorgen Instinkte für nötige Impulse.

Genau dafür stehen nämlich die Räuber, die sich jetzt – gar nicht nach Räuber Art – aus Mitleid der Gedankenwelt (des Briefes) des Schlafenden annehmen, und sein Schicksal dadurch in eine Richtung lenken, die er bewusst selbst niemals eingeschlagen hätte. Sie führen ihn in die Bereiche seiner merkurischen Fähigkeiten, indem sie dem Geschriebenen einen neuen Sinn und damit einen neuen Inhalt geben. Hier findet eine Art Reset statt, ein Neustart geistiger Inhalte und Programmierungen. Das Denken kann nun endlich andere Wege beschreiten, der neuen Überlegungen, der inspirativen Ideen, der kreativen Innovationen.

Wenn unsere körperlichen und geistigen Kräfte erschöpft sind, tritt ein Zustand des Loslassens ein. Wir wehren uns nicht mehr gegen neue Erkenntnisse und wir geben uns den Situationen hin. Erst in der Phase der totalen Ruhe sind wir in der Lage, unsere inneren Stimmen wieder wahrzunehmen und Entscheidungen zu treffen, die uns dann auf einen neuen, heilsamen Weg bringen. Nun erleben wir, dass sich unsere inneren Feinde, die Ängste, das Dunkle in uns, an das wir bislang nicht gerührt haben, zu hilfreichen Geistern wandeln. Dieser Zustand ist nicht mit Wollen zu erreichen und auch nicht mit Vorsatz. Hierfür sind Prozesse notwendig, die in der Tiefe unserer Seele ablaufen, die Raum brauchen und vor allem Ruhe. Wer hier glaubt, dies wäre allein durch positives Denken oder gezieltes Wünschen erreichbar, wird vermutlich noch lange in der Dunkelheit seiner inneren Wälder wandern.

Hier zeigt sich nämlich auch die Weisheit unseres Märchenhelden gegenüber dem König: Er kann den Dingen ihren Lauf lassen. Er muss sie nicht kontrollieren, nicht hinterfragen und ihnen seinen Willen aufdrücken. Er weiß instinktiv, dass es Fügungen gibt, Entwicklungen jenseits unseres Wollens und dass diese nur wirken, wenn wir ihnen vertrauensvoll Raum geben.

Nun kann er sich frisch gestärkt und ausgeruht auf den jetzt rechten Weg direkt zum Königsschloss machen.

Die Königin aber, als sie den Brief empfangen und gelesen hatte, tat, wie darin stand, hieß ein prächtiges Hochzeitsfest anstellen, und die Königstochter ward mit dem Glückskind vermählt; und da der Jüngling schön und freundlich war, so lebte sie vergnügt und zufrieden mit ihm.

Nach einiger Zeit kam der König wieder in sein Schloss und sah, dass die Weissagung erfüllt und das Glückskind mit seiner Tochter vermählt war. «Wie ist das zugegangen?», sprach er, «ich habe in meinem Brief einen ganz anderen Befehl erteilt.» Da reichte ihm die Königin den Brief und sagte, er möchte selbst sehen, was darin stände. Der König las den Brief und merkte wohl, dass er mit einem andern war vertauscht worden. Er fragte den Jüngling, wie es mit dem anvertrauten Briefe zugegangen wäre, warum er einen andern dafür gebracht hätte. «Ich weiß von nichts», antwortete er, «er muss mir in der Nacht vertauscht sein, als ich im Walde geschlafen habe.»

Voll Zorn sprach der König: «So leicht soll es dir nicht werden, wer meine Tochter haben will, der muss mir aus der Hölle drei goldene Haare von dem Haupt des Teufels holen; bringst du mir, was ich verlange, so sollst du meine Tochter behalten.» Damit hoffte der König, ihn auf immer loszuwerden. Das Glückskind aber antwortete: «Die goldenen Haare will ich wohl holen, ich fürchte mich vor dem Teufel nicht.»

Die Königin stellt den Inhalt des Briefes nicht in Frage. Sie scheint die Handschrift ihres Gemahls nicht zu kennen – sein Denken, das, was in ihm vorgeht, ist ihr nicht bekannt. So nahe steht sie ihm wohl nicht. Wie könnte sie auch, wo er doch immer damit beschäftigt scheint, die Kontrolle über sein Reich zu wahren? Wirkliche Beziehungsfähigkeit sieht anders aus. Hier ist man es wohl eher gewöhnt, dass einer die Befehle erteilt und die andere sie ausführt.

Als der König von seiner Reise zurückkehrt, muss er jedenfalls überrascht feststellen, dass sich die Weissagung, die er mit aller Macht verhindern wollte, erfüllt hat. Wie im Mythos von König Ödipus zerbricht auch sein Wille an der Macht des Schicksals und jede noch so zwanghafte Anstrengung, das Eintreten der Prophezeiung zu verhindern, führt umso mehr zu ihrer Verwirklichung.

Inwieweit haben wir durch unseren freien Willen Einfluss auf die Geschehnisse und inwieweit unterliegen unsere Lebenserfahrungen einer festgesetzten Fügung? Für die Menschen früherer Zeiten gab es wenig Zweifel am Wirken schicksalhafter Kräfte. Das Los eines Menschen schien festgelegt und das ergab sich allein schon aus den gesellschaftlichen Strukturen: Ein Bettler war ein Bettler, ein Schafhirte ein Schafhirte und ein König ein König – ein jeder blieb in seinem Stand, von der Geburt bis zum Tod. Die Ebenen der sozialen Zugehörigkeit zu wechseln, erschien nahezu unmöglich. Allein schon deshalb musste eine deterministische Aussage, ein Kind aus ärmlichen Verhältnissen würde einst König sein, völlig unvorstellbar erscheinen. Kein Wunder also, dass der herrschende Regent alles versucht, um die Dinge nach seiner Vorstellung zu regeln.

In einer komplexen Welt, wie wir sie heute vor allem im Westen erleben, in der sich fast alles ausschließlich um Fragen der Selbstoptimierung, des persönlichen Wachstums und der individuellen Entwicklungsmöglichkeiten dreht, sieht die Sache schon anders aus. Dennoch müssen auch wir uns in manchen Situationen fragen, ob sie wirklich allein durch unser Wollen bestimmt werden können oder ob nicht doch hin und wieder höhere Mächte am Werk sind, ein «Los», das wir einst mit unserer Geburt zugedacht bekamen. Wir glauben heute so gerne, dass wir unser Leben wie am Reißbrett entwerfen und planen können. Alles, was wir uns wünschen, scheint erreichbar, solange wir die richtige mentale Einstellung dazu hegen. Für Menschen, die nicht auf dieser selbstgezimmerten Erfolgsschiene gleiten, haben wir wenig Verständnis. Für Krisen, Krankheiten, Armut und Misserfolge anderer haben wir sehr schnell Urteile zur Hand, die deren scheinbares Fehlverhalten begründen. Wer krank ist, hat falsch gedacht. Wer betrogen wird, hat selbst gelogen. Wer sein Ziel nicht erreicht, hat es nicht wirklich gewollt. Wir glauben uns die Welt so einfach und schlicht zurecht denken zu können und übersehen dabei, dass diese Einstellungen längst zu einem Aberglauben geworden sind. Zu einer Art «Pfeifen im Dunkeln», das uns die Werwölfe des Schicksals vom Leibe halten soll, weil wir das Vertrauen in das Leben selbst verloren haben. Würde es uns, unserer Umwelt und unseren Mitmenschen nicht guttun, wenn wir uns von diesen mentalen Überheblichkeiten des «Alles-ist-machbar» endlich wieder verabschieden würden? Wenn wir erkennen würden, dass der Glaube an all diese neoliberalen Wohlstandsmärchen am Ende nur zu immer größerer Ausbeutung und Überforderung uns selbst und anderen gegenüber führt? Wirkliches Vertrauen in den Fluss des Lebens bedingt zwar, dass wir unsere scheinbare Kontrolle aufgeben müssen, aber die wirklichen Krisen, in die wir alle von Zeit zu Zeit geraten, beweisen uns doch immer wieder, dass wir diese ohnehin nie in dem Umfang hatten, wie wir so gerne glaubten.

Der König mag, in dem, was er tut, von dem egoistischen Wunsch getrieben sein, seine Herrschaft zu erhalten, in einem jedoch hat er Recht: Man kann nicht so – «mir nix, dir nix» – Gemahl der Königstochter sein, ohne zu beweisen, dass man auch das Zeug zu einem König hat. Wer herrschen will, muss sich erst selbst beherrschen. Die Tatsachen, in einer Glückshaut geboren zu sein und seine Kindheit, trotz schwierigster Voraussetzungen, geborgen und geliebt in einer Mühle verbracht zu haben, mögen gute Lebensgrundlagen bilden, sie schaffen aber noch keine Vorbereitung für die Aufgaben eines Königs. Deshalb mag der alte Herrscher hier scheinbar Unmögliches von seinem ungeliebten Schwiegersohn verlangen. Aber erfordert der Wunsch, uns zu Höherem zu entwickeln, nicht immer, dass wir über uns selbst hinauswachsen und Dinge wagen und auch lernen, die bislang unmöglich erschienen?

Auch wenn der König anderes im Sinn hat, so schickt er nun den Märchenhelden endlich auf eine Entwicklungsreise, auf der er sich selbst beweisen kann und muss: Er schickt ihn zum Teufel, den der Junge nach eigenen Aussagen nicht fürchtet und damit zeigt, dass er nun zum ersten königlichen Handeln fähig ist: Er trifft selbst die Entscheidung! Im Gegensatz zu seinen bisherigen Abenteuern, auf die er ohne eigenes Zutun gesandt wurde, macht er sich jetzt entschlossen und selbstbewusst auf den Weg.

Darauf nahm er Abschied und begann seine Wanderschaft. Der Weg führte ihn zu einer großen Stadt, wo ihn der Wächter an dem Tore ausfragte, was für ein Gewerbe er verstände und was er wüsste. «Ich weiß alles», antwortete das Glückskind. «So kannst du uns einen Gefallen tun», sagte der Wächter, «wenn du uns sagst, warum unser Marktbrunnen, aus dem sonst Wein quoll, trocken geworden ist, und nicht einmal mehr Wasser gibt.» – «Das sollt ihr erfahren», antwortete er, «wartet nur, bis ich wiederkommen.» Da ging er weiter und kam vor eine andere Stadt, da fragte der Torwächter wiederum, was für ein Gewerbe er verstünde und was er wüsste. «Ich weiß alles», antwortete er. «So kannst du uns einen Gefallen tun und uns sagen, warum ein Baum in unserer Stadt, der sonst goldene Äpfel trug, jetzt nicht einmal Blätter hervortreibt.» – «Das sollt ihr erfahren», antwortete er, «wartet nur, bis ich wiederkommen.» Da ging er weiter und kam an ein grosses Wasser, über das er hinüber musste. Der Fährmann fragte ihn, was er für ein Gewerbe verstände und was er wüsste. «Ich weiß alles», antwortete er. «So kannst du mir einen Gefallen tun», sprach der Fährmann, «und nur sagen, warum ich immer hin- und herfahren muss und niemals abgelöst werde.» – «Das sollst du erfahren», antwortete er, «warte nur, bis ich wiederkomme.»

Sein Weg führt ihn gleich in eine große Stadt hinein. Dort hin, wo das Leben spielt. Städte als Symbol weisen auf Kommunikation, Austausch, Handel und Verkehr hin. Damit unterliegen sie der Herrschaft von Hermes/Merkur, dem Gott der Reisenden, Diebe und Händler. Wer sich auf seine Pfade begibt, muss beweisen, dass er die Prinzipien des Austauschs beherrscht. Er muss ein

Zwiegespräch führen können und sich auf die Geschicke von verbaler und nonverbaler Kommunikation verstehen. Wer sich austauschen will, muss sich mitteilen können; er muss aber auch bereit sein, zuzuhören. Aber die Stadt zeigt uns hier auch noch etwas anderes: Unser Held hat die Bereiche des Subjektiven verlassen. Er hat jetzt seine kognitiven Fähigkeiten erweitert, gelernt Informationen aufzunehmen und sie zu verarbeiten. Deshalb ist er nicht mehr nur auf die Unterstützung seiner Instinkte angewiesen. Wer Fragen stellt oder sie gestellt bekommt, ist in der Lage ein Problem von verschiedenen Perspektiven aus zu betrachten, um damit die Bandbreite der eventuellen Lösungsmöglichkeiten zu erweitern.

Und genau deshalb wird er auch gleich vom Wächter am Tor nach seinem Gewerbe gefragt. Etwas großmäulig gibt er vor, alles zu wissen, und beweist damit seinen noch vorhandenen jugendlichen Übermut. Aber auf die gestellte Frage, warum der Marktbrunnen, aus dem einst Wein floss, nun nicht einmal mehr Wasser trägt, reagiert er doch ungewohnt erwachsen: Er gibt nicht gleich einen Rat, er überschätzt sich nicht, sondern erbittet zunächst einmal Zeit. Er ist sich sicher, dass er die nötige Erfahrung, die es braucht, um eine Lösung zu finden, schon noch machen wird.

Genauso verfährt er auch in der nächsten Stadt. Dort gab es einen Baum, an dem einst goldene Äpfel wuchsen, der jetzt nicht einmal mehr grüne Blätter treibt.

Und auch der Fährmann, der nicht weiß, warum er keine Ablöse findet, wird auf diese Art vertröstet.

Der Junge ist sich vielleicht dessen bewusst, dass er noch nicht das richtige Wissen und die richtige Reife besitzt, um derart komplexe Fragen zu beantworten. Und er weiß, dass er einen Auftrag hat, den es im Sinne der eigenen Entwicklung zu erfüllen gilt: Er muss die drei goldenen Haare des Teufels holen. Wer dazu im Stande ist, der mag weise genug sein, um anderen bei der Lösung ihrer Probleme mit Rat und Tag zur Seite zu stehen.

Im Fährmann begegnet ihm dazu schon einmal eine Art «Seelenführer». Einer, der sich an der Grenze zwischen den Welten bewegt. Er fährt auf dem Fluss des Lebens hin und her, ohne jemals wirklich in eines der Reiche zu gelangen. Er ist das Sinnbild von Reisen, die zu einer Initiation führen, einer Begegnung mit der Anderswelt, einem Kontakt mit dem Jenseitigen.

Schon der altbabylonische Gilgamesh-Mythos berichtet von einem Fährmann als Seelenführer. Als «Mahaf» wurde er bei den Ägyptern bezeichnet. In der griechischen Mythologie war es Charon, der die Seelen der Toten über den Fluss Styx (Acheron) führte. In der nordischen Überlieferung ist es Odin, der als Harbaror (Graubart) in der Gestalt eines Fährmannes erscheint. Und Hermann Hesse schildert ihn in seinem Roman Siddhartha als Erleuchteten, der am Ende durch sein Tun zu seiner Bestimmung findet. Auch die orientalische Märchenwelt kennt Fährmänner, meist Mischwesen zwischen Mensch und Tier, die Verstorbene ins Reich der Geister geleiten.

Was der Held hier erlebt, ist im Grunde also eine höhere Stufe des Prozesses, der am Mühlbach seinen Anfang nahm. Sowohl der Bach, als auch der Mahlbursche mit seiner Stange, verkörpern in sich die Attribute eines Seelenführers. In der Mühle ging es um eine Erfahrung auf der irdisch-körperlichen Ebene, jetzt um eine spirituell-jenseitige. Und genau hier zeigt sich noch einmal die Weisheit dieses Märchens: wir können keine spirituellen Erfahrungen machen, ohne unsere Lektionen auf der irdischen gelernt und verinnerlicht zu haben. Derlei Abkürzungen sind im seelischen Entwicklungsprozess nicht vorgesehen.

Den Fluss des Lebens zu überqueren, die jenseitigen Welten zu betreten und sie wieder zu verlassen, um zurück in die Welt der Lebenden zu gehen, ist nicht jedem gestattet und verändert den, der es tut, nachhaltig.

Als er über das Wasser hinüber war, so fand er den Eingang zur Hölle. Es war schwarz und rußig darin, und der Teufel war nicht zu Haus, aber seine Ellermutter sass da in einem breiten Sorgenstuhl. «Was willst du?», sprach sie zu ihm, sah aber gar nicht so böse aus. «Ich wollte gerne drei goldene Haare von des Teufels Kopf», antwortete er, «sonst kann ich meine Frau nicht behalten.» – «Das ist viel verlangt», sagte sie, «wenn der Teufel heimkommt, und findet dich, so geht dir's an den Kragen; aber du dauerst mich, ich will sehen, ob ich dir helfen kann.» Sie verwandelte ihn in eine Ameise und sprach: «Kriech in meine Rockfalten, da bist du sicher.» – «Ja», antwortete er, «das ist schon gut, aber drei Dinge möchte ich gerne noch wissen, warum ein Brunnen, aus dem sonst Wein quoll, trocken geworden ist, jetzt nicht einmal mehr Wasser gibt: warum ein Baum, der sonst goldene Äpfel trug, nicht einmal mehr Laub treibt: und warum ein Fährmann immer herüber- und hinüberfahren muss und nicht abgelöst wird.» – «Das sind schwere Fragen», antwortete sie, «aber halte dich nur still und ruhig, und hab acht, was der Teufel spricht, wann ich ihm die drei goldenen Haare ausziehe.»

Ohne weiteres Hindernis findet er, nachdem er über den Fluss gesetzt hat, zum Eingang der Hölle. Alles ist hier rußig und schwarz – nichts ist vom Licht der Erkenntnis bestrahlt. Hier finden sich keine Zeichen mehr von Vegetation und Lebendigkeit. Er befindet sich jetzt am tiefsten Punkt des Seins. Wenn wir den Weg in die Hölle gehen, verlassen wir die Pfade des Irdischen. Die Hölle bezeichnet den Bereich des Jenseitigen.

Der Teufel gilt als Widersacher alles Göttlichen. Der Verleumder (griech. *diabolos*) versucht die Menschen vom Pfad jeglicher Tugend abzubringen, um sie zur

Sünde zu verführen und die göttliche Ordnung zu stören. Sein Reich ist die Dunkelheit. Aus religionsgeschichtlicher Sicht gilt er als die Verkörperung des Bösen schlechthin. In jeder dualistischen Weltanschauung – vom Zarathustrismus (oder Zoroastrismus), über das Judentum, dem Islam bis hin zum Christentum – braucht das Gute, das Lichte und Heile diesen Gegenpol als Ausgleich. Gott oder Satan sind die beiden Pole, zwischen denen sich Gläubige am Ende durch ihre Handlungen entscheiden.

Wer also ins Refugium des Teufels gerät, hat mit seinem Leben abgeschlossen – zumindest mit dem bisherigen. Hier erwartet ihn nichts Geringeres als eine totale Transformation. Wer den Weg zum Teufel nimmt, muss bereit sein, sich mit den düstersten Abgründen seiner eigenen Seele auseinanderzusetzen.

In der Astrologie finden wir hier die Bereiche Plutos, jenes Planeten, der Symbol für die tiefsten und schwersten Transformationsprozesse im menschlichen Sein ist. Seine Energie steht für das «Stirb und Werde» im Leben. Sie übersteigt unser menschlich-egoistisches Wollen und bringt uns oft, wie Phoenix aus der Asche, über tiefgreifende, schmerzhafte Krisen und Verluste zu einer Art Neugeburt. Plutos Lektionen, die es zu lernen gilt, sind immer verbunden mit Selbstopfern. An seiner Pforte stellt sich die grundlegende Frage, wie viel von unserem Ego wir für eine höhere Erkenntnis aufzugeben bereit sind.

Vielleicht begegnet uns der Teufel im Märchen deshalb oft mit gar menschlichen Zügen: Wir alle tragen eine Hölle in uns und wir alle erkennen in Extremsituationen unseres Lebens unsere inneren Teufel und Dämonen.

Der Teufel sucht nach einem Pakt mit den Menschen und fällt nicht selten auf deren Tricks und listige Überlegenheit herein.

Aber im Teufel steckt auch Luzifer, der gefallene Lichtbringer. Er, der einstige Engel, gilt als der oberste aller Teufel und wurde aus dem Himmel verbannt, weil er sich mit Gott gleichstellte. In der römischen Mythologie jedoch galt er noch als «Bringer der Morgenröthe». Sein Name war die poetische Bezeichnung der Göttin Venus.

Kann es sein, dass die drei goldenen Haare auf seinem Haupt uns auf die ursprünglichen, ganzheitlichen Betrachtungen verweisen? Denn auch die Bezeichnung der Hölle, seiner Wohnstatt, birgt noch weitere Verwurzelungen:

Die Hölle gilt in der christlichen Glaubensvorstellung als jenseitiger Ort, an welchen die Seelen von Sündern auf Ewigkeit ihre Verdammnis finden. Betrachten wir den Begriff der «Hölle» jedoch etwas genauer, führt er uns in die Bereiche vorchristlicher Weltvorstellungen. Das althochdeutsche «hella» oder das nordische «hel» finden ihre Wurzeln im germanischen «hel» oder «hal» und bedeuten «verborgen». Um eine verborgene, geheime Welt geht es also, in die unser Held nun reisen muss. Die Reise in die Unterwelt und damit befindet er sich auf den Spuren großen Mythen. Diese Aufgabe stellte sich vor ihm schon anderen Helden: Orpheus, der sich einst auf den Weg in den Hades machte, um dort durch seinen Gesang die Herausgabe seiner geliebten Frau Eurydike zu erbitten. Oder die sumerische Göttin Inanna, Vorgängerin der babylonischen Ischtar, welche einen Opfergang in die Unterwelt zu ihrer Schattenschwester Ereshkigal auf sich nahm.

Sie überschritten die Schwelle vom Diesseits zum Jenseits, wurden zu Grenzgängern und damit zu eingeweihten Schamanen, welche die Bereiche des irdischen Seins verließen, um metaphysische und/oder spirituelle Erkenntnisse zu erlangen, um der ihnen vom Schicksal auferlegten Lebensaufgabe gerecht zu werden. Derartige Erfahrungen sind keine Spaziergänge, sie verändern nachhaltig. Es sind Opfergänge – die Schätze, die aus der Tiefe des Seins geborgen werden wollen, fordern ihren Preis.

Die Voraussetzungen hierfür sind den Geborenen i.d.R. auferlegt und können nicht, wie uns die auf Freizeit-Schamanismus ausgelegte Esoterik-Szene glauben machen will, in einem Wochenendkurs erlernt werden.

Aber auch die Hölle scheint nicht nur ein Ort der Düsternis und der Verdammnis zu sein. In ihr spiegelt sich auch der hebräische Begriff «helel» für den Morgenstern, von dem sich auch der Name der schönen

Helena (die Strahlende) ableitet, die als Abbild der Göttin Aphrodite galt, und das griechische «Helios», für den Gott der Sonne.

Es scheint also auch in der Hölle jede Menge Licht zu herrschen, welches für Bewusstsein und Erkenntnis sorgen kann.

So wird auch für unseren Märchenhelden der Gang zur Hölle zu einem Einweihungsprozess, der von ihm genau jenes Selbstopfer fordert, das zur Erlangung eines höhren Bewusstseinszustandes nötig ist.

Die Bereiche des Dunklen waren also nicht immer zwangsläufig die Refugien des Bösen. In der Hölle herrschte die nordische Totengöttin Hel. Sie war – halb tot, halb lebendig – eine Verkörperung der Großen Muttergottheiten. Ihr Totenreich befand sich an den Wurzeln der Weltenesche Yggdrasil und konnte nur über den Todesfluss Gjöll erreicht werden. «Elend» war der Name ihrer Behausung und «Hunger» der Tisch, an dem sie saß.

Im Märchen begegnet uns die Hel als Bettenschüttlerin Frau Holle, die zeigt, wie die Geschicke der Welt gelenkt werden. Und in den alpenländischen Erzählungen erscheint sie als die hohe Frau Percht, die Prächtige, Glänzende, die in den rauen Winternächten über die Erde geht, um nach dem Rechten zu sehen. Dabei hütet sie die «seligen Heimchen», die Seelen aller verstorbenen Kinder, die nach dem Tod wieder zurückgekehrt sind, unter ihren weichen, warmen, kosmischen Mantel.

Darstellungen der Hel finden sich bis hinein in die Zeit der mittelalterlichen Pest, auf denen sie zusammen mit «Gevatter Tod» die Seelen der Verstorbenen aufkehrt.

Hier begegnen sich also noch einmal der ursprünglich weibliche mit dem späteren männlichen Tod. Für Menschen in vorchristlicher Zeit war die Vorstellung eines männlichen Schöpfergottes, der nach seinem Plan alles Leben kreierte, nicht nachvollziehbar. Geburt, Leben und Tod lagen für sie unleugbar in weiblicher Hand. Es waren die Frauen, die die Kinder gebaren, das Leben hüteten und es am Ende auch wieder in Liebe entliessen.

Im Märchen «Der Teufel mit den drei goldenen Haaren» mag diese Phase des Übergangs von einer matriarchalen zu einer patriarchalen Weltsicht angesprochen sein. Immer wieder scheinen hier Verkörperungen der Großen Mutter im Hintergrund die Fäden in den Händen zu halten, während im Außen die Patriarchen – der König – die Räuber – der Teufel – das Sagen haben und dadurch auch gefürchtet sind.

Auch die Ellermutter warnt vor den Gefahren des Teufels. Zugleich hütet sie den kleinen unschuldigen Jungen und verspricht ihm ihre Hilfe. Und auch er zeigt wieder sein unerschütterliches Vertrauen in das Leben und vergisst dabei aber nicht auf das, was er versprochen hat: Nämlich Lösungen für Probleme anderer zu erfragen. Damit beweist er, dass er bereit ist, soziale Verantwortung zu tragen.

Er scheint immer zu wissen, wann und wem er trauen darf, und es sind die Frauen in diesem Märchen, die ihm allesamt wohlgesonnen zur Seite stehen: die Räubermutter, die Königin – auch, wenn diese einem vermeintlichen Befehl ihres Mannes folgt –, das Königstöchterlein, das, weil er «schön und freundlich» war, auch vergnügt und zufrieden mit ihm lebte und nicht zuletzt die Ellermutter, deren Name schon darauf verweist (Eller – von engl. *Elder = die Ältere),* dass sie bereits lange vor dem Teufel existierte, d.h. vor der den patriarchalen Religionen innewohnenden Teilung zwischen gut und böse, zwischen hell und dunkel und zwischen Yin und Yang.

Und diese Frauen sind es am Ende auch, die sich dafür einsetzen, dass es die Männer mit ihm nicht mehr ganz so böse meinen. Sie werden zu Wandlerinnen zerstörerischer Absichten, wie Mephisto einst in Goethes Faust, in dem er sagte: «Ich bin ein Teil von jener Kraft, die stets das Böse will und doch das Gute schafft.» Ob es nun die Räuber sind, die einen gefälschten Brief aufsetzen und ihm damit eine Hilfe leisten, an die er selbst im Traum nicht denkt, weil er nicht einmal weiß, welches Damoklesschwert über ihm hängt, oder ob es der Teufel ist, der ihm mehr oder weniger bereitwillig seine drängendsten Fragen beantwortet. Diese Urmütter scheinen zu wissen, dass es hier um ein «goldenes Kind» geht, das geboren ist, um den Ausgleich der Verhältnisse wieder herzustellen.

Dieses, wie viele andere unserer uralten Volksmärchen, strotzen vor Symbolen, welche auf eine matriarchale Vergangenheit verweisen und deshalb sind sie nach wie vor Zeugen einer längst vergessenen weiblichen Urweisheit.

Sie erzählen aber auch – wie dieses Märchen – von den Übergängen der Zeitalter und der Verborgenheit, in welcher weibliches Urwissen bis heute existiert. Daran ändert auch der esoterische Ausverkauf einer alternativen Nischengesellschaft nichts – im Gegenteil – hier geht es um tieferliegende, immerwährende Weisheiten. Diese wahre Form der Esoterik schützt sich nach wie vor selbst. Die Sprache der Märchen und Mythen offenbart sich nicht leichtfertig und schon gar nicht jedem.

Hier begegnen uns mitfühlende Räubermütter, welche die Herdfeuer hüten, genauso, wie die Ellermutter, die in ihrem tief verinnerlichten Wissen um das ewige Wirken der allgültigen Gesetze des Lebens im breiten Sorgenstuhl sitzt und sehr genau weiß, wie sie ihrem Sohn, dem Teufel, dem gefallenen Lichtbringer, zur richtigen Zeit die richtigen Antworten auf die wesentlichen Fragen entlockt.

In eine Ameise verwandelt findet unser Held Schutz im weiten Rock der Ellermutter, wie die seligen Heimchen unter dem Mantel der Percht.

Ameisen, wie alle Insekten im Märchen, können als innerseelische Impulse gedeutet werden. Als innere Kräfte, die fortwährend und oft völlig unbemerkt dafür sorgen, dass wir instinktiv die richtigen Dinge zur richtigen Zeit tun. Sie symbolisieren aber auch unsere Fähigkeit, uns in den Dienst einer Sache zu stellen, uns innerhalb einer sozialen Gemeinschaft einzuordnen und unsere Arbeit für deren Zusammenhalt zu leisten.

Im Vertrauen auf diese Kräfte und auch auf das Wohlwollen des Schicksals in Gestalt der Ellermutter kann unser Held sich nun in die Falten des Gewandes hineinwagen und getrost darauf warten, was geschieht.

Als der Abend einbrach, kam der Teufel nach Haus. Kaum war er eingetreten, so merkte er, dass die Luft nicht rein war. «Ich rieche, rieche Menschenfleisch», sagte er, «es ist hier nicht richtig.» Dann guckte er in alle Ecken und suchte, konnte aber nichts finden. Die Ellermutter schalt ihn aus: «Eben ist erst gekehrt», sprach sie, «und alles in Ordnung gebracht, nun wirfst du mir's wieder untereinander; immer hast, du Menschenfleisch in der Nase! Setze dich nieder und iss dein Abendbrot.» Als er gegessen und getrunken hatte, war er milde, legte der Ellermutter seinen Kopf in den Schoss und sagte, sie sollte ihn ein wenig lausen. Es dauerte nicht lange, so schlummerte er ein, blies und schnarchte. Da fasste die Alte ein goldenes Haar, riss es aus und legte es neben sich. «Autsch!», schrie der Teufel, «was hast du vor?»

«Ich habe einen schweren Traum gehabt», antwortete die Ellermutter, «da hab ich dir in die Haare gefasst.» – «Was hat dir denn geträumt?», fragte der Teufel. «Mir hat geträumt, ein Marktbrunnen, aus dem sonst Wein quoll, sei versiegt, und es habe nicht einmal Wasser daraus quellen wollen, was ist wohl schuld daran?» – «He, wenn sie's wüssten!», antwortete der Teufel, «es sitzt eine Kröte unter einem Stein im Brunnen, wenn sie die töten, so wird der Wein schon wieder fließen.»

Die Ellermutter lauste ihn wieder, bis er einschlief und schnarchte, dass die Fenster zitterten. Da riss sie ihm das zweite Haar aus. «Hu! Was machst du?», schrie der Teufel zornig. «Nimm's nicht übel», antwortete sie, «ich habe es im Traum getan.» – «Was hat dir wieder geträumt?», fragte er. «Mir hat geträumt, in einem Königreiche ständ ein Obstbaum, der hätte sonst goldene Äpfel getragen und wollte jetzt nicht einmal Laub treiben. Was war wohl die Ursache davon?»

«He, wenn sie's wüssten!», antwortete der Teufel, «an der Wurzel nagt eine Maus, wenn sie die töten, so

wird er schon wieder goldene Äpfel tragen, nagt sie aber noch länger, so verdorrt der Baum gänzlich. Aber lass mich mit deinen Träumen in Ruhe, wenn du mich noch einmal im Schlafe störst, so kriegst du eine Ohrfeige.» Die Ellermutter sprach ihn zu gut und lauste ihn wieder, bis er eingeschlafen war und schnarchte. Da fasste sie das dritte goldene Haar und riss es ihm aus. Der Teufel fuhr in die Höhe, schrie und wollte übel mit ihr wirtschaften, aber sie besänftigte ihn nochmals und sprach: «Wer kann für böse Träume!»

«Was hat dir denn geträumt?», fragte er und war doch neugierig. «Mir hat von einem Fährmann geträumt, der sich beklagte, dass er immer hin- und herfahren musste, und nicht abgelöst würde. Was ist wohl schuld?» – «He, der Dummbart!», antwortete der Teufel, «wenn einer kommt und will überfahren, so muss er ihm die Stange in die Hand geben, dann muss der andere überfahren, und er ist frei.» Da die Ellermutter ihm die drei goldenen Haare ausgerissen hatte und die drei Fragen beantwortet waren, so ließ sie den alten Drachen in Ruhe, und er schlief, bis der Tag anbrach. Als der Teufel wieder fortgezogen war, holte die Alte die Ameise aus der Rockfalte, und gab dem Glückskind die menschliche Gestalt zurück.

«Da hast du die drei goldenen Haare», sprach sie, «was der Teufel zu deinen drei Fragen gesagt hat, wirst du wohl gehört haben.» – «Ja», antwortete er, «ich habe es gehört und will's wohl behalten.» – «So ist

dir geholfen», sagte sie «und nun kannst du deiner Wege ziehen.» Er bedankte sich bei der Alten für die Hilfe in der Not, verließ die Hölle und war vergnügt, dass ihm alles so wohl geglückt war.

Der Teufel, der nun heimkehrt, scheint den Braten aber zu riechen. Menschenfleisch nimmt seine empfindliche Nase wahr und er sieht sich erst in allen Ecken um. Aber die Einwände seiner Großmutter, die also hier im doppelten Sinne eine Urmutter symbolisiert, können ihn beruhigen – er vertraut ihrer Aussage mehr, als seinen eigenen Wahrnehmungen.

Nachdem er gegessen und getrunken hat, bettet er seinen Kopf in ihren Schoß und lässt sich lausen. Als ihr sein Schnarchen und Blasen anzeigt, dass er tief und fest schläft, reißt sie ihm das erste goldene Haar aus. Sie holt sich also die nötige Erkenntnis aus den mentalen Bereichen. Entreißt sie ihm auf diese Weise vielleicht sogar das Wissen um die Mysterien des Lebens?

Mit jedem Haar, das sie mit einem Ruck vom teuflischen Haupte pflückt, stellt sie eine Frage und sie erhält Antworten:

In dem vertrockneten Brunnen, aus dem einst Wein floss, sitzt unter einem Stein eine Kröte, die es zu töten gilt, um die Quelle wieder zum Sprudeln zu bringen.

An der Wurzel des Baumes, der keine goldenen Äpfel mehr trägt, nagt eine Maus.

Und der Fährmann, wird so lange über den Fluss des Lebens fahren müssen, so lange er nicht bereit ist, seinen Stab abzugeben.

Nach der letzten Antwort reagiert der Teufel sehr gereizt. Wer sich den verborgenen Wahrheiten des Lebens nähert, begibt sich immer in Gefahr – das gilt auch für eine Ellermutter. Deshalb lässt sie ihn jetzt in Ruhe schlafen.

Am anderen Morgen übergibt sie die goldenen Haare dem Jungen, der sich, nicht ohne sich zu bedanken, wieder auf den Weg macht.

Auch Dankbarkeit ist etwas, das in Märchen oft besondere Erwähnung findet. Kein Märchenheld, der sein Ziel erreicht, tut dies, ohne Hilfen. Niemand ist auf sich allein gestellt. Im Märchen geht es aber auch immer darum, diese Dienste anzuerkennen. Nicht selten beruhen sie auf Gegenseitigkeit. Erst die Dinge, die wir *schätzen*, werden zu wahren Schätzen, weil sie dadurch einen Wert erlangen und denjenigen, der uns Unterstützung bot, auch würdigen. Viele psychologische Studien haben gezeigt, dass Menschen, die Dankbarkeit verspüren, oft ein höheres Glücksempfinden haben, als andere. Dankbarkeit lässt uns erkennen, mit welchen Zuwendungen wir auf unserem Lebensweg bedacht werden – ob von menschlicher oder schicksalhafter Seite. Wir entwickeln ein Bewusstsein dafür, dass wir viele Geschenke auf unserem Lebensweg ohne unser Zutun, ohne unser Planen und ohne unser Wollen, erhalten.

Dankbarkeit lässt uns erkennen, dass die Dinge, die uns zufallen, keine Selbstverständlichkeit sind, sondern Teil des Glücks, das jeder von uns hat.

Als er zu dem ‚Fährmann kam, sollte er ihm die versprochene Antwort geben. «Fahr mich erst hinüber», sprach das Glückskind, «so will ich dir sagen, wie du erlöst wirst», und als er auf dem jenseitigen Ufer angelangt war, gab er ihm des Teufels Rat, «wenn wieder einer kommt und will übergefahren sein, so gib ihm nur die Stange in die Hand.»

Er ging weiter und kam zu der Stadt, worin der unfruchtbare Baum stand, und wo der Wächter auch Antwort haben wollte. Da sagte er ihm, wie er vom Teufel gehört hatte, «tötet die Maus, die an seiner Wurzel nagt, so wird er wieder goldene Äpfel tragen.» Da dankte ihm der Wächter und gab ihm zur Belohnung zwei mit Gold beladene Esel, die mussten ihm nachfolgen. Zuletzt kam er zu der Stadt, deren Brunnen versiegt war. Da sprach er zu dem Wächter, wie der Teufel gesprochen hatte: «Es sitzt eine Kröte im Brunnen unter einem Stein, die müsst ihr aufsuchen und töten, so wird er wieder reichlich Wein geben.» Der Wächter dankte und gab ihm ebenfalls zwei mit Gold beladene Esel.

Die Erfahrungen beim Teufel haben unseren Helden gewitzter werden lassen: Der Fährmann erhält die Antwort auf seine Frage erst, nachdem er das Floß verlassen hat, um nicht Gefahr zu laufen, von nun an selbst die Stange halten zu müssen. Er hat andere Aufgaben im Leben, die es zu übernehmen gilt.

Und in den Städten erweist man sich ihm gegenüber dankbar, weil er nicht nur sein Versprechen einlöste, sondern tatsächliche Lösungen für die Probleme wusste:

Der Baum, an dessen Wurzel hier die Maus nagt, ist eines der ältesten, ubiquitären Symbole der Menschheit. Kaum eine Kultur, die ihn nicht als Zeichen der Verbindung von Himmel und Erde, von Mikrokosmos und Makrokosmos, sieht. Er ist die Brücke zwischen den himmlischen und irdischen Bereichen und er ist Träger göttlicher Macht. Baumdarstellungen finden sich bereits auf Kunstgegenständen aus Mesopotamien und dem alten Ägypten. Yggdrasil wurde die Weltenesche der nordischen Mythologie genannt, die nach der Edda den Thingplatz (Gerichtsort) der Götter darstellte.

Im Schamanismus wird der Baum als Verbindung zwischen den verschiedenen Weltenebenen betrachtet und damit als Symbol für Initiation.

In den Glaubensweisen der vorchristlichen, heidnischen Naturreligionen, wie z.B. der Kelten, waren Bäume immer auch Sitz der Großen Muttergöttin. Sie wohnte in ihren Wurzeln und/oder auch in den Tiefen der Brunnen. Im Urgrund also und lenkte von dort aus das Geschick der Menschen. Als Spinnerin drehten sie dort die Spindel der Notwendigkeit oder in ihrer Dreigestalt als weiße, rote oder schwarze Frau, spann sie dort den Faden des Lebens, bemaß ihn und schnitt ihn am vorbestimmten Ende ab.

Bäume stehen aber auch für alle gespeicherten Erfahrungen unserer Ahnen. Nicht zuletzt wird das Symbol des Stammbaumes verwendet, um die Verwurzelung und Verzweigung unserer familiären Bindungen darzustellen.

Wenn also eine Maus an den Wurzeln eines Baumes nagt, scheinen die Grundlagen der kosmischen Verbindung gefährdet. Der göttliche Glaube mag genauso abhandengekommen sein, wie das Vertrauen in die soziale Gemeinschaft und die Erinnerung an unsere Herkunft.

Die Maus bewegt sich flink, unberechenbar und immer im Verborgenen, weshalb sie sinnbildlich für alle Triebe stehen kann, die im Unbewussten wirken, im Schutze der Dunkelheit und in den Tiefen von Höhlen.

Die Menschen mieden sie als großen Schädling, der sich an ihren Vorräten bediente. Das Grau ihres Fells ist die Farbe der Geister.

In der klassischen Mythologie galt die Maus auch als Todesbote Apollos und in der nordischen Überlieferung war sie eines der Begleittiere von Odins Geisterzug. Das Pfeifen der Mäuse lockte die Seelen ins Jenseits.

Im Naturverständnis matriarchaler Religionen wurde jedoch jedes Tier als heilig betrachtet. Jedes hatte seinen Platz im System und jedes seine Aufgabe. Deshalb unterliegt die Sichtweise auf die Symbolik unserem patriarchal geprägten Denken. Vor allem, wenn – was viele Märchen tun – diese Schnittstellen berührt werden zwischen urweiblicher und männlicher Sicht, zwischen Matriarchat und Patriarchat. Wenn sie also, wie auch «Der Teufel mit den drei goldenen Haaren» im Rahmen männlich geprägter Strukturen vom geheimen und verborgenen Wirken Großer Muttergottheiten berichten.

Deshalb steht die Maus, genau wie die Ratte, für alles, das sich schnell und unbemerkt in den Tiefen unseres Seins ausbreitet. Instinkte, Triebe, nagende Gedanken und Fantasien, sexuelle Obsessionen – wenn diese an den Wurzeln unserer Lebensbäume nagen, besteht die Gefahr, die Verbindung zum Höheren nachhaltig zu verlieren.

Und um welches «Höhere» es sich hier handelt, verrät uns die Tatsache, dass der bedrohte Baum ein Apfelbaum ist.

Es ist also der paradiesische Baum der Erkenntnis. Äpfel sind die Symbole des Weiblichen schlechthin. Sie sind die Früchte der Venus/Aphrodite, der Göttin der Liebe. Dionysos widmete ihr den ersten Apfelbaum zum Lob ihrer Schönheit. Schneidet man einen Apfel quer in der Mitte durch, erscheint ein Pentagramm, der Fünfstern der Venus.

Das Pentagramm gilt als Zeichen gelungener Verbindungen. Bereits zu Zeiten Pythagoras wurden Ehen und Geschäftsverbindungen unter dem Schutz dieses Fünfsterns geschlossen. In einem Zug gezeichnet wurde es zum Sinnbild für den Kreislauf des Lebens. Abraxas, der Gott der Gnostiker wird, als Pentagramm dargestellt, zum Zeichen der Vereinigung der fünf Urkräfte. Die fünf Spitzen des Sternes symbolisierten in der Philosophie der Freimaurer die fünf Tugenden: Klugheit, Gerechtigkeit, Stärke, Mäßigung und Fleiß. Der Fünfstern der Venus steht symbolisch also immer für den harmonischen Ausgleich von Gegensätzen – wie er in jeder erfüllenden Beziehung angestrebt wird.

Äpfel gelten als Symbol von Sinnlichkeit, Lust und selbstbestimmter Erotik. Die biblische Eva war es einst, die diese Frucht vom Baum der Erkenntnis brach und deshalb aus dem Zustand der Unschuld fiel.

Somit steht der Apfel für die Bereiche der weiblichen Sexualität. Sind sie gestört, weil die natürliche Ordnung in die sie eingebunden sind, nicht mehr erkannt und geachtet wird, kommt es zu Übergriffen, Grenzverletzungen und den Verlust des weiblichen Selbstwertes, der nicht mehr eigenmächtig bestimmt werden kann.

Unser Märchenheld zeigt den Stadtbewohnern also, woran es krankt und was zu tun ist, damit der Baum einst wieder goldene Äpfel tragen kann. Verloren gegangene Werte müssen wiederhergestellt und Beziehung auf gleichberechtigter Ebene gepflegt werden. Und wer weiß? Vielleicht lernt er dabei ja selbst eine wichtige Lektion, die es zu verinnerlichen gilt, wenn er nach seiner Rückkehr an der Seite seiner jungen Gemahlin den Königsthron besteigen will?

In der zweiten Stadt geht es um einen Brunnen, aus dem nicht einmal mehr Wasser fließt, obwohl daraus einst sogar Wein sprudelte.

Auch der Brunnen ist ein Symbol der Großen Mutter. Allerdings geht es hier um die mütterlichen Aspekte des weiblichen Seins.

Die Astrologie trennt zwischen den Bereichen von Venus (der Geliebten) und Mond (der Mutter).

Die mondischen Künste beziehen sich also auf alle Tätigkeiten des Hegens, des Pflegens und der Fürsorge. Aber wir wissen nur zu genau, dass es im Hinblick auf eine ausgeglichenere Gesellschaft nötig ist – und unsere immer komplexer werdenden Lebensumstände erfordern das mehr und mehr – dass wir alle, die an sozialen Gemeinschaften partizipieren wollen, um die Ausbildung dieser weiblichen Tugenden nicht herumkommen. Die Rollenverteilung innerhalb von Familien verändert sich, neue Lebensgemeinschaften entwickeln sich, geschlechtliche Orientierungen verlieren ihren strengen Maßstab – und das ist auch gut so. Wir alle müssen lernen, verantwortlicher und besser für uns selbst und für unser Umfeld zu sorgen. Und zum Glück beweist die jüngere Generation von Männern auch, dass sie bereit ist, auch ihren eigenen Mondanteil innerhalb familiärer Strukturen zu übernehmen. Aber nicht nur wir Menschen verlangen nach einem neuen Kontext im alltäglichen Miteinander. Auch unsere Umwelt braucht dringend einen respektvolleren Umgang, wenn wir das Überleben auf unserem Planeten für zukünftige Generationen sichern wollen. Wir haben längst unsere Ressourcen aufgebraucht, wir haben die Natur und unsere tierischen Geschöpfe ohne Gnade ausgebeutet. Wir müssen dringend lernen, wieder mehr Verantwortung und Empathie für alles Leben zu entwickeln. Die Zukunft kann nur in der Gemeinschaft liegen, nicht im Ego – auch, wenn uns der Ruf, der uns gerade aus esoterisch-spirituellen Ecken entgegenschallt, unsere Individualität und unsere Bedürftigkeit immer mehr auszudrücken, allzu verlockend erscheint. Wir brauchen dringend mehr «Wir» und deutlich weniger «Ich»! Wir müssen die Welt wieder als unser aller Heimat begreifen lernen.

Vielleicht aber kann uns eine Rückbesinnung auf die Verbindung mit und zu allem – wie es der Glaube an eine Große Mutter einst lehrte - dabei eine Hilfe sein.

Der Brunnen symbolisiert, wie auch die Wurzeln der Bäume, die Wohn- und Wirkstätten der Großen Mutter. Im psychologischen Sinne bildet der Brunnen das Urbild des Uterus, der Gebärmutter, ab, aus der jedes Leben stammt.

Er ist also das Symbol für das Mütterliche schlechthin. In seinen Tiefen finden wir jenes heilige, weibliche Trias der keltischen Bethen: die weiße, die rote und die schwarze Frau, von denen die erste den Lebensfaden spinnt, die zweite in bemisst und die dritte ihn schließlich abschneidet. Sie sind die Herrscherinnen über das Schicksal und sie gebieten über die Lebensphasen von Geburt, Fruchtbarkeit und Tod.

Bei den Etruskern waren es die Moiren (Moira = Anteil, Los), die über den Göttern standen, ebenso wie die römischen Parzen. Aber auch bei Platon und seinem Schüler Aristoteles finden die Schicksalsgöttinnen Klotho (die Spinnerin), Lachesis (die Loserin) und Atropos (die Unabwendbare) Erwähnung. Sie sitzen an der Spindel der Notwendigkeit, mittels derer alle Sphären in Umlauf versetzt werden.

Sie alle kennen also die letzten und verborgenen Geheimnisse und hüten, wie gute Mütter es tun, alles Leben. Erst dann sprudelt es wieder in den Brunnen der

Fruchtbarkeit. Erst dann gerät das Leben wieder in Fluss.

Was aber, wenn eine dicke Kröte den Brunnen verstopft?

Die Kröte liebt das Feuchte und Verborgene. In ihr begegnet uns ebenfalls das Urweibliche, weil sie mit dem Mond und damit mit allen Wandlungsprozessen des Lebens in Verbindung steht. Sie gilt als Weltenwanderin, weil sie sich auf zwei Elementarebenen – die des Wassers und die der Erde – bewegt. Sowohl im alten Ägypten als auch bei den Frühchristen sah man in ihr ein Symbol der Auferstehung.

Im Volksglauben galt ihr Schleim als giftig. Als «Kröte» bezeichnet man im süddeutschen Raum aber auch den weiblichen Uterus. Kröten aus Holz oder Wachs gefertigt sollten werdenden Müttern den Geburtsvorgang erleichtern.

Erst durch christliche Interpretation erfuhr die Kröte eine entsprechende Abwertung. Hier wurde sie zur bildhaften Darstellung von Geiz, Gier, Wollust und Völlerei. Als ursprüngliches Begleittier der Hexen behielt sie ihre Attribute der mondischen Verwandtschaft, ihrer Weisheit und ihrer Fähigkeit zum Wandel. Dennoch gilt auch die Hexe als Avatar der Großen Mutter, allerdings in ihrer zerstörerischen Gestalt. Sie ist ihre willfährige Helferin bei Zauberei und Gift und eine weise Prophetin bei der Bestimmung des Wetters. Genau wie die Hexe vereint auch die Kröte die Aspekte der lebensspendenden mit der, der zerstörerischen Mutter in sich.

Wenn, wie im Märchen, diese Kröte das Fließen der Wasser des Lebens verhindert, deutet das auf eine Pervertierung ihrer weiblichen Anlagen hin. Vielleicht mögen es im sozialen Miteinander dieser Stadt tatsächlich Eigenschaften wie Geiz und Gier, destruktive und lebensfeindliche Haltungen, gewesen sein, welche verhinderten, dass alle innerhalb der Gemeinschaft vom Wein des Brunnens partizipieren konnten.

Vielleicht spiegelt sich hier jedoch auch eine recht aktuelle soziale Entwicklung wieder. In den vergangenen Jahren lässt sich ein eindeutiger Trend zu mehr Tradition und Familie erkennen – im Grunde sicherlich eine erfreuliche Entwicklung. Allerdings wird dies auch gleich nur allzuleicht zum Maßstab gesellschaftlich anerkannter Lebensformen erhoben. «Heimat» findet als Inbegriff von Wert und Zugehörigkeit eine mitunter fast beängstigend wirkende Überhöhung. Gelebtes Wir-Gefühl erstreckt sich immer öfter ausschließlich auf die Bereiche der eigenen Herkunft. Immer öfter erlebt man in den Innenstädten Mütter, die ihre Kinderwagen wie Trophäen vor sich herschieben, als würden sie ihre Mutterschaft als Legitimation begreifen, all ihre egoistischen Bedürfnisse – und die ihres Kindes – über die sozialen Belange der Umwelt zu stellen. Rücksichtsloses Verhalten des Kindes wird nicht mehr korrigiert, sondern im Gegenteil gefördert. «Kampfgeschwader kollektiven Familienglücks» nannte dies ein Journalist des Spiegels und befürchtete eine Entwicklung, nach der Paare, die keine Kinder haben, den «Latte macchiato nicht wert sind, der auf dem wackeligen Cafétisch» ihrer hippen Wohngegenden kalt wird. Auch, wenn dies satirisch etwas überzogen scheint, der Begriff der «Kampfmütter» findet in unserer Alltagssprache immer mehr Verwendung und bezeichnet genau jenen Egoismus und jene Selbstbezogenheit, die aus der pervertieren Überbewertung der eigenen Mutter- bzw. Elternschaft und des eigenen Familiensinns gezogen wird. Hier fehlt jede Demut, jede Dankbarkeit dem Leben gegenüber und jedes soziale/kollektive Empfinden, wenn sogar der Einkauf im Bioladen nur noch der Sorge um die eigene Gesundheit geschuldet ist. Gesund, das sollten wir wissen, können wir nur in einem gesunden System sein.

Die Kröte, so heißt es, muss getötet werden. Das bedeutet, dass auch hier ein grundlegender Wandel, eine Transformation des bisherigen Umgangs mit dem Weiblichen, mit der eigenen Identität, vonnöten ist, um die Lebendigkeit der Dinge nicht zu gefährden.

Diese Botschaft überbringt der Junge, der jetzt wohl längst zum Mann geworden ist, und beweist mit der Antwort, dass er selbst nun um diese mondischen Künste weiß.

In jeder Stadt erhält er zum Dank für seine Hilfe einen mit Gold beladenen Esel. Gold ist Sinnbild des erwachten Bewusstseins, es symbolisiert den höchsten aller Reichtümer. Die Esel werden zu treuen Lastenträgern. Sie gelten als Darstellung von Fleiß, Ausdauer und Arbeitskraft, die wir in eine Sache hineinstecken – und davon hat unser Märchenheld wahrlich genug geleistet.

Auch, wenn Esel in manchen Deutungen für ihre scheinbare Dummheit und Trägheit Missachtung erfahren, wissen wir, dass dies im Grunde nur einer patriarchalen Sicht entsprungen ist, die alles Weibliche einer grundlegenden Entwürdigung unterzieht.

Dem Esel kann man getrost noch Eigensinn unterstellen, eine gewisse Sturheit, die jedoch auch symbolisch für nichts anderes steht, als dass jetzt eine Stufe der eigenen Meinungsbildung erreicht ist. Der Märchenheld kann die beiden Esel und damit seinen Reichtum nach seinen Erfahrungen und seinem Wissenstand lenken und mit sich nach Hause führen.

Sein Einweihungsweg ist nun abgeschlossen. Er ist gereift, hat die Mysterien des Lebens verinnerlicht und damit ist er bereit für die Herrschaft, die ihm bereits in der Wiege prophezeit wurde.

Endlich langte das Glückskind daheim bei seiner Frau an, die sich herzlich freute, als sie ihn wiedersah und hörte, wie wohl ihm alles gelungen war. Dem König brachte er, was er verlangt hatte, die drei goldenen Haare des Teufels, und als dieser die vier Esel mit dem Golde sah, ward er ganz vergnügt und sprach: «Nun sind alle Bedingungen erfüllt und du kannst meine Tochter behalten. Aber, lieber Schwiegersohn, sage mir doch, woher ist das viele Gold? Das sind ja gewaltige Schätze!» – «Ich bin über einen Fluss gefahren», antwortete er, «und da habe ich es mitgenommen, es liegt dort statt des Sandes am Ufer.» – «Kann ich mir auch davon holen?», sprach der König und war ganz begierig. «So viel Ihr nur wollt», antwortete er, «es ist ein Fährmann auf dem Fluss, von dem lasst Euch überfahren, so könnt Ihr drüben Eure Säcke füllen.»

Der habsüchtige König machte sich in aller Eile auf den Weg, und als er zu dem Fluss kam, so winkte er dem Fährmann, der sollte ihn übersetzen. Der Fährmann kam und hieß ihn einsteigen, und als sie an das jenseitige Ufer kamen, gab er ihm die Ruderstange in die Hand und sprang davon. Der König aber musste von nun an fahren zur Strafe für seine Sünden. «Fährt er wohl noch?» – «Was denn? Es wird ihm niemand die Stange abgenommen haben.»

Reich belohnt und weise geworden kann er sich nun getrost auf den Weg zu seiner jungen Gemahlin machen, der er jetzt als beziehungsfähiger, gleichberechtigter Partner begegnet.

Jetzt scheint auch der alte König nichts mehr gegen ihn als Schwiegersohn einzuwenden zu haben, auch, wenn in ihm, sobald er die goldbeladenen Esel sieht, die alten Begierden und Kontrollzwänge wieder hervorbrechen.

So ist es kein Wunder, dass er sich gleich auf den Weg zur Hölle macht und, da er seine alten Denkmuster nicht transformieren kann, stattdessen zum würdigen Nachfolger des Fährmannes wird. Aber auch seine Entwicklung bleibt offen und wer weiß? Vielleicht findet er ja durch sein künftiges Tun, wie der Fährmann in Hesses «Siddhartha», zu seiner Bestimmung?

Unser Märchenheld hat uns jedenfalls gezeigt, wie man nach einem scheinbar missglückten Start doch noch einen perfekten Weg durchs Leben findet. Dass wir Vertrauen, Mut und Geschick brauchen, um uns unser Glück zu verdienen. Wir brauchen Mut, um uns und unser Denken zu ändern. Der arme Junge von einst, der jetzt König ist, beklagt sich nicht über die Vergangenheit und über all das, was ihm seine Herkunft schuldig blieb. Er sieht das Leben als Herausforderung und Chance zu Entwicklung und Fortschritt.

Wenn uns das Leben zum Teufel schickt, müssen wir bereit sein, uns auf den Weg zu machen und Fragen zu stellen. Dann werden wir Antworten finden, Lösungen für unsere Probleme, Heilung für unsere Schmerzen und wir werden erfahren, wie es uns gelingt, zum richtigen Zeitpunkt, wie der Flößer, den Fährstab abzugeben und uns von Verantwortung zu befreien, die nicht mehr unsere ist.

Rumpelstilzchen
- Die Dinge beim Namen nennen

Es war einmal ein Müller, der war arm, aber er hatte eine schöne Tochter. Nun traf es sich, dass er mit dem König zu sprechen kam, und um sich ein Ansehen zu geben, sagte er zu ihm: «Ich habe eine Tochter, die kann Stroh zu Gold spinnen.» Der König sprach zum Müller: «Das ist eine Kunst, die mir wohl gefällt, wenn deine Tochter so geschickt ist, wie du sagst, so bring sie morgen in mein Schloss, da will ich sie auf die Probe stellen.»

Als nun das Mädchen zu ihm gebracht ward, führte er es in eine Kammer, die ganz voll Stroh lag, gab ihr Rad und Haspel und sprach: «Jetzt mache dich an die Arbeit, und wenn du diese Nacht durch bis morgen früh dieses Stroh nicht zu Gold versponnen hast, so musst du sterben.» Darauf schloss er die Kammer selbst zu, und sie blieb allein darin. Da saß nun die arme Müllerstochter und wusste um ihr Leben keinen Rat: Sie verstand gar nichts davon, wie man Stroh zu Gold spinnen konnte, und ihre Angst ward immer größer, dass sie endlich zu weinen anfing. Da ging auf einmal die Türe auf, und trat ein kleines Männchen herein und sprach: «Guten Abend, Jungfer Müllerin, warum weint Sie so sehr?»

«Ach», antwortete das Mädchen, «ich soll Stroh zu Gold spinnen und verstehe das nicht.» Sprach das Männchen: «Was gibst du mir, wenn ich dir's spinne?» – «Mein Halsband», sagte das Mädchen. Das Männchen nahm das Halsband, setzte sich vor das Rädchen, und schnurr, schnurr, schnurr, dreimal gezogen, war die Spule voll. Dann steckte es eine andere auf, und schnurr, schnurr, schnurr, dreimal gezogen, war auch die zweite voll. Und so ging es fort bis zum Morgen, da war alles Stroh versponnen, und alle Spulen waren voll Gold.

Bei Sonnenaufgang kam schon der König, und als er das Gold erblickte, erstaunte er und freute sich, aber sein Herz ward nur noch geldgieriger. Er ließ die Müllerstochter in eine andere Kammer voll Stroh bringen, die noch viel größer war, und befahl ihr, das auch in einer Nacht zu spinnen, wenn ihr das Leben lieb wäre. Das Mädchen wusste sich nicht zu helfen und weinte, da ging abermals die Türe auf, und das kleine Männchen erschien und sprach: «Was gibst du mir, wenn ich dir das Stroh zu Gold spinne?»

«Meinen Ring von dem Finger», antwortete das Mädchen. Das Männchen nahm den Ring, fing wieder an zu schnurren mit dem Rade und hatte bis zum Morgen alles Stroh zu glänzendem Gold gesponnen. Der König freute sich über die Maßen bei dem Anblick, war aber noch immer nicht Goldes satt, sondern ließ

die Müllerstochter in eine noch größere Kammer voll Stroh bringen und sprach: «Die musst du noch in dieser Nacht verspinnen: Gelingt dir's aber, so sollst du meine Gemahlin werden.» – «Wenn's auch eine Müllerstochter ist», dachte er, «eine reichere Frau finde ich in der ganzen Welt nicht.» Als das Mädchen allein war, kam das Männlein zum dritten Mal wieder und sprach: «Was gibst du mir, wenn ich dir noch diesmal das Stroh spinne?» – «Ich habe nichts mehr, das ich geben könnte», antwortete das Mädchen. «So versprich mir, wenn du Königin wirst, dein erstes Kind.» – «Wer weiß, wie das noch geht», dachte die Müllerstochter und wusste sich auch in der Not nicht anders zu helfen; sie versprach also dem Männchen, was es verlangte, und das Männchen spann dafür noch einmal das Stroh zu Gold. Und als am Morgen der König kam und alles fand, wie er gewünscht hatte, so hielt er Hochzeit mit ihr, und die schöne Müllerstochter ward eine Königin.

Über ein Jahr brachte sie ein schönes Kind zur Welt und dachte gar nicht mehr an das Männchen. Da trat es plötzlich in ihre Kammer und sprach: «Nun gib mir, was du versprochen hast.» Die Königin erschrak und bot dem Männchen alle Reichtümer des Königreichs an, wenn es ihr das Kind lassen wollte: aber das Männchen sprach: «Nein, etwas Lebendes ist mir lieber als alle Schätze der Welt.» Da fing die Königin so an zu jammern und zu weinen, dass das Männchen Mitleiden mit ihr hatte: «Drei Tage will ich dir Zeit lassen», sprach er, «wenn du bis dahin meinen Namen weißt, so sollst du dein Kind behalten.»

Nun besann sich die Königin die ganze Nacht über auf alle Namen, die sie jemals gehört hatte, und schickte einen Boten über Land, der sollte sich erkundigen weit und breit, was es sonst noch für Namen gäbe. Als am andern Tag das Männchen kam, fing sie an mit Kaspar, Melchior, Balzer, und sagte alle Namen, die sie wusste, nach der Reihe her, aber bei jedem sprach das Männlein: «So heiß ich nicht.» Den zweiten Tag ließ sie in der Nachbarschaft herumfragen, wie die Leute da genannt würden, und sagte dem Männlein die ungewöhnlichsten und seltsamsten Namen vor «Heißt du vielleicht Rippenbiest oder Hammelswade oder Schnürbein?» Aber es antwortete immer: «So heiß ich nicht.»

Den dritten Tag kam der Bote wieder zurück und erzählte: «Neue Namen habe ich keinen einzigen finden können, aber wie ich an einen hohen Berg um die Waldecke kam, wo Fuchs und Has' sich gute Nacht sagen, so sah ich da ein kleines Haus, und vor dem Haus brannte ein Feuer, und um das Feuer sprang ein gar zu lächerliches Männchen, hüpfte auf einem Bein und schrie:

‚Heute back ich,
morgen brau ich,
Übermorgen hol ich der Königin ihr Kind;

Ach, wie gut ist, dass niemand weiß,
dass ich Rumpelstilzchen heiß!'»

Da könnt ihr denken, wie die Königin froh war, als sie den Namen hörte, und als bald hernach das Männlein hereintrat und fragte: «Nun, Frau Königin, wie heiß ich?», fragte sie erst: «Heißest du Kunz?» – «Nein.» – «Heißest du Heinz?» – «Nein.» – «Heißt du etwa Rumpelstilzchen?»

«Das hat dir der Teufel gesagt, das hat dir der Teufel gesagt», schrie das Männlein und stieß mit dem rechten Fuß vor Zorn so tief in die Erde, dass es bis an den Leib hineinfuhr, dann packte es in seiner Wut den linken Fuß mit beiden Händen und riss sich selbst mitten entzwei.

Die Dinge beim Namen nennen

oder: Von der Kunst den eigenen Lebensfaden zu spinnen.

Es war einmal ein Müller, der war arm, aber er hatte eine schöne Tochter. Nun traf es sich, dass er mit dem König zu sprechen kam, und um sich ein Ansehen zu geben, sagte er zu ihm: «Ich habe eine Tochter, die kann Stroh zu Gold spinnen.» Der König sprach zum Müller: «Das ist eine Kunst, die mir wohl gefällt, wenn deine Tochter so geschickt ist, wie du sagst, so bring sie morgen in mein Schloss, da will ich sie auf die Probe stellen.»

Gleich zu Beginn verrät uns das Märchen, dass es einen Müller gibt, der arm ist. Das mag verwundern, denn das Handwerk des Müllers scheint doch ein recht sicheres Einkommen zu versprechen. Am Mühlbach ist alles im Fluss. Hier dreht sich das Rad des Lebens. Man kennt die Mysterien des Seins, den ewigen Kreislauf, das ständige Auf und Ab. Orte der Magie und des okkulten Zaubers wären die Mühlen, so glaubte man. Ein Müller gilt als ein Alchemist, der sich darauf versteht, aus Getreide Mehl zu machen. Er kennt die Prozesse des Wandels, die alles Sein bestimmen. Er dient also dem Leben. Wie kann so jemand überhaupt arm werden oder sein?

Aber wie wir bereits vom «Teufel mit den drei goldenen Haaren» wissen, ist Armut im Märchen weit mehr, als nur der Verlust der materiellen Ressourcen. Es ist der Verlust von Lebensenergie. Es geht, um die verlorengegangene Fähigkeit den Alltag vital und kreativ zu gestalten und für sich selbst und die Seinen zu sorgen – und zwar auf materiell-körperlicher, seelischer, geistiger und kollektiver Ebene. Wer das nicht kann, ist wahrlich arm. Er mag vielleicht genug zu essen haben, solange er jedoch keine Liebe spürt, für sich selbst und andere oder an Geist und Körper krank ist oder keinen Sinn und Inhalt in seinem Tun findet, bleibt er ein armer Teufel. Er versteht sich nicht mehr auf die alchemistischen Prozesse des Lebens. Hat er sie nie besessen, hat er sie verlernt, hat er sie eingebüßt oder einfach nur das Vertrauen in sie verloren?

Was immer der Grund für die Armut des Müllers gewesen sein mag, sein Problem ist mehr, als nur ein materielles. Ein genauerer Blick hinter die Kulissen zeigt uns, dass hier noch etwas fehlt: eine Partnerin nämlich und damit eine Mutter für seine schöne Tochter.

Fehlt im Märchen der Partner/die Partnerin weist das i.d.R. auf eine mangelnde Beziehungsfähigkeit hin. Beziehungen leben vom Austausch, von gegenseitiger Befruchtung, von unserer Fähigkeit Kompromisse zu schließen und die Talente des anderen als Ergänzung zu begreifen.

Ist ein Elternteil allein, bedeutet das aber auch, dass er oder sie den Kindern die innerpsychischen Anteile, für die Vater oder Mutter im Märchen symbolisch stehen, nicht umfassend vermitteln kann. Und es weist immer darauf hin, dass der verbleibende Elternteil Beziehungen nicht auf erwachsener Ebene führen kann. Seine Konzentration und Aufmerksamkeit richtet sich deshalb immer in einem zu hohen Maß auf das gegengeschlechtliche Kind. Damit können im Einzelfall natürlich Aspekte von Missbrauch angezeigt sein und sehr oft wird «Rumpelstilzchen» auch als ein klassisches Missbrauchsmärchen gedeutet. Das schränkt aber m.M.n. die Vielfältigkeit, in der uns Märchen zu Vorbildern werden können, in unzulässiger Weise ein. Grenzverletzungen finden in vielen Bereichen statt und auch missbräuchliche Tendenzen gibt es auf verschiedenen Ebenen. Es muss sich also nicht immer um sexuelle Übergriffe handeln. Eine Überforderung des Kindes besteht z.B. auch darin, dass der Vater – wie in diesem Fall – nicht in der Lage ist, sein Leben selbst zu bestreiten. Dass er die Probleme der Erwachsenen nicht zusammen mit einer Partnerin zu lösen vermag, sondern versucht, sich durch die Tochter helfen zu lassen, um sich durch sie «ein Ansehen zu geben». Sie soll das Image aufpolieren, das er eingebüßt hat. Sie soll all die Talente verwirklichen, die er vielleicht nie hatte. Über sie möchte er seine eigene Schwäche kompensieren. Vielleicht will er ja auch «nur», dass sie es «einmal besser hat» als er. Ein Wunsch, den Eltern häufig hegen, wenn es um die künftigen Karrierepläne ihrer Kinder geht. Aber wie oft ist es so, dass diese Vorstellung mit den Fähigkeiten des Kindes nichts oder nur sehr wenig zu tun hat?

Die Müllerstochter mag also schön sein, aber sie ist ebenso arm, wie der Vater. Ihre Armut besteht jedoch darin, dass es keine schützend mütterliche Hand gibt, die ihr weiblichen Selbstwert vermittelt und vorlebt, wie man sich selbst vor Übergriffen und Überforderung durch andere hütet und die sie Kind sein lässt in einer Welt der Erwachsenen.

Die Liebe einer Tochter – auch die eines Sohnes – mag aber trotz Überforderung ungemindert sein, auch wenn der Vater ein Prahlhans ist, wie unser Müller. Und da er selbst nicht viel besitzt, mit dem es sich zu prahlen lohnt, gibt er mit dem vermeintlichen Können seiner Tochter an, sobald er auf den König trifft, und dichtet ihr damit ein Talent an, das jeglicher realen Grundlage entbehrt. Wie kann ein Mensch überhaupt Stroh zu Gold verspinnen?

Keinem von beiden – weder dem Vater noch dem König, der dieses großspurige Angebot nur allzu gerne annimmt – scheint die darin enthaltene Überforderung des Mädchens bewusst zu sein. Beiden ist – trotz der Armut des einen und des vermeintlichen Reichtums des anderen – etwas gleich: Sie besitzen keine Partnerinnen. Sie müssen sich nicht mit einem gleichberechtigten Gegenüber auseinandersetzen; sie müssen keine

Kompromisse schließen und gegensätzliche Argumente berücksichtigen. Sie sind nicht beziehungsfähig. Während dem Vater dadurch offensichtlich alle Ressourcen des Lebens abhandengekommen sind, hortet der König einen Reichtum, der nicht dem Leben dient. Beide sind in dem Sinne arm zu nennen, weil sie nicht an den lebendigen Prozessen des Seins teilhaben können.

Stroh, das sind die leeren, trockenen Halme nach dem Dreschen des Getreides. Sie sind also das, was übrig bleibt, nachdem alle dem Leben dienenden Elemente entfernt sind. Inhalts- und wertlos ist Stroh Sinnbild für Armut, Kargheit und Mangel.

Der Wunsch, Stroh zu Gold zu verspinnen mag im Grunde bei beiden Männern aus dem Bedürfnis heraus geboren sein, ihre Armut – vor allem die innerseelische – zu überwinden und das am besten mit Gold, das ja nicht nur materiellen Reichtum verkörpert, sondern auch in psychologischer Hinsicht, als Symbol für erwachtes Bewusstsein steht.

Beide Männer wünschen sich also etwas, das sie selbst nicht zu schaffen in der Lage sind und das Kind soll es richten.

In Familien, in denen durch Krankheit, Armut, Sucht oder sonstige Einschränkungen, die Eltern nicht die Kraft haben, alle im Alltag nötigen Prozesse selbst zu steuern, sind Kinder sehr oft der nicht unerheblichen Überforderung ausgesetzt, die Rolle der Erwachsenen ganz oder teilweise zu übernehmen. Laut Angaben des

Bundesgesundheitsministeriums sind es in Deutschland über 3 Millionen Kinder und Jugendliche, die mindestens einen suchtkranken Elternteil haben. Mehr als 40.000 davon sind von schwerer Suchterkrankung ihrer Eltern betroffen. Das heißt, sie erleben mindestens einen Elternteil, der nicht mehr uneingeschränkt in der Lage ist, den Alltag zu bewältigen. Die Kinder müssen also nicht nur einen Teil der Erwachsenenaufgaben erledigen, sie versuchen in den meisten Fällen auch, die offensichtlichen Schwächen der Eltern auszugleichen und nach außen hin zu kompensieren.

Das ändert nichts an der Liebe, die beide Teile füreinander empfinden. Kinder möchten helfen und retten und nicht zuletzt entwickeln sie Schuldgefühle aufgrund der Einschränkungen ihrer Eltern. Sie nehmen die Positionen innerhalb des Familiensystems ein, die Erwachsene – aus welchen Gründen auch immer – nicht besetzen.

Auch die Müllerstochter empfindet diese Liebe für ihren Vater, der doch so schwach und arm ist und deshalb stellt sie aus ihrer Perspektive heraus die Aufgabe, die ihr nun übertragen wird, gar nicht erst in Frage.

Kinder können die Grenzen ihrer Belastbarkeit nicht selbst einschätzen. Sie sind darauf angewiesen, dass Erwachsene das für sie tun. Sind diese Erwachsenen jedoch selbst in ihrer Bedürftigkeit oder Hilflosigkeit gefangen, kann das eine permanente Überforderung des Kindes zur Folge haben.

So lässt sich also auch die Müllerstochter, wie ein Lamm zur Schlachtbank, zum Königsschloss führen, um eine Aufgabe anzunehmen, die nach menschlichem Ermessen gar nicht zu erfüllen ist.

Als nun das Mädchen zu ihm gebracht ward, führte er es in eine Kammer, die ganz voll Stroh lag, gab ihr Rad und Haspel und sprach: «Jetzt mache dich an die Arbeit, und wenn du diese Nacht durch bis morgen früh dieses Stroh nicht zu Gold versponnen hast, so musst du sterben.» Darauf schloss er die Kammer selbst zu, und sie blieb allein darin. Da saß nun die arme Müllerstochter und wusste um ihr Leben keinen Rat: Sie verstand gar nichts davon, wie man Stroh zu Gold spinnen konnte, und ihre Angst ward immer größer, dass sie endlich zu weinen anfing. Da ging auf einmal die Türe auf, und trat ein kleines Männchen herein und sprach: «Guten Abend, Jungfer Müllerin, warum weint Sie so sehr?»

Der König bringt das Mädchen in eine Kammer und befiehlt ihm, den Auftrag zu erfüllen, wenn es nicht sterben sollte.

Was also bleibt unserer Märchenheldin übrig? Sie kann sich nicht verweigern. Für ein Kind ist der Platz im System der Familie überlebensnotwendig. Den gestellten Aufgaben nicht gerecht zu werden, kommt einer lebensbedrohlichen Situation gleich.

Die verschlossene Kammer wird hier zum Symbol für die Ausweglosigkeit, in der sich die Müllerstochter befindet. Obwohl sie weiß, dass sie die geforderte Leistung nicht erbringen kann, kann sie sie trotzdem nicht verwehren.

Der König, so verrät das Märchen, gab ihr, ehe er sie einsperrte, Rad und Haspel. Das Spinnrad ist das Insigne weiblicher Herrschaft. Die Große Mutter sitzt am Spinnrad der Zeit und spinnt die Fäden des Seins. Das Spinnen lag immer in weiblicher Hand. Auch hier geht es wieder um die Geheimnisse der drei Bethen, von denen eine den Lebensfaden spinnt, die zweite ihn bemisst und die dritte ihn abschneidet.

Im Mittelalter galt die Spindel sogar als Rangabzeichen und Rechtssymbol weiblicher Macht. Nicht selten wurde sie den Hausherrinnen nach ihrem Ableben mit ins Grab gegeben.

Wer spinnen kann, versteht die Mysterien des Lebens. Er oder sie ist in der Lage, den eigenen Lebensfaden zu spinnen.

Dennoch braucht es zunächst aber die Anleitung einer wohlwollenden Mutter, um diese Kunst zu erlernen. Eine Mutter, die Schutz und Obhut gewährt. Eine Mutter, die wärmt und nährt. Eine Mutter, die weibliche Werte vorlebt und das Mädchen zu einer selbstbewussten, handlungsfähigen Frau erzieht.

Die Ausbildung weiblicher Werte ist und war zu allen Zeiten des Patriarchats eine große Herausforderung. Frauen standen allein schon aufgrund der Rechtsprechung in zweiter Reihe und – das muss man ehrlicherweise sagen – sie taten das ihre dazu, um den Männern ihre Vorherrschaft zu ermöglichen. Patriarchale Strukturen wurden von den gesellschaftlichen Systemen am Laufen gehalten, nicht allein von den Männern. Auch, wenn uns eine Gleichberechtigung heute mit Brief und Siegel bestätigt scheint, ist die Rolle der Frau immer noch mit sehr viel mehr an Pflichten, Aufgaben und Vorurteilen belastet. Unterschiede in der Wertigkeit beweisen sich allein schon durch das Gefälle bei Löhnen und Gehältern. Zu den eigenen Rechten zu stehen, den eigenen Wert zu behaupten, ist nach wie vor schwierig. Viel zu viele bewusst oder unbewusst vorhandene frauenfeindliche Denk- und Handlungsmuster stehen einer wirklichen Gleichberechtigung immer noch im Weg. Es wird in unserer Gesellschaft zwar viel darüber geredet, aber zu wenig getan, um die Missstände auszumerzen. Meist führt falsch verstandene Emanzipation heute immer noch dazu, dass die Frau die Doppelbelastung zwischen Beruf und Familie auf sich nimmt. Emanzipiert zu sein, ist heute nahezu gleichzusetzen mit dem Begriff der Powerfrau. Sie nimmt jede Herausforderung an und löst im Alleingang jede ihr gestellte Aufgabe, ohne zu hinterfragen. Sie macht Karriere, erzieht die Kinder, putzt, kocht und wäscht und den Rest ihrer Zeit verbringt sie im Fitnesscenter, um sich jugendlich, schlank und attraktiv zu erhalten. Frauen versuchen heute mehr denn je, aus jedem Strohhalm Gold zu spinnen. Um das zu ändern, braucht es Frauen und vor allem Mütter, die ihre Rechte einfordern, die Grenzen setzen und die es wagen, laut und deutlich «nein» zu sagen und Aufgaben dahin (zurück) zu delegieren, wohin sie gehören.

Diese Mutter aber hat unsere Heldin nicht. Wie soll sie also umgehen können mit Rad und Haspel? Wie soll sie das Rad ihres Lebens zum Schwingen bringen, wie mit einer Haspel Ordnung in ihre verwirrten Lebensfäden?

Kein Wunder also, dass sie verzweifelt ist und in ihrer Einsamkeit nun anfängt zu weinen.

Jetzt scheinen auch bei ihr zum ersten Mal die Gefühle in Fluss zu kommen – wenn auch erst einmal in Form von Tränen. Wenn wir in schwierigen Lebensphasen unseren Tränen freien Lauf lassen können, dann lösen sich – zumindest für den Moment – innere Blockaden. Sobald wir in der Lage sind, unsere Gefühle auszudrücken, kann auch wieder Bewegung in eine Situation kommen.

Genau das geschieht jetzt auch in unserem Märchen. Ein kleines Männlein erscheint und fragt nach dem Problem.

Und endlich kann die Müllerstocher auch sagen, woran sie leidet: Sie kann kein Stroh zu Gold verspinnen! Wie soll sie denn aus dieser Armut, diesem Mangel, aus dem sie stammt, Bewusstsein entwickeln?

Kleine Männlein, Zwerge, Kobolde oder Gnome sind Wesen aus der Unterwelt. Sie symbolisieren das Element der Erde. Fleißige und geschickte Arbeiter sind sie, sowohl Untertage, als auch in manchen Fällen in den Haushalten von Menschen. Sie bieten gerne ihre Hilfe an, wollen aber dafür belohnt werden. Aber sie sind auch listig und boshaft und vergessen ihnen einmal zugefügte Kränkungen nicht. Die Vorstellung vom Wirken dieser Naturgeister im Leben der Menschen war im Alltag früherer Generationen fest verankert. Man versuchte sie sich mit kleinen Opfergaben geneigt zu machen und sich ihrer Hilfe und Unterstützung zu versichern. In den alten Mythen gelten sie als Hüter aller unter Tage liegenden Schätze und äußerst geschickte Waffen- und Silberschmiede. Deshalb werden sie im Märchen auch auf psychologischer Ebene als innere Kräfte gedeutet, unbewusste Instinkte, die uns in Ausnahmesituationen dazu verhelfen, über uns selbst hinauszuwachsen, ungeahnte Talente und Fähigkeiten zu mobilisieren. Sie besitzen also die Kraft, unsere inneren Schätze zu heben, ebenso, wie sie auch die Macht haben, uns zu zerstören. Unser Kobold ist, wie der Name schon sagt, ein Kerlchen, das «rumpelt», das auch mal Radau und Ärger macht und sich – obwohl hilfreich – auch sehr unangenehm in Erscheinung bringen kann.

«Ach», antwortete das Mädchen, «ich soll Stroh zu Gold spinnen und verstehe das nicht.» Sprach das Männchen: «Was gibst du mir, wenn ich dir's spinne?» – «Mein Halsband», sagte das Mädchen. Das Männchen nahm das Halsband, setzte sich vor das Rädchen, und schnurr, schnurr, schnurr, dreimal gezogen, war die Spule voll. Dann steckte es eine andere auf, und schnurr, schnurr, schnurr, dreimal gezogen, war auch die zweite voll. Und so ging es fort bis zum Morgen, da war alles Stroh versponnen, und alle Spulen waren voll Gold.

Bei Sonnenaufgang kam schon der König, und als er das Gold erblickte, erstaunte er und freute sich, aber sein Herz ward nur noch geldgieriger. Er ließ die Müllerstochter in eine andere Kammer voll Stroh bringen, die noch viel größer war, und befahl ihr, das auch in einer Nacht zu spinnen, wenn ihr das Leben lieb wäre. Das Mädchen wusste sich nicht zu helfen und weinte, da ging abermals die Türe auf, und das kleine Männchen erschien und sprach: «Was gibst du mir, wenn ich dir das Stroh zu Gold spinne?»

«Meinen Ring von dem Finger», antwortete das Mädchen. Das Männchen nahm den Ring, fing wieder

an zu schnurren mit dem Rade und hatte bis zum Morgen alles Stroh zu glänzendem Gold gesponnen.

Das Männlein verspricht Hilfe, aber nicht ohne Gegenleistung. Wenn unsere inneren Kräfte mobilisiert sind, spornt das zwar zu Höchstleistungen an, es fordert aber auch einen hohen Preis von uns: Immer mehr Verdrängung, immer größere Anpassung, immer stärkere Anstrengung zehren an uns.

Auch die Müllerstochter muss diesen Preis bezahlen, um ihren Platz im System erhalten zu können. Sie gibt dem Kobold ihr Halsband. Vielleicht deutet sie ja damit auf etwas hin, das ihr den Hals zuschnürt. Ein finsteres Geheimnis, Schuldgefühle und Ängste. Etwas, worüber sie eigentlich reden möchte, aber es nicht kann. Etwas, das ihr im Grunde die Luft zum Atmen nimmt, sie an ihrer eigenen Lebendigkeit hindert. Verzichtet sie, indem sie dem Männlein dieses Band übergibt, noch weiter darauf, die Dinge auszusprechen, oder sind das bereits erste Anzeichen dafür, dass sie sich Luft machen möchte?

Das Männlein setzt sich ans Rad und «schnurr, schnurr, schnurr, dreimal gezogen ...» Füllt sich schon Spule um Spule mit Gold.

Ein Reichtum, der nicht der Müllerstochter dient, sondern dem gierigen König. Bei Sonnenaufgang erscheint er. Also dann, wenn man im ersten Licht des

Tages die Dinge neu betrachten könnte. Noch einmal überlegen, ob das, was man tut, wirklich Sinn ergibt. Jetzt wäre die Zeit – sowohl für die Jungfer Müllerin als auch für den König – ihre Positionen zu überdenken. Aber die Müllerstochter hat ihr Halsband abgelegt und der König wird immer gieriger nach Gold. So schickt er sie in eine noch größere Kammer und sie muss immer noch mehr leisten, um seinen vermeintlichen Reichtum zu mehren und sich selbst am Leben zu erhalten.

Wieder weint sie, als das Männlein erscheint. Und wieder bietet es seine Hilfe an. Dieses Mal ist es der Ring an ihrem Finger, den sie gibt, um den Auftrag zu erfüllen.

Der Ring ist ein Zeichen der Bindung, der Zugehörigkeit. Er hat keinen Anfang und kein Ende. Mit ihm geloben wir uns an eine andere Person und zeigen, dass wir mit ihr eine Beziehung eingehen, die auf einem Versprechen beruht: dem Versprechen auf Liebe, Loyalität und Treue. Er besiegelt Ehen oder die Zugehörigkeit zu geheimen Bruderschaften.

Die Müllerstochter, das wissen wir, hat sich ihrem Vater verpflichtet. Ihn will sie schützen, für ihn will sie Übermenschliches leisten, für ihn will sie schweigen, weil sie ihn als schwach empfindet. Wie könnte sie also darüber hinaus noch weitere Beziehungen pflegen? Das, was sie tut, übersteigt schon ihre eigene Kraft und fordert immer größere Opfer von ihr.

Für sie geht es um Leben oder Tod. Deshalb kann oder muss sie sogar den Ring aufgeben. Aber, wer weiß? Vielleicht weist sie dadurch ja auch die verhängnisvolle Beziehung zu ihrem Vater von sich?

Wieder spinnt das Männlein das Stroh zu Gold und wieder wächst im König, der am Morgen erscheint, das Verlangen nach mehr.

Der König freute sich über die Maßen bei dem Anblick, war aber noch immer nicht Goldes satt, sondern ließ die Müllerstochter in eine noch größere Kammer voll Stroh bringen und sprach: «Die musst du noch in dieser Nacht verspinnen: Gelingt dir's aber, so sollst du meine Gemahlin werden.» – «Wenn's auch eine Müllerstochter ist», dachte er, «eine reichere Frau finde ich in der ganzen Welt nicht.» Als das Mädchen allein war, kam das Männlein zum dritten Mal wieder und sprach: «Was gibst du mir, wenn ich dir noch diesmal das Stroh spinne?» – «Ich habe nichts mehr, das ich geben könnte», antwortete das Mädchen. «So versprich mir, wenn du Königin wirst, dein erstes Kind.» – «Wer weiß, wie das noch geht», dachte die Müllerstochter und wusste sich auch in der Not nicht anders zu helfen; sie versprach also dem Männchen, was es verlangte, und das Männchen spann dafür noch einmal das Stroh zu Gold. Und als am Morgen der König kam und alles fand, wie er gewünscht hatte, so hielt er

Hochzeit mit ihr, und die schöne Müllerstochter ward eine Königin.

Eine noch größere Kammer und noch mehr Stroh, das es zu verspinnen gilt, erwartet die Jungfer. Aber dieses Mal, so sagt der König, ginge es nicht um ihr Leben, sondern darum, seine Königin zu sein. «Wenn sie auch *nur* eine Müllerstochter ist», denkt er sich und zeigt damit: Sie besitzt für ihn keinen Wert. Sie ist nicht standesgemäß, aber sie kann helfen, seinen Wohlstand zu mehren, und das ist das Einzige, das ihn interessiert. Er empfindet keine Liebe. Er sieht keine gleichwertige Partnerin in ihr, sondern nur jemanden, der in der Lage ist, seinen Reichtum zu vergrößern, ohne dass er etwas dazu tun muss.

Aber warum wehrt sich die Müllerstochter nicht gegen diesen Handel? Hört sie diese Botschaft nicht? Ist sie blind in ihrer Hoffnung, jemand möge sie aus ihrer Not erretten? Oder ist es die Aussicht auf Imagezuwachs und Anerkennung, die sie dazu bringt, stillschweigend weiterzumachen?

In Situationen, die uns auslaugen, in denen wir über unsere Kräfte gehen, merken wir oft gar nicht, welche Fähigkeiten und Talente wir besitzen. Wir empfinden uns selbst und das, was wir tun, als wertlos und am Ende ist es die Sehnsucht nach Zugehörigkeit und Anerkennung, die uns zu weiteren Leistungen antreibt. Wir hinterfragen Situationen nicht mehr. Wir fühlen uns zwar ausgebeutet, sehen aber nicht, dass wir selbst dieser Ausbeutung durch stillschweigende Zustimmung den Weg bereiten.

Kämen wir in derartigen Krisen auf die Idee zu erkennen, dass wir all die Energie, die wir einsetzen, um für jemand, der uns nicht schätzt, eine Leistung zu erbringen, auch für uns selbst zur Verfügung hätten, würden die Türen unserer verschlossenen Kammern aufspringen.

Wir sprechen heute viel von toxischen Beziehungen, davon wie sehr wir uns ausgenutzt und ausgebeutet fühlen von anderen. Wir sehen unsere Opferposition. Aber sehen wir auch unseren Anteil daran? Uns ist gar nicht bewusst, wie oft wir selbst in Beziehungen unausgesprochen unsere Bereitschaft suggerieren, Hilfe zu leisten und Verantwortungen für den Anderen zu übernehmen. Wir suchen unbewusst danach, über die Helferrolle wichtig und wertvoll für andere zu sein. Vielleicht, weil wir glauben, dass wir ohne Leistung nicht liebenswert sind und uns deshalb abhängig fühlen. Vielleicht aber auch deshalb, weil wir aus der gewohnten Prägung heraus, unsere eigenen Haltungen gar nicht erst hinterfragen.

Es scheint ein sich ständig wiederholendes Muster zu sein, dass Kinder, die einst Leistungen und Aufgaben für ihre Eltern übernommen haben, auch im Erwachsenenalter immer wieder an Partner geraten, die scheinbar auf ihre Hilfe angewiesen sind. Partner, die schwach sind, süchtig und bedürftig und für deren Rettung sie wieder all ihre eigene Lebensenergie aufwenden müssen. Dabei wünschen sie sich inständig eine Befreiung aus der Situation, die jedoch – so hoffen sie – von Außen kommen muss, da sie es nie gelernt haben, eigene Forderungen zu stellen.

Und genau deshalb hält auch die Müllerstochter fest am gewohnten Muster und hofft darauf, dass die Rolle als Königin sie aus ihrem Opferdasein befreit. So kann sie noch einmal all ihre inneren Kräfte mobilisieren, um die übermenschliche Leistung zu erbringen.

Aber auch dieses Mal fordert das Männlein seinen Preis. Nur, was soll sie ihm noch geben? Halsreif und Ring besitzt sie nicht mehr. So bleibt also nur noch ein Versprechen auf die Zukunft. Sie weiß sich ja auch in ihrer vermeintlichen Not nicht anders zu helfen und so verspricht sie, das Kindlein dreinzugeben, das aber erst geboren sein wird, wenn sie Königin ist.

Bis dahin ist es, so scheint ihr, ohnehin noch ein langer Weg und vielleicht wird ja ein gütiges Schicksal alles doch noch zum Besten wenden. Sie sieht nicht, dass es an ihr liegt, die Dinge zu ändern, und hofft auf eine Lösung, die sich von alleine einstellt. Dabei bemerkt sie nicht, dass ihr Problem auch ihre Zukunft bedroht. Aber wie könnte sie auch? Um Hilfe zu bitten, hat sie nie gelernt, war und ist sie doch immer nur von Erwachsenen umgeben, die schwächer scheinen als sie selbst. Von wem also etwas fordern?

Für den Moment jedenfalls scheint die Rechnung aufzugehen. Das Stroh wird versponnen und schon läuten die Hochzeitsglocken.

Über ein Jahr brachte sie ein schönes Kind zur Welt und dachte gar nicht mehr an das Männchen: Da trat es plötzlich in ihre Kammer und sprach: «Nun gib mir, was du versprochen hast.» Die Königin erschrak und bot dem Männchen alle Reichtümer des Königreichs an, wenn es ihr das Kind lassen wollte: aber das Männchen sprach: «Nein, etwas Lebendes ist mir lieber als alle Schätze der Welt.» Da fing die Königin so an zu jammern und zu weinen, dass das Männchen Mitleiden mit ihr hatte: «Drei Tage will ich dir Zeit lassen», sprach er, «wenn du bis dahin meinen Namen weißt, so sollst du dein Kind behalten.»

Ein ganzes Jahr kann sich die Königin in ihrer vermeintlichen Sicherheit wiegen. Ein Kindlein wird geboren – vom Vater, dem König, keine Rede und wir wissen, was das bedeutet, wenn uns ein Märchen das erzählt. Es gibt gar keine Partnerschaft – hier lebt jeder für sich. Woher soll also dann auch eine fruchtbare Entwicklung kommen? So wundert es auch nicht, dass genau jetzt das kleine Männlein völlig unverhofft in der Kammer erscheint, im intimsten Bereich der jetzigen

Königin, und an die Einlösung des einmal gegebenen Versprechens erinnert.

Die alten Muster kehren wieder, die alten Prägungen, die alten Verhaltensweisen treten wieder zutage. Aber nun wird ein Kindlein gefordert. «Etwas Lebendiges» will das Männlein haben, weil ihm das lieber ist als alle Schätze der Welt. Ja, so ein Kind wiegt mehr als jeder materielle Vorteil und es wiegt auch symbolisch mehr. Ein Kind steht für alle schöpferisch-kreativen Handlungen, die wir in unserem Leben umsetzten.

Nicht umsonst ist in der Astrologie der Bereich der Kinder gleichgesetzt mit dem Bereich der Kreativität, der Schöpferkraft und der selbstbewussten Handlungsfähigkeit.

Wer also nicht gelernt hat, selbst Kind zu sein, wer nie spielerisch, schöpferisch und kreativ tätig sein konnte, wird auch als Erwachsener nur schwer zu seiner Vitalität und Lebensfreude finden. Das bedrohte Kind wird hier also nicht nur zum Sinnbild für die fehlende Vorbildfunktion der Mutter, sondern auch für ihren verloren gegangenen Zugang zu ihrer eigenen Kreativität, zu ihrer Schöpferkraft und zu ihrem Selbstbewusstsein.

All diese Bereiche sind in Gefahr. Sie scheitern an den unbewussten Mustern, an dem vermeintlichen Glauben, nicht für sich selbst, sondern nur für andere etwas leisten zu können, nur für andere über sich selbst hinauswachsen zu können. Und nicht zuletzt scheitern sie an der gefühlten Wertlosigkeit, die alles, was man selber schafft, ebenfalls als wertlos erscheinen lässt.

Wir sehen also, dass der Titel einer Königin hier nur pro forma besteht. Diese Königin ist weder Herrscherin in ihrem Lebensreich, noch ein hinreichendes Vorbild in erwachsener Lebensgestaltung für ihr Kind. Der König an ihrer Seite ist ihr keine Hilfe – er findet, genauso wie der Vater, der Müller, nicht einmal mehr Erwähnung. Der Aufbau einer Beziehung zueinander ist also nicht gelungen. Wie könnte eine solche Partnerschaft dann auch fruchtbar sein?

Aber das kleine Männlein ist, wie wir wissen, nicht nur böse und destruktiv, es zeigt auch Mitleid – vor allem, weil die Königin nun wieder weint und damit zu ihren Gefühlen steht. Es stellt nun eine neue Aufgabe, die einen möglichen Weg aus dem Dilemma zeigt.

Der Kobold will benannt werden. Das Problem soll also endlich ausgesprochen sein. Die Dinge beim Namen genannt und nicht mehr länger verdrängt werden.

Nun besann sich die Königin die ganze Nacht über auf alle Namen, die sie jemals gehört hatte, und schickte einen Boten über Land, der sollte sich erkundigen weit und breit, was es sonst noch für Namen gäbe. Als am andern Tag das Männchen kam, fing sie an mit Kaspar, Melchior, Balzer, und sagte alle Namen, die sie wusste, nach der Reihe her, aber bei jedem sprach das

Männlein: «So heiß ich nicht.» Den zweiten Tag ließ sie in der Nachbarschaft herumfragen, wie die Leute da genannt würden, und sagte dem Männlein die ungewöhnlichsten und seltsamsten Namen vor «Heißt du vielleicht Rippenbiest oder Hammelswade oder Schnürbein?» Aber es antwortete immer: «So heiß ich nicht.»

Für die Königin ist diese Herausforderung alles andere als einfach. Der Kern ihres Problems muss ihr erst bewusst werden. Sie schickt also Boten aus, um zu erkunden, was es denn weit und breit für Namen gäbe. Diese Boten sind Symbol für all die intellektuellen Anstrengungen, die die Königin jetzt unternimmt, um eine Lösung zu finden.

Wenn wir Probleme haben, die uns immer wieder einzuholen drohen, die so übermächtig sind, dass sie unser gesamtes Sein überschatten, denken wir oft, die Lösung müsse komplex sein. Wir suchen nach Heilung, indem wir an die exotischsten Formen der Therapie denken. Wir glauben, dass nur die teuersten und rarsten Medikamente, die seltensten Heilpflanzen für uns eine Linderung bringen können. Wir denken, weil uns selbst das Problem so unlösbar erscheint, kann und darf eine Lösung nicht einfach sein. Genau wie die Königin, die weit und breit fragen lässt. Als sie jedoch die entdeckten Namen nennt: *Kasper*, *Melcher*, *Balzer*, schüttelt das Männlein nur den Kopf und meint: «Nein, so heiß ich nicht, so heiß ich nicht!»

Nun aber engt die Königin den Kreis ihrer Fragestellung ein. Aus der Nachbarschaft erfährt sie weitaus seltenere Namen – und sie beweist damit, dass sie auch bereit ist, ihre Fantasie und ihr Vorstellungsvermögen in die Problemlösung mit einzubeziehen.

Aber auch mit *Rippenbiest*, *Hammelswade* und *Schnürbein* erweckt sie nichts weiter als die Schadenfreude des kleinen Kobolds.

Die ausgesandten Boten und die Nachbarschaft sind Symbole für die kognitiven Fähigkeiten der Königin. Nun, da es um ihr Kind geht, um ihre eigene Schöpferkraft und Lebendigkeit, von der sie seit der Hochzeit mit dem König, durchaus so etwas wie eine Ahnung hat, kann sie sich auf einer erwachsenen, intellektuellen Ebene mit ihrem Problem auseinandersetzen. Sie sucht bewusst und aktiv nach Antworten auf die Fragen, die sie so sehr quälen. Sie denkt nach und sucht auch nach Denkansätzen im Außen. Und so nähert sie sich immer mehr einer möglichen Lösung an.

Drei Tage hat sie dazu Zeit. Die Zahl Drei findet in Märchen und Mythen eine häufige Verwendung. Oft begegnet sie uns als drei Brüder oder Schwestern, von denen am Ende der oder die Kleinste und Schwächste als Sieger hervorgeht. Drei Wünsche hat Aschenputtel frei, die ihr auf ihren Weg zur Selbsterkenntnis helfen und drei Aufgaben sind es, welche Märchenheld zu bestehen haben.

Die Drei steht also immer für einen Prozess, der auf unterschiedlichen Ebenen durchlaufen werden muss: auf der körperlichen, seelischen und geistigen. Es geht um einen Ausgleich der Gegensätze und um die Verinnerlichung einer Aufgabe oder Entwicklung.

Die Königin muss sich über Versuch und Irrtum einer Wahrheit nähern, die nicht auf Spekulationen und willkürliche Interpretationen beruhen darf. Gerade, wenn es um vermeintliche Verletzungen aus der Kindheit geht, neigen wir heute allzu leicht dazu, Schuld zu verteilen. Heilung finden wir aber nur in der Befreiung aus den Mustern, die in dem System, aus dem wir stammen, eingewoben sind. Sie sind in den meisten Fällen eben nicht der Absicht und des Vorsatzes einzelner Personen geschuldet, sondern einer besonderen Situation oder der unbewussten Weitergabe eines Sippenprogramms, dem alle Beteiligten unterworfen sind. Die Königin nimmt diesen Prozess ernst, sie spricht einen Namen nicht leichtfertig aus, denn sie weiß, dass dadurch ihre Lebenskraft nicht gewonnen werden kann.

Mit einem Namen verleihen wir einer anonymen Sache Identität. Erst wer einen Namen hat, wird als Individuum wahrgenommen. Namen dienen sowohl der Identifizierung als auch der Individualisierung. Sie geben Aufschluss über unsere Herkunft. Das bezog sich ursprünglich auf die örtliche genauso, wie auf die soziale und kulturelle Verwurzelung. «nomen est omen» – der

Name ist nicht nur Programm - er ist ein Zeichen, das untrennbar mit der so benannten Sache verwoben ist. Mit dem Namen drücken wir aus, wie und was wir sind.

«Das Kind beim Namennennen» bedeutet, die Dinge klar auszusprechen, ohne Umschweife, ohne Ausreden, ohne Beschönigung. Mit dem Namen sprechen wir eine Wahrheit aus und das kann nicht leichtfertig geschehen.

Den dritten Tag kam der Bote wieder zurück und erzählte: «Neue Namen habe ich keinen einzigen finden können, aber wie ich an einen hohen Berg um die Waldecke kam, wo Fuchs und Has sich gute Nacht sagen, so sah ich da ein kleines Haus, und vor dem Haus brannte ein Feuer, und um das Feuer sprang ein gar zu lächerliches Männchen, hüpfte auf einem Bein und schrie:

‚Heute back ich,
Morgen brau ich,
Übermorgen hol ich der Königin ihr Kind;
Ach, wie gut ist, dass niemand weiß,
dass ich Rumpelstilzchen heiß!‘»

Am dritten Tage also kommt der Bote zurück – oder vielleicht auch die Erinnerung an das Geschehene? Denn neue Namen kann er keine nennen. Es geht also nicht um ein Problem, welches gerade erst entstanden ist. Nein, es geht um etwas Verborgenes und Vergessenes, etwas, das vielleicht mit Scham besetzt ist und so schmerzhaft, dass es hinter den hohen Bergen und den tiefen Wäldern unserer Erinnerungen versteckt wurde. Dort, *«wo Fuchs und Has sich Gute Nacht sagen»*, dort also, wo kein Bewusstsein herrscht und schon lange kein klarer Gedanke mehr hineindrang. Dort nämlich befindet sich ein kleines Häuschen – ein mondisches Symbol für eigene Identität, für das Heim, das die Königin niemals hatte und für die Sehnsucht nach der Geborgenheit einer Mutter. Und vor diesem Haus brennt ein Feuer – immer noch! Es ist also durchaus möglich, dass hier noch ein Funke von Lebenskraft zu finden ist, welche die Königin so schmerzlich vermisst. Das kleine Männlein, das ihr so oft mit übermenschlicher Kraft zu Seite stand, das aber dafür auch einen sehr hohen Preis forderte, hütet dieses Feuer.

Es tanzt und singt davon, zu backen und zu brauen. In dieser Tiefe sind sie also vorhanden, all die nie gekannten urweiblichen Fähigkeit. Wer das Feuer hütet, wer backen kann und brauen, versteht sich auf die Gesetze des Lebens. Backen und Brauen sind Sinnbilder für die Mysterien des Seins. Wer backen und brauen kann, kann sich und die Seinen am Leben erhalten und damit hat auch die Königin das Geheimnis ihrer fehlenden Vitalität entdeckt.

Da könnt ihr denken, wie die Königin froh war, als sie den Namen hörte, und als bald hernach das Männlein hereintrat und fragte: «Nun, Frau Königin, wie heiß ich?», fragte sie erst: «Heißest du Kunz?» – «Nein.» – «Heißest du Heinz?» – «Nein.» – «Heißt du etwa Rumpelstilzchen?»

«Das hat dir der Teufel gesagt, das hat dir der Teufel gesagt», schrie das Männlein und stieß mit dem rechten Fuß vor Zorn so tief in die Erde, dass es bis an den Leib hineinfuhr, dann packte es in seiner Wut den linken Fuß mit beiden Händen und riss sich selbst mitten entzwei.

Jetzt gilt es nur noch, die Dinge beim Namen zu nennen, auf dass sie ihre unbewusst-destruktive Kraft verlieren. Und so bleibt auch dem Rumpelstilzchen nichts anderes, als sich selbst inmitten entzweizureißen und in den Tiefen des Vergessens zu verschwinden. Dieses Vergessen hat nicht mit Verdrängung zu tun – es ist eine Auf-Lösung, der bewusst vollzogene Abschied von einem tiefgreifenden, belastenden Muster.

Wo kein Hass mehr bleibt und keine Anklage, wo es keine Ängste mehr gibt und keine destruktiven, selbstschädigenden Verhaltensweisen, hat auch die Vergangenheit keine Macht mehr über uns.

Schneewittchen

- Alle Schönheit hat ihren Preis

Es war einmal mitten im Winter, und die Schneeflocken fielen wie Federn vom Himmel herab. Da saß eine Königin an einem Fenster, das einen Rahmen von schwarzem Ebenholz hatte, und nähte. Und wie sie so nähte und nach dem Schnee aufblickte, stach sie sich mit der Nadel in den Finger, und es fielen drei Tropfen Blut in den Schnee. Und weil das Rote im weißen Schnee so schön aussah, dachte sie bei sich: Hätt' ich ein Kind, so weiß wie Schnee, so rot wie Blut und so schwarz wie das Holz an dem Rahmen! Bald darauf bekam sie ein Töchterlein, das war so weiß wie Schnee, so rot wie Blut und so schwarzhaarig wie Ebenholz und ward darum Schneewittchen (Schneeweißchen) genannt. Und wie das Kind geboren war, starb die Königin. Über ein Jahr nahm sich der König eine andere Gemahlin. Es war eine schöne Frau, aber sie war stolz und übermütig und konnte nicht leiden, dass sie an Schönheit von jemand sollte übertroffen werden. Sie hatte einen wunderbaren Spiegel, wenn sie vor den trat und sich darin beschaute, sprach sie:

«Spieglein, Spieglein an der Wand,
wer ist die Schönste im ganzen Land?»

So antwortete der Spiegel:
«Frau Königin, Ihr seid die Schönste im Land.»

Da war sie zufrieden, denn sie wusste, dass der Spiegel die Wahrheit sagte. Schneewittchen aber wuchs heran und wurde immer schöner, und als es sieben Jahre alt war, war es so schön wie der klare Tag und schöner als die Königin selbst. Als diese einmal ihren Spiegel fragte:

«Spieglein, Spieglein an der Wand,
wer ist die Schönste im ganzen Land?»

So antwortete er:
«Frau Königin, Ihr seid die Schönste hier,
aber Schneewittchen ist tausendmal schöner als Ihr.»

Da erschrak die Königin und ward gelb und grün vor Neid. Von Stund an, wenn sie Schneewittchen erblickte, kehrte sich ihr das Herz im Leibe herum – so hasste sie das Mädchen. Und der Neid und Hochmut wuchsen wie ein Unkraut in ihrem Herzen immer höher, dass sie Tag und Nacht keine Ruhe mehr hatte. Da rief sie einen Jäger und sprach: «Bring das Kind hinaus in den Wald, ich will's nicht mehr vor meinen Augen sehen. Du sollst es töten und mir Lunge und Leber zum Wahrzeichen mitbringen.» Der Jäger gehorchte und führte es hinaus, und als er den Hirschfänger gezogen hatte und Schneewittchens unschuldiges Herz durchbohren wollte, fing es an zu weinen und sprach: «Ach, lieber Jäger, lass mir mein Leben! Ich will in den wilden Wald laufen und nimmermehr wieder heimkommen.» Und weil es gar so schön war, hatte der Jäger Mitleiden und sprach: «So lauf hin, du armes Kind!» Die wilden Tiere werden dich bald gefressen haben, dachte er, und doch war's ihm, als wäre ein Stein von seinem Herzen gewälzt, weil er es nicht zu töten brauchte. Und als gerade ein junger Frischling dahergesprungen kam, stach er ihn ab, nahm Lunge und Leber heraus und brachte sie als Wahrzeichen der Königin mit. Der Koch musste sie in Salz kochen, und das boshafte Weib aß sie auf und meinte, sie hätte Schneewittchens Lunge und Leber gegessen.

Nun war das arme Kind in dem großen Wald mutterseelenallein, und ward ihm so angst, dass es alle Blätter an den Bäumen ansah und nicht wusste, wie es sich helfen sollte. Da fing es an zu laufen und lief über die spitzen Steine und durch die Dornen, und die wilden Tiere sprangen an ihm vorbei, aber sie taten ihm nichts. Es lief, so lange nur die Füße noch fortkonnten, bis es bald Abend werden wollte. Da sah es ein kleines Häuschen und ging hinein, sich zu ruhen. In dem Häuschen war alles klein, aber so zierlich und reinlich, dass es nicht zu sagen ist. Da stand ein weißgedecktes Tischlein mit sieben kleinen Tellern, jedes Tellerlein mit seinem Löffelein, ferner sieben Messerlein und Gäbelein und sieben Becherlein. An der Wand waren sieben Bett-

lein nebeneinander aufgestellt und schneeweiße Laken darüber gedeckt. Schneewittchen, weil es so hungrig und durstig war, aß von jedem Tellerlein ein wenig Gemüse und Brot und trank aus jedem Becherlein einen Tropfen Wein; denn es wollte nicht einem alles wegnehmen. Hernach, weil es so müde war, legte es sich in ein Bettchen, aber keins passte; das eine war zu lang, das andere zu kurz, bis endlich das siebente recht war; und darin blieb es liegen, befahl sich Gott und schlief ein.

Als es ganz dunkel geworden war, kamen die Herren von dem Häuslein, das waren die sieben Zwerge, die in den Bergen nach Erz hackten und gruben. Sie zündeten ihre sieben Lichtlein an, und wie es nun hell im Häuslein ward, sahen sie, dass jemand darin gesessen war, denn es stand nicht alles so in der Ordnung, wie sie es verlassen hatten. Der erste sprach: «Wer hat auf meinem Stühlchen gesessen?» Der zweite: «Wer hat von meinem Tellerchen gegessen?» Der dritte: «Wer hat von meinem Brötchen genommen?» Der vierte: «Wer hat von meinem Gemüschen gegessen?» Der fünfte: «Wer hat mit meinem Gäbelchen gestochen?» Der sechste: «Wer hat mit meinem Messerchen geschnitten?» Der siebente: «Wer hat aus meinem Becherlein getrunken?» Dann sah sich der erste um und sah, dass auf seinem Bett eine kleine Delle war, da sprach er: «Wer hat in mein Bettchen getreten?» Die anderen kamen gelaufen und riefen: «In meinem hat auch jemand Gelegen!» Der siebente aber, als er in sein Bett sah, erblickte Schneewittchen, das lag darin und schlief. Nun rief er die andern, die kamen herbeigelaufen und schrien vor Verwunderung, holten ihre sieben Lichtlein und beleuchteten Schneewittchen. «Ei, du mein Gott! Ei, du mein Gott!», riefen sie, «was ist das Kind so schön!» Und hatten so große Freude, dass sie es nicht aufweckten, sondern im Bettlein fortschlafen ließen. Der siebente Zwerg aber schlief bei seinen Gesellen, bei jedem eine Stunde, da war die Nacht herum. Als es morgen war, erwachte Schneewittchen, und wie es die sieben Zwerge sah, erschrak es. Sie waren aber freundlich und fragten: «Wie heißt du?» – «Ich heiße Schneewittchen», antwortete es. «Wie bist du in unser Haus gekommen?», sprachen weiter die Zwerge. Da erzählte es ihnen, dass seine Stiefmutter es hätte wollen umbringen lassen, der Jäger hätte ihm aber das Leben geschenkt, und da wär' es gelaufen den ganzen Tag, bis es endlich ihr Häuslein gefunden hätte. Die Zwerge sprachen: «Willst du unsern Haushalt versehen, kochen, betten, waschen, nähen und stricken, und willst du alles ordentlich und reinlich halten, so kannst du bei uns bleiben, und es soll dir an nichts fehlen.» – «Ja», sagte Schneewittchen, «von Herzen gern!», und blieb bei ihnen. Es hielt ihnen das Haus in Ordnung. Morgens gingen sie in die Berge und suchten Erz und Gold, abends kamen sie wieder, und da musste ihr Essen bereit sein. Den ganzen Tag über war das Mädchen allein; da warnten es die guten

Zwerglein und sprachen: «Hüte dich vor deiner Stiefmutter, die wird bald wissen, dass du hier bist; lass ja niemand herein!» Die Königin aber, nachdem sie Schneewittchens Lunge und Leber glaubte gegessen zu haben, dachte nicht anders, als sie wäre wieder die Erste und Allerschönste, trat vor ihren Spiegel und sprach:

«Spieglein, Spieglein an der Wand,
wer ist die Schönste im ganzen Land?»

Da antwortete der Spiegel:
«Frau Königin, Ihr seid die Schönste hier,
Aber Schneewittchen über den Bergen
Bei den sieben Zwergen
Ist noch tausendmal schöner als Ihr.»

Da erschrak sie, denn sie wusste, dass der Spiegel keine Unwahrheit sprach, und merkte, dass der Jäger sie betrogen hatte und Schneewittchen noch am Leben war. Und da sann und sann sie aufs Neue, wie sie es umbringen wollte; denn so lange sie nicht die Schönste war im ganzen Land, ließ ihr der Neid keine Ruhe. Und als sie sich endlich etwas ausgedacht hatte, färbte sie sich das Gesicht und kleidete sich wie eine alte Krämerin und war ganz unkenntlich. In dieser Gestalt ging sie über die sieben Berge zu den sieben Zwergen, klopfte an die Türe und rief: «Schöne Ware feil! feil!» Schneewittchen guckte zum Fenster hinaus und rief: «Guten Tag, liebe Frau! Was habt Ihr zu verkaufen?» –

«Gute Ware», antwortete sie, «Schnürriemen von allen Farben», und holte einen hervor, der aus bunter Seide geflochten war. Die ehrliche Frau kann ich hereinlassen, dachte Schneewittchen, riegelte die Türe auf und kaufte sich den hübschen Schnürriemen. «Kind», sprach die Alte, «wie du aussiehst! Komm, ich will dich einmal ordentlich schnüren.» Schneewittchen hatte kein Arg, stellte sich vor sie und ließ sich mit dem neuen Schnürriemen schnüren. Aber die Alte schnürte geschwind und schnürte so fest, dass dem Schneewittchen der Atem verging und es für tot hinfiel. «Nun bist du die Schönste gewesen», sprach sie und eilte hinaus. Nicht lange darauf, zur Abendzeit, kamen die sieben Zwerge nach Haus; aber wie erschraken sie, als sie ihr liebes Schneewittchen auf der Erde liegen sahen, und es regte und bewegte sich nicht, als wäre es tot. Sie hoben es in die Höhe, und weil sie sahen, dass es zu fest geschnürt war, schnitten sie den Schnürriemen entzwei; da fing es an, ein wenig zu atmen, und ward nach und nach wieder lebendig. Als die Zwerge hörten, was geschehen war, sprachen sie: «Die alte Krämerfrau war niemand als die gottlose Königin. Hüte dich und lass keinen Menschen herein, wenn wir nicht bei dir sind!» Das böse Weib aber, als es nach Haus gekommen war, ging vor den Spiegel und fragte:

«Spieglein, Spieglein an der Wand,
wer ist die Schönste im ganzen Land?»

Da antwortete er wie sonst:
«Frau Königin, Ihr seid die Schönste hier,
Aber Schneewittchen über den Bergen
Bei den sieben Zwergen
Ist noch tausendmal schöner als Ihr.»

Als sie das hörte, lief ihr alles Blut zum Herzen, so erschrak sie, ‚denn sie sah wohl, dass Schneewittchen wieder lebendig geworden war. «Nun aber», sprach sie, «will ich etwas aussinnen, das dich zugrunde richten soll», und mit Hexenkünsten, die sie verstand, machte sie einen giftigen Kamm. Dann verkleidete sie sich und nahm die Gestalt eines anderen alten Weibes an. So ging sie hin über die sieben Berge zu den sieben Zwergen, klopfte an die Türe und rief: «Gute Ware feil! feil!» Schneewittchen schaute heraus und sprach: «Geht nur weiter, ich darf niemand hereinlassen!» – «Das Ansehen wird dir doch erlaubt sein», sprach die Alte, zog den giftigen Kamm heraus und hielt ihn in die Höhe. Da gefiel er dem Kinde so gut, dass es sich betören ließ und die Türe öffnete. Als sie des Kaufs einig waren, sprach die Alte: «Nun will ich dich einmal ordentlich kämmen.» Das arme Schneewittchen dachte an nichts, ließ die Alte gewähren, aber kaum hatte sie den Kamm in die Haare gesteckt, als das Gift darin wirkte und das Mädchen ohne Besinnung niederfiel. «Du Ausbund von Schönheit», sprach das boshafte Weib, «jetzt ist's um dich geschehen», und ging fort. Zum Glück aber war es bald Abend, wo die sieben

Zwerglein nach Haus kamen. Als sie Schneewittchen wie tot auf der Erde liegen sahen, hatten sie gleich die Stiefmutter in Verdacht, suchten nach und fanden den giftigen Kamm. Und kaum hatten sie ihn herausgezogen, so kam Schneewittchen wieder zu sich und erzählte, was vorgegangen war. Da warnten sie es noch einmal, auf seiner Hut zu sein und niemand die Türe zu öffnen. Die Königin stellte sich daheim vor den Spiegel und sprach:

«Spieglein, Spieglein an der Wand,
wer ist die Schönste im ganzen Land?»

Da antwortete er wie vorher:
«Frau Königin, Ihr seid die Schönste hier,
Aber Schneewittchen über den Bergen
Bei den sieben Zwergen
Ist noch tausendmal schöner als Ihr.»

Als sie den Spiegel so reden hörte, zitterte und bebte sie vor Zorn. «Schneewittchen soll sterben!», rief sie, «und wenn es mein eigenes Leben kostet!» Darauf ging sie in eine ganz verborgene, einsame Kammer, wo niemand hinkam, und machte da einen giftigen, giftigen Apfel. Äußerlich sah er schön aus, weiß mit roten Backen, dass jeder, der ihn erblickte, Lust danach bekam, aber wer ein Stückchen davon aß, der musste sterben. Als der Apfel fertig war, färbte sie sich das Gesicht und verkleidete sich in eine Bauersfrau, und so ging sie über die sieben Berge zu den sieben Zwergen.

Sie klopfte an. Schneewittchen streckte den Kopf zum Fenster heraus und sprach: «Ich darf keinen Menschen einlassen, die sieben Zwerge haben mir's verboten!» – «Mir auch recht», antwortete die Bäuerin, «meine Äpfel will ich schon loswerden. Da, einen will ich dir schenken.» – «Nein», sprach Schneewittchen, «ich darf nichts annehmen!» – «Fürchtest du dich vor Gift?», sprach die Alte, «Siehst du, da schneide ich den Apfel in zwei Teile; den roten Backen iss, den weißen will ich essen.» Der Apfel war aber so künstlich gemacht, dass der rote Backen allein vergiftet war. Schneewittchen lustete den schönen Apfel an, und als es sah, dass die Bäuerin davon aß, so konnte es nicht länger widerstehen, streckte die Hand hinaus und nahm die giftige Hälfte. Kaum aber hatte es einen Bissen davon im Mund, so fiel es tot zur Erde nieder. Da betrachtete es die Königin mit grausigen Blicken und lachte überlaut und sprach: «Weiß wie Schnee, rot wie Blut, schwarz wie Ebenholz! Diesmal können dich die Zwerge nicht wieder erwecken.» Und als sie daheim den Spiegel befragte:

«Spieglein, Spieglein an der Wand,
wer ist die Schönste im ganzen Land?»

So antwortete er endlich:
«Frau Königin, Ihr seid die Schönste im Land.»

Da hatte ihr neidisches Herz Ruhe, so gut ein neidisches Herz Ruhe haben kann.

Die Zwerglein, wie sie abends nach Haus kamen, fanden Schneewittchen auf der Erde liegen, und es ging kein Atem mehr aus seinem Mund, und es war tot. Sie hoben es auf, suchten, ob sie was Giftiges fänden, schnürten es auf, kämmten ihm die Haare, wuschen es mit Wasser und Wein, aber es half alles nichts; das liebe Kind war tot und blieb tot. Sie legten es auf eine Bahre und setzten sich alle sieben daran und beweinten es und weinten drei Tage lang. Da wollten sie es begraben, aber es sah noch so frisch aus wie ein lebender Mensch und hatte noch seine schönen, roten Backen. Sie sprachen: «Das können wir nicht in die schwarze Erde versenken», und ließen einen durchsichtigen Sarg von Glas machen, dass man es von allen Seiten sehen konnte, legten es hinein und schrieben mit goldenen Buchstaben seinen Namen darauf und dass es eine Königstochter wäre. Dann setzten sie den Sarg hinaus auf den Berg, und einer von ihnen blieb immer dabei und bewachte ihn. Und die Tiere kamen auch und beweinten Schneewittchen, erst eine Eule dann ein Rabe, zuletzt ein Täubchen. Nun lag Schneewittchen lange, lange Zeit in dem Sarg und verweste nicht, sondern sah aus, als wenn es schliefe, denn es war noch so weiß wie Schnee, so rot wie Blut und so schwarzhaarig wie Ebenholz. Es geschah aber, dass ein Königssohn in den Wald geriet und zu dem Zwergenhaus kam, da zu übernachten. Er sah auf dem Berg den Sarg und das schöne Schneewittchen darin und las, was mit goldenen Buchstaben darauf geschrieben war. Da sprach er zu den Zwergen: «Lasst mir den Sarg, ich will euch geben, was ihr dafür haben wollt.» Aber die Zwerge antworteten: «Wir geben ihn nicht für alles Gold in der Welt.» Da sprach er: «So schenkt mir ihn, denn ich kann nicht leben, ohne Schneewittchen zu sehen, ich will es ehren und hochachten wie mein Liebstes.» Wie er so sprach, empfanden die guten Zwerglein Mitleid mit ihm und gaben ihm den Sarg. Der Königssohn ließ ihn nun von seinen Dienern auf den Schultern forttragen. Da geschah es, dass sie über einen Strauch stolperten, und von dem Schüttern fuhr der giftige Apfelgrütz, den Schneewittchen abgebissen hatte, aus dem Hals. Und nicht lange, so öffnete es die Augen, hob den Deckel vom Sarg in die Höhe und richtete sich auf und war wieder lebendig. «Ach Gott, wo bin ich?», rief es. Der Königssohn sagte voll Freude: «Du bist bei mir», und erzählte, was sich zugetragen hatte, und sprach: «Ich habe dich lieber als alles auf der Welt; komm mit mir in meines Vaters Schloss, du sollst meine Gemahlin werden.» Da war ihm Schneewittchen gut und ging mit ihm, und ihre Hochzeit ward mit großer Pracht und Herrlichkeit angeordnet. Zu dem Feste wurde aber auch Schneewittchens gottlose Stiefmutter eingeladen. Wie sie sich nun mit schönen Kleidern angetan hatte, trat sie vor den Spiegel und sprach:

*«Spieglein, Spieglein an der Wand,
wer ist die Schönste im ganzen Land?»*

*Der Spiegel antwortete:
«Frau Königin, Ihr seid die Schönste hier,
Aber die junge Königin ist noch tausendmal schöner als Ihr.»*

Da stieß das böse Weib einen Fluch aus, und ward ihr so angst, so angst, dass sie sich nicht zu lassen wusste. Sie wollte zuerst gar nicht auf die Hochzeit kommen, doch ließ es ihr keine Ruhe, sie musste fort und die junge Königin sehen. Und wie sie hineintrat, erkannte sie Schneewittchen, und vor Angst und Schrecken stand sie da und konnte sich nicht regen. Aber es waren schon eiserne Pantoffel über Kohlenfeuer gestellt und wurden mit Zangen hereingetragen und vor sie hingestellt. Da musste sie in die rotglühenden Schuhe treten und so lange tanzen, bis sie tot zur Erde fiel.

Alle Schönheit hat ihren Preis
oder: Leben im gläsernen Sarg

Es war einmal mitten im Winter, und die Schneeflocken fielen wie Federn vom Himmel herab. Da saß eine Königin an einem Fenster, das einen Rahmen von schwarzem Ebenholz hatte, und nähte. Und wie sie so nähte und nach dem Schnee aufblickte, stach sie sich mit der Nadel in den Finger, und es fielen drei Tropfen Blut in den Schnee. Und weil das Rote im weißen Schnee so schön aussah, dachte sie bei sich: Hätt' ich ein Kind, so weiß wie Schnee, so rot wie Blut und so schwarz wie das Holz an dem Rahmen! Bald darauf bekam sie ein Töchterlein, das war so weiß wie Schnee, so rot wie Blut und so schwarzhaarig wie Ebenholz und ward darum Schneewittchen genannt. Und wie das Kind geboren war, starb die Königin.

Wenn Märchen mit dem Verlust der leiblichen Mutter beginnen, erzählen sie immer davon, wie schwer es eine Tochter haben wird, zu ihrem weiblichen Selbstverständnis zu finden. Da Märchen immer Spiegel der Gesellschaft sind, berichten sie jedoch auch von den herrschenden Bedingungen der Zeit, aus der das Märchen stammt. Dass Frauen früh im Kindbett oder an Krankheiten starben, war keine Seltenheit und so mussten viele Kinder ohne schützend mütterliche Hand aufwachsen und vieles, das wohlwollende Mütter ihnen mit auf dem Lebensweg gegeben hätten, blieb ihnen versagt.

Im Märchen vom Schneewittchen erzählt uns der Beginn, dass es die Zeit des Winters ist, in der die Schneeflocken wie Federn vom Himmel fallen. Alles scheint erstarrt. Die Königin blickt nach draußen durch ein Fenster, das von schwarzem Ebenholz umrahmt ist. Es ist ein Sinnbild der Sehnsucht. Der Sehnsucht nach Freiheit und einem anderen Dasein. Sie nimmt also selbst nicht am Leben teil und Trauer hält sie gefangen. Kein Wunder, dass sie von Lebendigkeit und Fruchtbarkeit träumt. Und so wünscht sie sich ein Kindlein, dass diese Fähigkeiten in sich vereint, die sie selbst nicht mehr besitzt. Das Einzige, das hier zu fließen scheint, ist das Blut, das aus ihrem Finger tritt, nachdem sie sich gestochen hat. Die Nadel ist ein Symbol für eine Penetration, eine Verletzung. Ein aggressiver Akt ist hier beschrieben, der im Märchen oft auf eine sexuelle Erfahrung hindeutet, die als gewaltsam und schmerzhaft erlebt wird.

Wir wissen, dass ein Kind im übertragenen Sinne der grundsätzliche Wunsch nach Vitalität und Kreativität ist, danach, etwas Schöpferisches in ein eigenständiges Leben zu entlassen. Die Flocken, die wie Federn vom Himmel fallen zeigen, dass ihre Gedanken erstarrt sind. Die Sehnsucht nach Freiheit und Geistigkeit lässt sich nicht erfüllen.

Und schon wird verständlich, woher Trauer und Melancholie der Königin stammen: Sie wünscht sich für ihre Tochter, das, was ihr nicht zur Verfügung steht: das Wissen um urweibliche Werte, wie sie die 3 Bethen verkörpern. Weiß wie Schnee soll es sein, dieses Mädchen – also unbelastet von den Schatten der Vergangenheit –, rot wie Blut, lebendig, kreativ und fruchtbar in ihrem eigenen, selbstbestimmten Leben und, nicht zuletzt, schwarz wie Ebenholz, also eingeweiht und wissend um die Geheimnisse des Seins.

Die Schwermut hält die Königin gefangen, sie selbst hat nicht die Kraft, ihre Tochter in diesen Tugenden zu unterweisen. Aber der Segen, der mit diesem Wunsch verbunden ist, mag seine Wirkung zeigen.

Winter ist die Zeit, in der die Natur ruht, in der Stille herrscht und alles auf eine höhere Ordnung vertrauen muss. Jetzt ist die Zeit der Holle oder der Percht, der kosmischen Mutter. Alles obliegt ihrem Gebot, denn nur sie bestimmt die Gesetze, die dem Leben dienen.

Und so wird ein Kindlein geboren, so weiß wie Schnee, so rot wie Blut und so schwarz wie Ebenholz und zeigt damit, dass es unter dem Schutz dieser Großen kosmischen Mutter steht. Und diesen hat es, wie der weitere Verlauf des Märchens zeigt, bitternötig, denn die eigene Mutter stirbt bei der Geburt.

Über ein Jahr nahm sich der König eine andere Gemahlin. Es war eine schöne Frau, aber sie war stolz und übermütig und konnte nicht leiden, dass sie an Schönheit von jemand sollte übertroffen werden. Sie hatte einen wunderbaren Spiegel, wenn sie vor den trat und sich darin beschaute, sprach sie:

«Spieglein, Spieglein an der Wand,
wer ist die Schönste im ganzen Land?»

So antwortete der Spiegel:
«Frau Königin, Ihr seid die Schönste im Land.»

Da war sie zufrieden, denn sie wusste, dass der Spiegel die Wahrheit sagte.

Übers Jahr ist der König wieder verheiratet und findet von nun an keine Erwähnung mehr im Märchen. Er spielt also weder für die Erziehung seiner Tochter als Vater, noch als Partner seiner neuen Ehefrau eine Rolle. Hat er denn überhaupt aus Liebe geheiratet oder um mit einem hübschen Schmuckstück an seiner Seite, den gesellschaftlichen Anforderungen zu genügen? Dann wundert es allerdings nicht, dass die neue Stiefmutter ihren gesamten Wert als Frau aus ihrer Schönheit zieht – es ist offenbar das einzige Kapital, das sie braucht, um in ihrer Welt zu bestehen.

Es ging also – damals, wie heute – immer schon um Äußerlichkeiten. Allerdings hatten Frauen früherer Zeiten keine Möglichkeit, ein selbstbestimmtes Leben zu führen. Berufliche Tätigkeiten waren ihnen weitgehend verboten. Starb z.B. der Meister eines Handwerksbetriebes, so war es seiner Witwe nicht gestattet, die Werkstatt weiterzuführen. Sie erhielt von amtlicher Seite nur solange Unterstützung, bis sie einen Nachfolger geheiratet hatte. Das musste meist binnen eines Jahres geschehen, sonst wurde ihr von Amtswegen ein «*tauglich' subjektum*» gestellt – ein Handwerksmeister, den sie zu ehelichen hatte und der ihren Betrieb übernahm.

Durch die hohe Sterblichkeit im Kindbett waren Frauen austauschbare Objekte. Für den verwitweten Mann bedeutete eine neue Frau oft einen Zugewinn. Da es für eine Frau nahezu unmöglich war, ein unverheiratetes Leben zu führen, musste sie neben einer anschaulichen Mitgift, auch ihre Schönheit einbringen, um überhaupt erst eine entsprechend gute Partie zu machen.

Frauen befanden sich also in weitgehender Abhängigkeit von ihren Männern. Aber Schneewittchen ist – neben dem Aschenputtel – auch heute noch eines der aktuell gesellschaftskritischsten Märchen.

Trotz eigener Berufstätigkeit und Karriere, trotz scheinbar unabhängiger und selbstbestimmter Lebensumstände, unterwerfen sich Frauen heute doch immer mehr einem äußeren Schönheitsideal. Ein diätengetrimmter, sportgestählter Körper wird zum sichtbaren

Merkmal eines erfolgreichen, glücklichen Lebens. Wer schlank ist, hat alles richtig gemacht! Und wer diesem Diktat nicht folgt, wird auf öffentlichen Plattformen, in sozialen Medien, im Kollegenkreis – wo auch immer – gnadenlos diskriminiert und gemobbt oder bestenfalls bemitleidet. Es sind in den meisten Fällen die Frauen selbst, die diese strengen Kriterien aufstellen und darüber urteilen. Sie geben sich damit einem immerwährenden, selbstausbeutenden Konkurrenzkampf hin, der nicht zu gewinnen ist. Denn die Vorstellung eines idealen Frauenbildes entfernt sich dabei immer weiter von der Realität.

Auch wenn Kosmetikhersteller, Modeindustrie und Frauenjournale sich langsam dieser Thematik annehmen und die ersten Werbebilder von Frauen jenseits der XS-Größen in unsere Gesichtsfelder rücken, so scheint dies oft nicht mehr zu sein, als ein oberflächliches Abhandeln eines sehr tief wirkenden gesellschaftlichen Problems. Ein billiges Trostpflaster auf einer tiefen seelischen Wunde, unter der wir alle leiden.

Dennoch, so kann man hoffen, wird sich unser Bild einer perfekten Weiblichkeit vielleicht nachhaltig ändern, je mehr wir in den öffentlichen Medien auch Frauen mit Kleidergröße 40/42 oder mehr entdecken, auch, wenn uns in der Branche der TV-Journalistinnen, Moderatorinnen und Schauspielerinnen leider immer noch überwiegend XXS-Vertreterinnen ihr faltenfreies Botoxlächeln schenken.

Wir werden es wohl noch lange Zeit hinnehmen müssen, dass sich Frauen jenseits der 50 öffentlich für ihr Alter und ihre Pfunde entschuldigen und ihre ewige Jugendlichkeit auf nichts anderes, als auf Wassertrinken und Yoga zurückführen, während sie die erlittenen Schmerzen und körperlichen Beeinträchtigungen ihrer zahlreichen Schönheits-OPs tapfer verdrängen. Vielleicht auch deshalb, weil sich mit Schlankheitsratgebern immer noch ganz gutes Geld verdienen lässt.

Die zeitlose Bildsprache der Märchen hält uns hier gnadenlos den Spiegel vor und wir stellen – wie die eitle Königin – jeden Tag aufs Neue die Frage:

«Wer ist die Schönste im ganzen Land?»

Und erst, wenn der Spiegel uns die gewünschte Antwort gibt, fühlen wir uns wert genug, in dieser Welt zu bestehen.

Aber genau wie die Stiefmutter verstricken wir uns dadurch in einen immer aussichtsloseren Kampf. Die Schönste zu sein ist immer nur Trost für den Augenblick. Mit jedem neuen Tag stellt sich die immer gleiche quälende Frage aufs Neue.

So ist wohl auch die Stiefmutter im Märchen im Grunde ihres Herzens eine sehr unglückliche Frau.

Wir lieben Märchen ja immer auch deshalb, weil wir all das Ungerechte und Unschöne so eindeutig und klar auf böse Stiefmütter und neidische Geschwister projizieren können. Was wir dabei aber übersehen ist, dass

Märchen uns – genau wie Träume – all unsere eigenen psychologischen Grundhaltungen widerspiegeln. Die Welt, die uns umgibt, ist nichts anderes als der Spiegel unserer eigenen Anlagen. Neidisch, boshaft, gierig und schlecht – das sind nicht nur die anderen. Das sind auch wir. Wenn wir Märchen umfassend deuten und analysieren wollen, um sie als Leitfäden für eine ausgeglichenere Lebensweise zu nutzen, dann müssen wir auch den Mut haben, unsere eigenen weniger schönen Aspekte zu sehen. Wir alle zeigen destruktive Verhaltensformen uns selbst und auch anderen gegenüber. Die Illusion, die schöne, unschuldige Prinzessin zu sein, das Opfer, das am Ende ohne eigenes Zutun den Prinzen bekommt, mag in manchen Fällen tröstlich sein, sie bewirkt aber keine Veränderung in unseren Haltungen und so auch keine Verbesserung unserer Situation.

Der Begriff der «Mutter» genoss in unserer Gesellschaft immer ein hohes – zeitweise sogar ein ideologisch überhöhtes – Ansehen. Der Wert einer «guten» Frau lag mehr in ihrer Mutterschaft als in ihrer Weiblichkeit. Diese Trennung von «venusischen» Eigenschaften, der Selbstliebe, der Erotik, der Verführung stand in einem scheinbar unvereinbaren Gegensatz zur «mondischen» Seite des Mütterlichen und der Opfer, die diese Rolle als Frau mit sich brachte, die sie sich selbst abverlangte und die auch vom sozialen Umfeld von ihr erwartet wurden.

Ein Dilemma: Eine Frau brauchte also einerseits ihre äußerlichen Vorzüge, um überhaupt an den Mann zu kommen, dann aber sollte sie tunlichst darauf verzichten, sich erotisch oder verführerisch zu gebärden, sondern klaglos die Aufgaben einer Hausfrau und Mutter bewerkstelligen. Denn erst durch ihre Rolle als liebende Mutter wurde ihr ein gesellschaftlicher Wert zugestanden.

Märchen, wie das Schneewittchen erzählen von dieser Diskrepanz. Die Mutter der Märchenheldin gab ihr Leben dafür, dass sie Mutter wurde. Die Stiefmutter bleibt in ihrer venusischen Eigenschaft der Verführerin gefangen und findet keinen Zugang zu ihren mondischen Anlagen.

Hier zeigt sich auch, welche Folgen derartige Wertungen nach sich ziehen: Die eine verliert ihr Recht auf Leben, die andere fürchtet um ihr Recht auf Liebe.

Natürlich wissen wir, dass diese Anlagen zu gleichen Teilen in jeder Frau angelegt sind und, dass es heute, zumindest oberflächlich betrachtet, möglich ist, die Rolle als Mutter anzunehmen und dennoch nicht auf die erotisch-weibliche Seite verzichten zu müssen. Trotzdem wirken derartige Prägungen über die Jahrhunderte nach und sorgen im Kampf um mehr Freiheit und Selbstbestimmung für befremdliche Pervertierungen. Heute scheint es eine Art Pflicht geworden zu sein, sich als Mutter und Verführerin gleichzeitig zu beweisen. Viele Prominente liefern hierfür ein fragwürdiges Vorbild, in dem sie sich einen wahren Wettkampf darin liefern, wer als Erste nach einer Geburt wieder ihre makellose Bikinifigur den bewundernden Blicken der Öffentlichkeit preisgeben kann. Derartige Zwänge zeigen sich inzwischen auch im alltäglichen Leben, im sozialen Miteinander, in unseren Beziehungen – überall wird nach strengsten äußerlichen Kriterien gerichtet. Und diejenigen, die sich diesem herrschenden Schönheitswahn verweigern, wirken oft nicht glücklicher, in ihrem Bestreben, perfekte Mütter zu sein. Die Welt ist voll von Soccer Moms und Hubschraubereltern, die den Erfolg ihrer Kinder scheinbar über die eigenen Bedürfnisse stellen, in Wahrheit aber ihre eigene Wertigkeit aus ihrer Mütter- bzw. Elternrolle schöpfen. Tun sie das also wirklich nur, zum Wohle ihrer Kinder oder nicht vielmehr deshalb, um der Welt zu beweisen, welch hohes Ideal sie erfüllen?

Im oberbayerischen Chiemgau hat sich seit einigen Jahren ein sehr fragwürdiger Brauch etabliert, der von seinen Anhängern inzwischen sogar zur Tradition ausgerufen wurde. Unverheiratet zusammenlebenden Paaren, vor allem, wenn sie kinderlos geblieben sind, wird nach sieben Jahren ein sogenannter «Hungerbaum» in den Garten gestellt. Zu diesem Spektakel erscheinen alle Freunde und Bekannte des Paares und der Anlass wird mit etlichen Litern Bier feuchtfröhlich begossen. Ein «Hungerbaum» ist ein vertrockneter, abgestorbener Baumstamm, der mit allerlei Gerümpel behängt wird: von verrosteten Gießkannen und Töpfen hin zu alten Toilettenbrillen – je mehr Müll, umso größer die Gaudi.

Was hier als unschuldig-lustiges Gaudium präsentiert wird, ist im Grunde nichts anderes als das Wiederaufleben eines frauenfeindlichen Bashings. Die mangelnde Fruchtbarkeit wird angeprangert und die offensichtlich fehlende Bereitschaft, sich den gesellschaftlichen Anforderungen und Zwängen zu unterwerfen. Mag die Feier anlässlich der Aufstellung eines solchen «Unfruchtbarkeitssymbols» noch so lustig erscheinen – ein bitterer Nachgeschmack bleibt und die Frage, ob wir uns mit unserem Verhalten nicht immer weiter von den emanzipatorischen Errungenschaften der letzten Jahrzehnte entfernen und uns immer mehr in der Sucht nach weiblicher Perfektion und gesellschaftlicher Anerkennung verlieren.

Die Herausforderungen für Frauen sind also nicht geringer geworden. Während im realen Leben aber jede Frau auf irgendeine Art und Weise mit diesen scheinbaren Widersprüchlichkeiten leben muss, findet im Märchen eine klare Trennung der Protagonistinnen statt: Negativ besetzte Eigenschaften, wie Eitelkeit, Selbstliebe und Erotik durften niemals einer guten Mutter und Ehefrau zugesprochen werden. Das Leben einer Verführerin war mit dem Eintritt in die Mutterschaft zu Ende – es passte nicht ins gesellschaftlich anerkannte Ideal. Dafür musste das mit düsteren Mythen besetzte Bild einer Stiefmutter herhalten.

Die Schönheit einer Frau war das Kapital, das ihr einen versorgenden Ehemann sicherte. Kein Wunder, dass sie neben sich keinerlei Konkurrenz um die Gunst ihres Gatten dulden konnte.

So bleibt die Welt der schönen Stiefmutter auch nur solange sicher und heil, solange das Mädchen nicht zur Frau heranreift. Bis eines Tages der Spiegel eine andere Antwort gibt:
«Frau Königin, Ihr seid die Schönste hier,
aber Schneewittchen ist tausendmal schöner als Ihr.»

Da erschrak die Königin und ward gelb und grün vor Neid. Von Stund an, wenn sie Schneewittchen erblickte, kehrte sich ihr das Herz im Leibe herum – so hasste sie das Mädchen. Und der Neid und Hochmut wuchsen wie ein Unkraut in ihrem Herzen immer höher, dass sie Tag und Nacht keine Ruhe mehr hatte. Da rief sie einen Jäger und sprach: «Bring das Kind hinaus in den Wald, ich will's nicht mehr vor meinen Augen sehen. Du sollst es töten und mir Lunge und Leber zum Wahrzeichen mitbringen.» Der Jäger gehorchte und führte es hinaus, und als er den Hirschfänger gezogen hatte und Schneewittchens unschuldiges Herz durchbohren wollte, fing es an zu weinen und sprach: «Ach, lieber Jäger, lass mir mein Leben! Ich will in den wilden Wald laufen und nimmermehr wieder heimkommen.» Und weil es gar so schön war, hatte der Jäger Mitleiden und sprach: «So lauf hin, du armes Kind!» Die wilden Tiere werden dich bald gefressen haben, dachte er, und doch war's ihm, als wäre ein Stein von seinem Herzen gewälzt, weil er es nicht zu töten brauchte. Und als gerade ein junger Frischling dahergesprungen kam, stach er ihn ab, nahm Lunge und Leber heraus und brachte sie als Wahrzeichen der Königin mit. Der Koch musste sie in Salz kochen, und das boshafte Weib aß sie auf und meinte, sie hätte Schneewittchens Lunge und Leber gegessen.

Sieben Jahre hat es laut Märchen gedauert, bis die Königstochter zur Konkurrenz für die Stiefmutter wurde. Aber wir wissen, dass es sich bei der Zahl «Sieben» um eine abgeschlossene Entwicklung handelt. Das Mädchen ist schön geworden und schon beginnt der scheinbar unvermeidbare Konkurrenzkampf. Aber das Mädchen ist nun auch gereift genug, um sich selbst aktiv am Sippen- und Gesellschaftsprogramm zu beteiligen. Wenn das Mädchen die Stiefmutter in der Gunst um den König aussticht, verliert die alte Königin ihre Daseinsberechtigung. Es geht also um weit mehr, als «nur» um Eitelkeiten. Es ist nicht nur «Neid» oder «Hochmut» welche ihr schlaflose Nächte bereiten, es ist die Angst um ihre Existenz in einer Welt, in der ausschließlich die Schönste gewinnt, bzw. in der eine Frau sich mit der ihr zugedachten Rolle begnügen muss. Es ist im übertragenen Sinne aber auch eine Erinnerung daran, dass wir alle irgendwann unsere Plätze für jüngere Nachfolger räumen müssen. Diesem Schmerz des Verlustes müssen wir uns alle früher oder später stellen.

Die Königin ruft also nach dem Jäger. Er soll das Kind in den Wald hinausbringen und es töten. Auf psychologischer Ebene mag es darum gehen, etwas, das lebendig und eigenständig geworden ist, wieder in den Tiefen des eigenen Unbewussten versinken zu lassen. Es geht um Verdrängung. Die Königin will und kann nicht darüber nachdenken, ob sie ihre Rolle verlassen und ihre Haltung ändern kann. Dafür sind die Strukturen der Gesellschaft, in der sie sich befindet, zu eng.

Ein Jäger oder die Szene einer Jagd sind im Grunde immer Umschreibungen für eine erotisch aufgeladene Situation. Von der Perspektive des Mädchens aus betrachtet, mag es hier bereits um einen ersten Versuch eines Auslebens ihrer weiblich-venusischen Anlagen gehen. Da sie aber keinen mütterlichen Schutz erfahren und dadurch nicht gelernt hat, ihre eigenen Grenzen zu bestimmen, mag sie dieser Versuch tatsächlich in Gefahr bringen und eine nachhaltige Traumatisierung nach sich ziehen.

Der Jäger hat Mitleid, so sagt das Märchen, er tötet sie nicht. Aber doch überlässt er sie ungerührt ihrem Schicksal in der Erwartung, dass die wilden Tiere, Symbole für ungezügelte Triebe und Leidenschaften, sie ohnehin bald auffressen werden. Auf ihrer Suche nach sich selbst, während sie sich und ihre Wirkung als Frau ausprobiert, findet sie keine Unterstützung im Außen, keine wirkliche Wärme und keine Wertschätzung. Der Jäger ist also keineswegs so mitfühlend, wie er uns erscheint, er will sich einfach nicht die Hände schmutzig machen. Er will für seine eigenen sexuellen Eskapaden keine Verantwortung übernehmen und auch keine Stellung beziehen. Aber ist es darüber hinaus nicht auch ein Zeichen des Patriarchats, dass Männer sich – zumindest scheinbar – aus den herrschenden Konkurrenzkämpfen der Frauen heraushalten, während sie am Ende die Vorzüge für sich selbst, die solche Konflikte mit sich bringen, eindeutig genießen? Wer profitiert, wenn Frauen sich gegenseitig darin überbieten, die Schönere zu sein, die bessere Geliebte, die verständnisvollere Partnerin?

Und wir Frauen? Benehmen wir uns nicht auch oft ein wenig so, wie der Jäger? Belächeln nicht auch wir, während wir bequem auf unseren Sofas sitzen, die verzweifelten Bemühungen junger Mädchen, Aufmerksamkeit und Liebe zu gewinnen, während sie sich in TV Shows unsinnigen Konkurrenzkämpfen hingeben, sich bloßstellen und an «stutenbissigem» Verhalten gegenseitig überbieten?

Wo sind die Mütter, die ihre Töchter vor derartig entwürdigenden Zurschaustellungen schützen? Wir ahnen es: Sie sind in ihren eigenen Spiegelbildern gefangen und in ihrer eigenen Sehnsucht danach, die erhoffte Antwort zu erhalten: *«Ihr, Frau Königin, seid die Schönste im ganzen Land!»*

Ein Frischling, der vorüber läuft, muss sein Leben lassen und damit zeigt sich, dass das erste Spiel mit der Lust, ein unschönes Ende fand.

Lunge und Leber, in Salz gekocht, von der Königin verspeist, in dem Glauben, es wären die Innereien der verhassten Stieftochter.

Die Lunge, als Organ sorgt dafür, dass wir atmen, dass der Sauerstoff, den wir aufnehmen in den Blutkreislauf gelangt. In der Astrologie ist sie den Prinzipien des Merkurs zugeordnet, der auf psychologischer Ebene für unsere Gedanken und unsere kognitiven Fähigkeiten steht.

Die Leber findet ihre Zuordnung im Bereich des Jupiters. Hier geht es um die Fragen der Sinnhaftigkeit unseres Seins. Aber die Leber ist auch jenes Organ, das für die Entgiftungsprozesse zuständig ist. Alles, was für den Körper schädlich ist, muss über die Leber assimiliert werden.

Eigene kritische Gedanken, die Frage nach dem Sinn des eigenen Daseins, all dies scheint in der jungen Königstochter nun relevant geworden zu sein. Vielleicht hinterfragt sie das «Toxische», das in ihrem Leben wirkt und drückt aus, was weder Familie noch Gesellschaft hören möchten. Eigene Gedanken und Meinungen zu bilden, die Werte des Daseins zu hinterfragen und lebensfeindliche Botschaften des Sippenprogrammes hinter sich zu lassen, sind Zeichen des Erwachsenwerdens und das, so wissen wir, erhöht die Bedrohung für die amtierende Königin. Auf dem Weg zur Frau findet die Tochter keine mütterliche Unterstützung, weil sie zur Konkurrenz geworden ist.

Indem die Stiefmutter beide Organe verspeist, glaubt sie sich selbst mit den Fragen und Zweifeln, die sich aus der Rollenverteilung ergeben, nicht auseinandersetzen zu müssen.

Nun war das arme Kind in dem großen Wald mutterseelenallein, und ward ihm so angst, dass es alle Blätter an den Bäumen ansah und nicht wusste, wie es sich helfen sollte. Da fing es an zu laufen und lief über die spitzen Steine und durch die Dornen, und die wilden Tiere sprangen an ihm vorbei, aber sie taten ihm nichts. Es lief, so lange nur die Füße noch fortkonnten, bis es bald Abend werden wollte. Da sah es ein kleines Häuschen und ging hinein, sich zu ruhen. In dem Häuschen war alles klein, aber so zierlich und reinlich, dass es nicht zu sagen ist. Da stand ein weißgedecktes Tischlein mit sieben kleinen Tellern, jedes Tellerlein mit seinem Löffelein, ferner sieben Messerlein und Gäbelein und sieben Becherlein. An der Wand waren sieben Bettlein nebeneinander aufgestellt und schneeweiße Laken darüber gedeckt. Schneewittchen, weil es so hungrig und durstig war, aß von jedem Tellerlein ein wenig Gemüse und Brot und trank aus jedem Becherlein einen Tropfen Wein; denn es wollte nicht einem alles wegnehmen. Hernach, weil es so müde war, legte es sich in ein Bettchen, aber keins passte; das eine war zu lang, das andere zu kurz, bis endlich das siebente Recht war; und darin blieb es liegen, befahl sich Gott und schlief ein.

Währenddessen wandert das arme Schneewittchen mutterseelenalleine durch den finsteren Wald. Es ist ein einsamer und gefährlicher Weg, den sie geht, ein Weg der Verletzungen und Anfeindungen.

Schneewittchen ist gefangen in den Irrungen und Wirrungen der eigenen Ängste, der Bereiche, um die es nicht weiß und über die erst ein Bewusstsein geschaffen werden müssen.

In diesem besorgniserregenden Zustand stolpert sie über spitze Steine und durch Dornen, vorbei an wilden Tieren und schafft es doch – vielleicht durch den Segen der Großen Mutter, der auf ihr ruht – unbeschadet zu einem kleinen Haus.

Ein Mondsymbol ist es, das sie da findet – eine kleine Erinnerung daran, dass es Schutz und Geborgenheit gibt.

Darinnen ist alles winzig klein und reinlich und der Tisch ist gedeckt mit einem weißen Tuch. Hier befindet sich also alles in einem jungfräulichen Zustand. Jetzt kann eine Neubetrachtung der Situation vorgenommen werden, frei von den einengenden, rigiden Mustern und

Prägungen des familiären und gesellschaftlichen Programms.

Sieben Tellerlein findet sie, mit sieben Löffelein, Gäbelein und Messerlein sowie sieben Becherlein und an der Wand noch sieben Bettlein.

Sieben mal erscheinen ihr die Mondsymbole, die ihr die Themen von Versorgung und Behütetsein vor Augen führen in zwergenhafter Ausführung. Nichts muss ihr hier Angst machen, nichts fordert hier von ihr, dass sie von einem Tag zum anderen den Übergang vom Mädchen zur Frau begreift. Hier kann sie sich spielerisch und fern jeder Gefahr lebensnotwendigen Lernprozessen stellen.

Von jedem Teller darf sie essen, von jedem Becherlein trinken – aber auch im größten Hunger verfällt sie nicht der Gier, sondern zeigt ihre soziale Verantwortung für sich selbst und andere. Damit beweist sie schon erste Kenntnisse sowohl des mondischen als auch des venusischen Prinzips: Sie kann sich versorgen, also selbst am Leben erhalten und, sie versteht sich aufs Sharing. Sie weiß, wie wichtig es ist, zu teilen.

Als sie müde wird, probiert sie ein Bett nach dem anderen – aber jedes scheint zu klein. Sie ist wohl ihrer Kinderrolle doch schon so weit entwachsen und so findet sie erst im siebten Bett das passende.

Schneewittchen durchläuft im kleinen Zwergenhaus eine transformative Entwicklung. Sie lernt über die Zahl Sieben die tiefgreifenden Prozesse des Lebens. Sieben, das Prinzip des Saturns verlangt von uns Reife und verantwortungsvolles Handeln.

In dem Wissen und der Zuversicht, diese Aufgabe bewältigt zu haben und in ihrem unerschütterlichen Vertrauen auf die göttliche Allmacht, kann sie sich getrost dem Schlaf hingeben.

Die Nacht ist die Zeit der Seele. Wenn wir schlafen, sind alle grüblerischen Gedanken und nagenden Zweifel ausgeschaltet. Nun kann unsere Intuition für notwendige, heilende Impulse sorgen. Somit kann ihre Zeit des Rückzugs eine Zeit der Initiation und Heilung werden.

Als es ganz dunkel geworden war, kamen die Herren von dem Häuslein, das waren die sieben Zwerge, die in den Bergen nach Erz hackten und gruben. Sie zündeten ihre sieben Lichtlein an, und wie es nun hell im Häuslein ward, sahen sie, dass jemand darin gesessen war, denn es stand nicht alles so in der Ordnung, wie sie es verlassen hatten. Der erste sprach: «Wer hat auf meinem Stühlchen gesessen?». Der zweite: «Wer hat von meinem Tellerchen gegessen?» Der dritte: «Wer hat von meinem Brötchen genommen?» Der vierte: «Wer hat von meinem Gemüschen gegessen?» Der fünfte: «Wer hat mit meinem Gäbelchen gestochen?» Der sechste: «Wer hat mit meinem Messerchen geschnitten?» Der siebente: «Wer hat aus meinem Becherlein getrunken?» Dann sah sich der erste um und sah, dass auf seinem Bett eine kleine

Delle war, da sprach er: «Wer hat in mein Bettchen getreten?» Die anderen kamen gelaufen und riefen: «In meinem hat auch jemand Gelegen!» Der siebente aber, als er in sein Bett sah, erblickte Schneewittchen, das lag darin und schlief. Nun rief er die andern, die kamen herbeigelaufen und schrien vor Verwunderung, holten ihre sieben Lichtlein und beleuchteten Schneewittchen. «Ei, du mein Gott! Ei, du mein Gott!», riefen sie, «was ist das Kind so schön!» Und hatten so große Freude, dass sie es nicht aufweckten, sondern im Bettlein fortschlafen ließen. Der siebente Zwerg aber schlief bei seinen Gesellen, bei jedem eine Stunde, da war die Nacht herum. Als es morgen war, erwachte Schneewittchen, und wie es die sieben Zwerge sah, erschrak es. Sie waren aber freundlich und fragten: «Wie heißt du?» – «Ich heiße Schneewittchen», antwortete es. «Wie bist du in unser Haus gekommen?», sprachen weiter die Zwerge. Da erzählte es ihnen, dass seine Stiefmutter es hätte wollen umbringen lassen, der Jäger hätte ihm aber das Leben geschenkt, und da wär' es gelaufen den ganzen Tag, bis es endlich ihr Häuslein gefunden hätte. Die Zwerge sprachen: «Willst du unsern Haushalt versehen, kochen, betten, waschen, nähen und stricken, und willst du alles ordentlich und reinlich halten, so kannst du bei uns bleiben, und es soll dir an nichts fehlen.» – «Ja», sagte Schneewittchen, «von Herzen gern!», und blieb bei ihnen. Es hielt ihnen das Haus in Ordnung. Morgens gingen sie in die Berge und suchten Erz und Gold, abends kamen sie wieder, und da musste ihr Essen bereit sein. Den ganzen Tag über war das Mädchen allein; da warnten es die guten Zwerglein und sprachen: «Hüte dich vor deiner Stiefmutter, die wird bald wissen, dass du hier bist; lass ja niemand herein!»

Kaum sind alle schweren Gedanken an scheinbar unlösbare Probleme verschwunden, tauchen aus unserem Inneren all jene Impulse auf, die für neue Ideen und Kreativität sorgen.

Die Zwerge sind jene Wesen aus der Unterwelt, die fleißig daran arbeiten, die Schätze aus den Tiefen unseres Seins zu bergen. Sie sind die Hüter unserer unbewussten Muster und sie besitzen die Macht, diese auch zu transformieren. Dafür wollen sie aber auch genährt sein.

Die kleinen Gesellen wundern sich, wer sich hierher gewagt hat in die verborgenen Tiefen ihrer Existenz, denn so leicht ist der Weg zu ihnen nicht.

Am Morgen, als wieder neues Bewusstsein herrscht, wird die Problematik noch einmal umfassend erklärt. Die Zwerge bieten Schneewittchen die Möglichkeit, in ihrem Reich all jene weiblichen Aspekte zu lernen, die ihr im eigenen Umfeld nicht möglich sind.

«Den Haushalt versehen, kochen, waschen, betten und stricken soll sie und alles ordentlich rein halten.» Und damit sind nicht wieder allein die gesellschaftlich anerkannten weiblichen Tugenden gemeint, sondern die grundlegenden Fähigkeiten, das eigene Leben zu gestalten. Wer seinen Haushalt versieht, wer kochen kann, betten und stricken, dem fehlt es an nichts. Er oder sie kann sich versorgen, kann sich nähren, kleiden und weiß auch um die nötigen Ruhephasen, die er benötigt, um wieder zu Kräften zu kommen. Der oder die erhält sich am Leben und kann am Ende nicht nur für sich selbst sorgen, sondern auch für die, die ihm oder ihr anvertraut sind. Die Zwerge – ihre eigenen Lebensinstinkte – geben Schneewittchen also jetzt die Möglichkeit, durch einen innerseelischen Rückzug wieder zu Heilung und Kraft zu finden. Ob dieser Zustand durch eine Depression, einen Burnout, eine Trauer oder einfach «nur» durch eine Art Orientierungslosigkeit in Bezug auf die eigenen Lebensziele bedingt ist – derartige Prozesse liegen immer außerhalb der Zeit. Niemand kann sagen, wie lange die Seele braucht, um wieder gesund zu werden.

Aber die Zwerge warnen sie auch: Sie soll sich ja vor der bösen Stiefmutter hüten. Sie soll also ja nicht zu früh wieder Kontakt zu ihrem bisherigen Umfeld suchen, zu all den Programmen, die sie doch auch selbst in sich trägt und die bereits bewiesen haben, wie lebensfeindlich sie sind.

In der Zwischenzeit wiegt sich auch die Stiefmutter in scheinbarer Sicherheit. Die Konkurrenz ist ausgeschaltet, die Bedrohung ist vom Tisch.

Aber bald schon berichtet ihr der Spiegel etwas anderes auf ihre Frage:

«Frau Königin, Ihr seid die Schönste hier,
aber Schneewittchen über den Bergen
bei den sieben Zwergen
ist noch tausendmal schöner als Ihr.»

Wenn die eigenen Werte so sehr beschnitten sind, wenn Anpassungszwänge zu viel von unserer Persönlichkeit fordern, tauchen überall die Schatten unserer Lebenslügen auf – ob es sich um kollektive oder individuelle handelt, ist dabei egal. Das Leben zeigt uns, dass es anders ginge. Nur reagieren wir darauf meist mit Abwehr und Aggression, wie es auch die Königin tut.

Als Krämerin verkleidet macht sie sich auf den Weg hinter die sieben Berge, die Symbol für eine bewusste Entwicklung sind. Dies könnte die Chance auf einen besseren Überblick über ihre eigene Situation sein. Für sie wird dieser therapeutische Ansatz jedoch zu einem Rundweg um ihr eigenes Selbst. Sie richtet ihren Blick nur auf das verhasste Feindbild im außen und erkennt in ihrer Egozentriertheit nicht die Ursache des Problems als solches: nämlich, dass es das herrschende Gesellschaftsbild ist, in dem alle Frauen, genau wie sie und auch ihre Stieftochter zu Opfern werden. Das, was sie durch Erkenntnis mit ihrer Leidensgefährtin verbinden könnte, trennt sie, weil sie sich nicht aus ihren Denk- und Fühlzwängen befreien kann.

So bleibt sie in ihren Ängsten gefangen und kann ihre Kraft zu nichts anderem nutzen, als die Impulse, die sie zu neuen Sichtweisen führen könnten, mit allen Mitteln zu bekämpfen.

Schnürriemen bietet sie an, aus reiner Seide, um dem Mädchen das Mieder zu schnüren, und wie könnte es widerstehen? Natürlich wollen wir alle hübsch und begehrenswert sein – daran ist nichts Verwerfliches. Wenn wir aber nicht gelernt haben, unsere eigenen Grenzen zu erkennen und sie zu schützen, wenn wir nur im Sinne von Ausgrenzung und Konkurrenz denken, werden die Attribute der Koketterie schnell zu Waffen, die sich gegen uns selbst richten. Gerade das Mieder war über Generationen hinweg ein Beispiel dafür, wie sehr Frauen sich einengen und schnüren ließen, um einem fremdbestimmten Ideal zu entsprechen. Eine schlanke Taille bewies, dass noch kein Kind geboren wurde – sie galt als Sinnbild von Jungfräulichkeit und Unberührtheit.

So nehmen die engen Riemen auch dem armen Schneewittchen die Luft zum Atmen und es verliert sogleich den Boden unter den Füssen.

Ganz schnell ist es also wieder vorbei, mit ihrem gerade eben erwachten Geist, und die alten Muster der passiv weiblichen Selbstaufgabe zeigen wieder ihre Wirkung.

Zum Glück kommen die Zwerge zu Hilfe und schärfen ihr erneut ein, sich vor der Stiefmutter – vor ihren eigenen pervertierten weiblichen Anlagen – zu schützen. Es ist ihr noch viel zu wenig bewusst darüber, wie destruktiv sie selbst mit sich umgeht.

Aber auch die Stiefmutter kann ihre Zufriedenheit nicht lange genießen. Noch immer konfrontiert sie der Spiegel mit der Ausweglosigkeit ihrer eigenen Situation. Sie kann diesen Konkurrenzkampf nicht gewinnen, solange sie die natürlichen Prozesse des Lebens nicht verinnerlicht hat und ihren Wert als Frau allein nur aus ihrem äußeren Erscheinungsbild zieht. Das Älterwerden wird mit jedem Fältchen schmerzhafter in ihr Bewusstsein dringen. Mit jedem Jahr, das vergeht, werden es mehr junge Frauen sein, gegen deren faltenlose Gesichter und wespenhaften Taillen sie nicht mehr konkurrieren kann. Da helfen keine noch so strengen Diäten, kein Fitnessprogramm, kein Wasser und kein Yoga. Wer sich keine anderen Inhalte im Leben schafft, als die der Verführung und der Koketterie, hat einen schweren Weg vor sich.

Und auf diesen schweren Weg über die sieben Berge macht sie sich erneut. Nur verschafft er ihr auch dieses

Mal keine neue Erkenntnis, weil sie in ihrem Zorn gegen die vermeintliche Konkurrenz gefangen bleibt.

Nun verkauft sie dem, leider immer noch zu arglosen Schneewittchen einen Kamm. Auch wenn es niemand mehr in die Hütte lässt, seine Grenzen etwas besser zu schützen weiß, zeigen die Fenster die Verbindung zur Außenwelt, also all die Erwartungshaltungen, denen es in ihrer Rolle als Frau ausgesetzt ist.

Die Stiefmutter will das Haar der Jungen kämmen – das schöne Haar, so schwarz wie Ebenholz. Will sie damit die Botschaft der schwarzen Bethe auslöschen, die besagt, dass wir alle vergänglich sind und Alter, Krankheit und Verfall vor niemanden Halt machen?

Während der Gürtel ihr den Leib schnürte, sie also ihre Fruchtbarkeit und Kreativität kostete, dringt der Kamm mit seinem Gift in ihre Kopfhaut ein, löscht ihre eben erwachten Erkenntnisse und toxische Gedanken bemächtigen sich ihrer erneut.

Ein Kamm dient dazu, die Haare in Ordnung zu bringen. Wer sich kämmt, weiß mit seiner Lebenskraft bewusst umzugehen. Haare sind ein Symbol für unsere individuelle Kraft und Vitalität – nicht umsonst wurden Leibeigene geschoren und Mönche, die ihre Individualität und vor allem ihr Ego einer spirituellen Lehre opfern, bezeugen dies, in dem sie sich das Haupthaar scheren.

Ein Kamm ist also Attribut für die Fähigkeit, das eigene Leben zu ordnen. Leider ist Schneewittchen dazu noch nicht in der Lage.

Zum Glück ist es bald Abend – die Zeit der Intuition – und den Zwergen gelingt es erneut, das Mädchen zu retten.

Als die böse Stiefmutter davon erfährt, bebt sie vor Zorn.

Als sie den Spiegel so reden hörte, zitterte und bebte sie vor Zorn. «Schneewittchen soll sterben!», rief sie, «und wenn es mein eigenes Leben kostet!» Darauf ging sie in eine ganz verborgene, einsame Kammer, wo niemand hinkam, und machte da einen giftigen, giftigen Apfel. Äußerlich sah er schön aus, weiß mit roten Backen, dass jeder, der ihn erblickte, Lust danach bekam, aber wer ein Stückchen davon aß, der musste sterben. Als der Apfel fertig war, färbte sie sich das Gesicht und verkleidete sich in eine Bauersfrau, und so ging sie über die sieben Berge zu den sieben Zwergen. Sie klopfte an. Schneewittchen streckte den Kopf zum Fenster heraus und sprach: «Ich darf keinen Menschen einlassen, die sieben Zwerge haben mir's verboten!» – «Mir auch recht», antwortete die Bäuerin, «meine Äpfel will ich schon loswerden. Da, einen will ich dir schenken.» – «Nein», sprach Schneewittchen, «ich darf nichts annehmen!» – «Fürchtest du dich vor Gift?», sprach die Alte, «siehst du, da schneide ich den Apfel in zwei Teile; den roten Backen iss, den weißen will ich essen-» Der Apfel war aber so künstlich gemacht, dass der rote Backen allein vergiftet war. Schneewittchen lustete den schönen Apfel an, und als es sah, dass die Bäuerin davon aß, so konnte es nicht länger widerstehen, streckte die Hand hinaus und nahm die giftige Hälfte. Kaum aber hatte es einen Bissen davon im Mund, so fiel es tot zur Erde nieder. Da betrachtete es die Königin mit grausigen Blicken und lachte überlaut und sprach: «Weiß wie Schnee, rot wie Blut, schwarz wie Ebenholz! Diesmal können dich die Zwerge nicht wieder erwecken.»

Als Bäuerin erscheint sie erneut bei der Hütte und bietet nun einen vergifteten Apfel an. Listig gibt sie vor, diesen mit der inzwischen misstrauischen jungen Frau zu teilen. In Wahrheit gibt sie der Anderen jedoch die vergiftete Hälfte.

Der Apfel ist ein Ursymbol der erotischen Weiblichkeit. Er ist der Liebesgöttin Venus geweiht und gilt als Sinnbild von Verführung und Lust. Gaia, die in der griechischen Mythologie personifizierte Erde, pflanzte einst einen Apfelbaum zu Ehren der Hochzeit von Zeus und Hera. Goldene Äpfel wuchsen darauf und wurden von den Hesperiden bewacht.

Dies ist ein Zeichen für eine erwachte Beziehung zwischen zwei Menschen, die aus der Verführung und der Lustbarkeit erwächst. Wem jedoch schon der Bissen eines rotbackigen Apfels im Halse stecken bleibt, der mag von einer erfüllten Partnerschaft noch weit entfernt sein.

Schneewittchen ist tot – die Königin hat Ruhe, *«so gut ein neidisches Herz Ruhe haben kann»*. Und nicht einmal die Zwerge sind, trotz all ihrer Bemühungen, dieses Mal in der Lage, die arme Märchenheldin zum Leben zu erwecken. Die alten Programme haben gesiegt. Deshalb wundert es auch nicht, dass sie jetzt, nachdem jede Lebendigkeit aus ihr gewichen ist, schöner denn je erscheint.

«Das können wir nicht in die schwarze Erde versenken», und ließen einen durchsichtigen Sarg von Glas machen, dass man es von allen Seiten sehen konnte, legten es hinein und schrieben mit goldenen Buchstaben seinen Namen darauf und dass es eine Königstochter wäre. Dann setzten sie den Sarg hinaus auf den Berg, und einer von ihnen blieb immer dabei und bewachte ihn. Und die Tiere kamen auch und beweinten Schneewittchen, erst eine Eule dann ein Rabe, zuletzt ein Täubchen. Nun lag Schneewittchen lange, lange Zeit in dem Sarg und verweste nicht, sondern sah aus, als wenn es schliefe, denn es war noch so weiß wie Schnee, so rot wie Blut und so schwarzhaarig wie Ebenholz. Es geschah aber, dass ein Königssohn in den Wald geriet und zu dem Zwergenhaus kam, da zu über-

nachten. Er sah auf dem Berg den Sarg und das schöne Schneewittchen darin und las, was mit goldenen Buchstaben darauf geschrieben war. Da sprach er zu den Zwergen: «Lasst mir den Sarg, ich will euch geben, was ihr dafür haben wollt!» Aber die Zwerge antworteten: «Wir geben ihn nicht für alles Gold in der Welt.» Da sprach er: «So schenkt mir ihn, denn ich kann nicht leben, ohne Schneewittchen zu sehen, ich will es ehren und hochachten wie mein Liebstes.» Wie er so sprach, empfanden die guten Zwerglein Mitleid mit ihm und gaben ihm den Sarg. Der Königssohn ließ ihn nun von seinen Dienern auf den Schultern forttragen. Da geschah es, dass sie über einen Strauch stolperten, und von dem Schüttern fuhr der giftige Apfelgrütz, den Schneewittchen abgebissen hatte, aus dem Hals. Und nicht lange, so öffnete es die Augen, hob den Deckel vom Sarg in die Höhe und richtete sich auf und war wieder lebendig. «Ach Gott, wo bin ich?», rief es. Der Königssohn sagte voll Freude: «Du bist bei mir», und erzählte, was sich zugetragen hatte, und sprach: «Ich habe dich lieber als alles auf der Welt; komm mit mir in meines Vaters Schloss, du sollst meine Gemahlin werden.» Da war ihm Schneewittchen gut und ging mit ihm.

Ein gläserner Sarg wird gebaut und erscheint uns hier als höhere Stufe des Fensterrahmens, der einst schon das Leben ihrer Mutter begrenzte. Bereits sie konnte sich nicht von den herrschenden Zwängen befreien. Wer sich aber durch die strengen Regeln der von der Gesellschaft auferlegten Schönheitsideale begrenzt, verliert jegliche Lebendigkeit. Kosmetische Eingriffe, strengste Diäten, rigide Fitnessprogramme mögen vielleicht irgendwann dazu führen, dass wir den perfekten Körper, das schönste Gesicht haben – aber dies ist auch der Moment, in dem wir jegliche Eigenart einbüßen. Wir werden zu Maskenträgerinnen, zu leeren Hüllen, zu Schaufensterpuppen, die sich leblos hinter gläsernen Scheiben präsentieren – Projektionsflächen für alle Vorstellungen, die andere auf uns übertragen – aber getrennt von jeglicher Individualität und Lebendigkeit.

Jetzt ist jede eigenständige Bewegung, jede Regung, jede Emotion unterbunden. Nur die goldenen Buchstaben ihres Namens zeugen noch davon, dass es hier einmal um ein individuelles Sein ging.

Der Name bezeugt unsere Identität. Für unsere germanischen Vorfahren war der Name, der einem Geborenen verliehen wurde, das Boot, das ihn sicher über den Fluss des Lebens tragen würde. Auch wenn in der kirchlichen Tradition das Tauffest kein Fest der Namensgebung ist, so wird das Kind doch zu diesem Anlass zum ersten Mal bei seinem Namen gerufen und in die christliche Gemeinschaft aufgenommen. Durch unsere Namen werden wir zu eigenständigen, unverwechselbaren Individuen.

Was aber, wenn die gesellschaftlichen Zwänge individuelle Freiheiten gar nicht zulässt? Wenn der Name der Frau sie im Grunde immer nur als ein Eigentum eines Mannes – des Vaters – des Gatten – auszeichnet?

Schneewittchens Name, das wissen wir, ist mehr als nur Schall und Rauch. Er ist die ewig gültige und allweise Botschaft der keltischen Bethen: Weiss wie Schnee, rot wie Blut und schwarz wie Ebenholz und sie wurde danach benannt, um diesen urweiblichen Auftrag in ihrem eigenen Leben zu erfüllen.

Und weil dies – zumindest bisher – nicht gelang, trauern auch die Tiere, als Sinnbild für die nicht gelebten Triebe, die Eulen, die Raben, als Avatare der alten urweiblichen Weisheit und nicht zuletzt die Täubchen, die Symbole all der gezähmten und domestizierten Gedanken, die nie zu einer eigenständigen Freiheit führen konnten, um das arme Schneewittchen.

Und dennoch erscheint jetzt, da sie still und tot in ihrem Sarg ruht, ein Prinz, der sich in sie verliebt.

Auch, wenn er ihren Namen liest, so verliebt er sich doch in ein Bild und nicht in eine Frau. Alle Reichtümer will er dafür geben, dass er sie besitzen kann – jedoch er bekommt sie nicht, nicht für alles Gold der Welt. Er hat noch nicht die nötige Bewusstseinsstufe, er ist ebenso, wie alle anderen, gefangen im Wertesystem der Gesellschaft, in der er lebt. Aber er zeigt dadurch, dass er sich selbst auf den Weg zur Zwergenhütte gemacht hat, dass auch er auf der Suche nach mondischer Identität ist.

Auch ihm scheint dieses ganzheitlich weibliche Vorbild im Leben zu fehlen – aber er hat den Mut, in seine eigene Tiefe abzutauchen, um dieses Mysterium zu ergründen.

Erst, als er Schneewittchen beim Namen nennt – sie als Individuum erkennt – und verspricht, sie zu ehren und hoch zu achten, erklären die Zwerge sich damit einverstanden, ihm den Sarg zu überlassen. Wenn es einen Weg zurück in die Welt gibt, dann den über eine gelungene Beziehung.

So tragen seine Diener den Sarg nun fort, laden ihn auf ihre Schultern und werden Symbol für seine eigenen merkurischen Anlagen, für die intellektuellen, kognitiven Fähigkeiten, die er nun einsetzt, um die Situation zu verändern.

Er ist also bereit, die Bürde der Bewusstwerdung auf sich zu nehmen.

Und da geschieht es, dass einer ins Stolpern gerät – die alten Wege sind nicht mehr gangbar. Die destruktiven, frauenfeindlichen Programme führen nicht in eine glückliche Partnerschaft. Da muss erst einmal ausgespuckt werden, woran es krankt.

Erst, wenn das Gift im Apfel nicht mehr wirkt, ist ein neues, selbstbewusstes Leben möglich: Das pervertierte Verständnis einer venusisch-weiblichen Lebenskraft wird aufgelöst, die destruktiven, einengenden, toxischen Programme nach und nach abgelegt. Schneewittchen öffnet die Augen: Sie sieht die Welt nun, wie sie ist und erkennt, dass zur Liebe mehr nötig ist, als nur äußerer Schein. Deshalb kann sie ihrem Königssohn jetzt auch gut sein und mit ihm in eine neue Zukunft gehen.

Aber unser Märchen ist damit nicht zu Ende. Es ist ein fast kollektiver Trugschluss, dass wir glauben, Märchen hätten immer ein Happy End. Aber sie erzählen nicht von einer heilen Welt, sie erzählen davon, wie das Leben weitergeht:

Zu dem Feste wurde aber auch Schneewittchens gottlose Stiefmutter eingeladen. Wie sie sich nun mit schönen Kleidern angetan hatte, trat sie vor den Spiegel und sprach:
«Spieglein, Spieglein an der Wand,
wer ist die Schönste im ganzen Land?»

Der Spiegel antwortete:
«Frau Königin, Ihr seid die Schönste hier,
aber die junge Königin ist noch tausendmal schöner als Ihr.»

Da stieß das böse Weib einen Fluch aus, und ward ihr so angst, so angst, dass sie sich nicht zu lassen wusste. Sie wollte zuerst gar nicht auf die Hochzeit kommen, doch ließ es ihr keine Ruhe, sie musste fort und die junge Königin sehen. Und wie sie hineintrat, erkannte sie Schneewittchen, und vor Angst und Schrecken stand sie da und konnte sich nicht regen. Aber es waren schon eiserne Pantoffel über Kohlenfeuer gestellt und wurden mit Zangen hereingetragen und vor sie hingestellt. Da musste sie in die rotglühenden Schuhe treten und so lange tanzen, bis sie tot zur Erde fiel.

Die böse Stiefmutter findet keine Ruhe. Ihr Spiegel antwortet weiterhin gnadenlos und grausam auf ihre alltägliche Frage. Da hilft kein Zauber und kein Fluch. Diese Angst wird sie ein Leben lang begleiten. Es wird immer irgendwo eine Jüngere geben und immer eine Schönere. Auch, wenn sie es nicht glauben mag und auf der Hochzeit erscheint, um sich mit eigenen Augen davon zu überzeugen. Solange diese Wertungen in Bezug auf ein «richtiges» Frauenleben in uns selbst existieren, solange wir uns gegenseitig richten, beurteilen und bewerten, werden wir keine Ruhe in uns finden. Wir werden uns selbst überfordern, ausbeuten und unserer eigenen Lebenskraft berauben. Wir werden uns, weil wir uns ständig beweisen müssen, mit Doppelbelastungen im Haushalt und geringerer Entlohnung im Beruf arrangieren. Wir werden nicht in der Lage sein, wertvolle Freundschaften untereinander zu führen, solange wir in uns nur die Rivalinnen sehen. Wir werden unsere Schwestern als Konkurrentinnen betrachten und wir werden unsere kollektiven Zwänge an unsere Töchter weitergeben und verhindern, dass sie ein selbstbestimmtes Leben führen. In unserer Sucht danach, perfekt zu sein, werden wir uns zu schönen, silikongefüllten Hüllen degradieren lassen oder zu Gebärmaschinen und wir werden uns einreden, dass wir dies alles nur für uns selbst tun.

Die Strafe, die die Missgünstige, die Neidische, die Habgierige am Ende eines Märchens erfährt, meint nicht die «gerechte Strafe», die uns ein Rechtssystem für unsere Vergehen auferlegt. Sie bezeichnet die Seelenqualen, die wir erleiden, wenn wir unser eigenes destruktives Muster nicht verlassen können.

Das erfährt nun auch die Königin und deshalb muss sie, solange in rotglühenden Schuhen tanzen, bis sie tot zur Erde fällt – das ist ihre Strafe und ihre Qual, der sie sich selbst – wie so viele von uns – tagtäglich aussetzt.

Froschkönig

- Wo die Liebe hinfällt.

In den alten Zeiten, wo das Wünschen noch geholfen hat, lebte ein König, dessen Töchter waren alle schön; aber die jüngste war so schön, dass die Sonne selber, die doch so vieles gesehen hat, sich verwunderte, sooft sie ihr ins Gesicht schien. Nahe bei dem Schlosse des Königs lag ein großer dunkler Wald, und in dem Walde unter einer alten Linde war ein Brunnen; wenn nun der Tag recht heiß war, so ging das Königskind hinaus in den Wald und setzte sich an den Rand des kühlen Brunnens – und wenn sie Langeweile hatte, so nahm sie eine goldene Kugel, warf sie in die Höhe und fing sie wieder; und das war ihr liebstes Spielwerk.

Nun trug es sich einmal zu, dass die goldene Kugel der Königstochter nicht in ihr Händchen fiel, das sie in die Höhe gehalten hatte, sondern vorbei auf die Erde schlug und geradezu ins Wasser hinein rollte. Die Königstochter folgte ihr mit den Augen nach, aber die Kugel verschwand, und der Brunnen war tief, so tief, dass man keinen Grund sah. Da fing sie an zu weinen und weinte immer lauter und konnte sich gar nicht trösten. Und wie sie so klagte, rief ihr jemand zu: «Was hast du vor, Königstochter, du schreist ja, dass sich ein Stein erbarmen möchte.» Sie sah sich um, woher die Stimme käme, da erblickte sie einen Frosch, der seinen dicken, hässlichen Kopf aus dem Wasser streckte. «Ach, du bist's, alter Wasserpatscher», sagte sie, «ich weine über meine goldene Kugel, die mir in den Brunnen hinabgefallen ist.» – «Sei still und weine nicht», antwortete der Frosch, «ich kann wohl Rat schaffen, aber was gibst du mir, wenn ich dein Spielwerk wieder heraufhole?» – «Was du haben willst, lieber Frosch», sagte sie; «meine Kleider, meine Perlen und Edelsteine, auch noch die goldene Krone, die ich trage.» Der Frosch antwortete: «Deine Kleider, deine Perlen und Edelsteine und deine goldene Krone, die mag ich nicht: Aber wenn du mich liebhaben willst, und ich soll dein Geselle und Spielkamerad sein, an deinem Tischlein neben dir sitzen, von deinem goldenen Tellerlein essen, aus deinem Becherlein trinken, in deinem Bettlein schlafen: Wenn du mir das versprichst, so will ich hinuntersteigen und dir die goldene Kugel wieder heraufholen.» – «Ach ja», sagte sie, «ich verspreche dir alles, was du willst, wenn du mir nur die Kugel wieder bringst.» Sie dachte aber: Was der einfältige Frosch schwätzt! Der sitzt im Wasser bei seinesgleichen und quakt und kann keines Menschen Geselle sein.

Der Frosch, als er die Zusage erhalten hatte, tauchte seinen Kopf unter, sank hinab, und über ein Weilchen kam er wieder heraufgerudert, hatte die Kugel im Maul und warf sie ins Gras. Die Königstochter war voll Freude, als sie ihr schönes Spielwerk wieder erblickte, hob es auf und sprang damit fort. «Warte, warte», rief der Frosch, «nimm mich mit, ich kann nicht so laufen wie du!» Aber was half es ihm, dass er ihr sein «Quak, quak», so laut nachschrie, als er konnte! Sie hörte nicht darauf, eilte nach Hause und hatte bald den armen Frosch vergessen, der wieder in seinen Brunnen hinabsteigen musste.

Am andern Tage, als sie mit dem König und allen Hofleuten sich zur Tafel gesetzt hatte und von ihrem goldenen Tellerlein aß, da kam, plitsch platsch, plitsch platsch, etwas die Marmortreppe heraufgekrochen, und als es oben angelangt war, klopfte es an die Tür und rief: «Königstochter, jüngste, mach mir auf!» Sie lief und wollte sehen, wer draußen wäre, als sie aber aufmachte, so saß der Frosch davor. Da warf sie die Tür hastig zu, setzte sich wieder an den Tisch, und es war ihr ganz angst. Der König sah wohl, dass ihr das Herz gewaltig klopfte, und sprach: «Mein Kind, was fürchtest du dich, steht etwa ein Riese vor der Tür und will dich holen?» – «Ach nein», antwortete sie, «es ist kein Riese, sondern ein garstiger Frosch.» – «Was will der Frosch von dir?» – «Ach, lieber Vater, als ich gestern im Wald bei dem Brunnen saß und spielte, da fiel meine goldene Kugel ins Wasser. Und weil ich so weinte, hat sie der Frosch wieder heraufgeholt, und weil er es durchaus verlangte, so versprach ich ihm, er sollte mein Geselle werden; ich dachte aber nimmermehr, dass er aus seinem Wasser herauskönnte. Nun ist er draußen und will zu mir herein.» Und schon klopfte es zum zweiten Mal und rief:

«Königstochter, jüngste,
mach mir auf,
weißt du nicht, was gestern
Du zu mir gesagt
bei dem kühlen Wasserbrunnen?
Königstochter, jüngste,
mach mir auf!»

Da sagte der König: «Was du versprochen hast, das musst du auch halten; geh nur und mach ihm auf.» Sie ging und öffnete die Türe, da hüpfte der Frosch herein, ihr immer auf dem Fuße nach, bis zu ihrem Stuhl. Da saß er und rief: «Heb mich herauf zu dir.» Sie zauderte, bis es endlich der König befahl. Als der Frosch erst auf dem Stuhl war, wollte er auf den Tisch, und als er da saß, sprach er: «Nun schieb mir dein goldenes Tellerlein näher, damit wir zusammen essen.» Das tat sie zwar, aber man sah wohl, dass sie's nicht gerne tat. Der Frosch ließ sich's gut schmecken, aber ihr blieb fast jedes Bisslein im Halse. Endlich sprach er: «Ich habe mich sattgegessen und bin müde; nun trag mich in dein Kämmerlein und mach dein seiden Bettlein zurecht, da wollen wir uns schlafen legen.» Die Königstochter fing an zu weinen und fürchtete sich vor dem kalten Frosch, den sie nicht anzurühren getraute und der nun in ihrem schönen, reinen Bettlein schlafen sollte. Der König aber ward zornig und sprach: «Wer dir geholfen hat, als du in der Not warst, den sollst du hernach nicht verachten.» Da packte sie ihn mit zwei Fingern, trug ihn hinauf und setzte ihn in eine Ecke. Als sie aber im Bett lag, kam er gekrochen und sprach: «Ich bin müde, ich will schlafen so gut wie du: heb mich herauf, oder ich sag's deinem Vater.» Da ward sie erst bitterböse, holte ihn herauf und warf ihn aus allen Kräften wider die Wand: «Nun wirst du Ruhe haben, du garstiger Frosch.»

Als er aber herabfiel, war er kein Frosch, sondern ein Königssohn mit schönen und freundlichen Augen. Der war nun nach ihres Vaters Willen ihr lieber Geselle und Gemahl. Da erzählte er ihr, er wäre von einer bösen Hexe verwünscht worden, und niemand hätte ihn aus dem Brunnen erlösen können als sie allein, und morgen wollten sie zusammen in sein Reich gehen. Dann schliefen sie ein, und am andern Morgen, als die Sonne sie aufweckte, kam ein Wagen herangefahren, mit acht weißen Pferden bespannt, die hatten weiße Straußfedern auf dem Kopf und gingen in goldenen Ketten, und hinten stand der Diener des jungen Königs, das war der treue Heinrich. Der treue Heinrich hatte sich so betrübt, als sein Herr war in einen Frosch verwandelt worden, dass er drei eiserne Bande hatte um sein Herz legen lassen, damit es ihm nicht vor Weh und Traurigkeit zerspränge. Der Wagen aber sollte den jungen König in sein Reich abholen; der treue Heinrich hob beide hinein, stellte sich wieder hinten auf und war voller Freude über die Erlösung.

Und als sie ein Stück Wegs gefahren waren, hörte der Königssohn, dass es hinter ihm krachte, als wäre etwas zerbrochen. Da drehte er sich um und rief:

«Heinrich, der Wagen bricht!»
«Nein, Herr, der Wagen nicht,
es ist ein Band von meinem Herzen,
das da lag in großen Schmerzen,
als Ihr in dem Brunnen saßt,
als Ihr eine Fretsche (Frosch) wast (wart).»

Noch einmal und noch einmal krachte es auf dem Weg, und der Königssohn meinte immer, der Wagen bräche, und es waren doch nur die Bande, die vom Herzen des treuen Heinrich absprangen, weil sein Herr erlöst und glücklich war.

Wo die Liebe hinfällt

oder: Küsse niemals einen Frosch!

In den alten Zeiten, wo das Wünschen noch geholfen hat, lebte ein König, dessen Töchter waren alle schön; aber die jüngste war so schön, dass die Sonne selber, die doch so vieles gesehen hat, sich verwunderte, sooft sie ihr ins Gesicht schien. Nahe bei dem Schlosse des Königs lag ein großer dunkler Wald, und in dem Walde unter einer alten Linde war ein Brunnen; wenn nun der Tag recht heiß war, so ging das Königskind hinaus in den Wald und setzte sich an den Rand des kühlen Brunnens – und wenn sie Langeweile hatte, so nahm sie eine goldene Kugel, warf sie in die Höhe und fing sie wieder; und das war ihr liebstes Spielwerk.

Das wichtigste Thema eines Märchens verrät es meistens bereits in den ersten Sätzen: Einen König gab es mit drei Töchtern, wovon eine besonders schön war, so schön nämlich, *«dass die Sonne selbst sich verwunderte, sobald sie ihr ins Gesicht schien»*.

In dieser scheinbar so harmonischen Idylle fehlt also eine Mutter. Es gibt hier keine weibliche Kraft, die den Mädchen ein Vorbild ist in allen weiblichen Tugenden im Leben – und wir wissen, dass mit «Tugenden» die mondischen Künste gemeint sind. Es geht um notwendige Erfahrungen wie Zuwendung, Trost, seelische Nahrung und Geborgenheit. Es geht um erwachende und erwachsene Weiblichkeit und den Wert, der all diesen Qualitäten in einem intellektuell geprägten Umfeld zugestanden wird. Denn «weiblich» im Märchen meint nicht nur die geschlechtliche Rolle, sondern im psychologischen Sinne die Bereiche von Gefühl und Emotion, während «männlich» für logisch-intellektuelle Fähigkeiten steht.

Wer also zeigt den Mädchen, wie eine Frau zu ihrer ganzheitlichen Weiblichkeit findet, wenn keine Königin da ist, die sich darauf versteht? Wer vermittelt Trost und Geborgenheit, Nähe und Wärme? Im Vergleich zu anderen Märchen fehlt hier sogar der Segen, den eine gute Mutter auf dem Sterbebett hinterlässt. Über diesen Prinzessinnen, so scheint es, wacht nicht einmal eine himmlische Macht.

Auch wenn ein Vater anwesend ist, der die Mädchen liebt, so muss seine Aufmerksamkeit den Töchtern gegenüber zwangsläufig eine andere sein als die einer Mutter. In der heutigen Zeit mag es durchaus sein, dass ein fürsorglicher Vater auch die mondische Seite vermitteln kann – und die neuen Rollenverteilungen junger Familien, in denen immer mehr Väter eine Erziehungszeit für sich in Anspruch nehmen, beweisen dies auch –, in der Märcheninterpretation geht es aber um innerpsychische Haltungen. Und welche davon nicht ausgebildet ist, verrät sich durch den fehlenden Elternteil.

«Die Sonne selber, die doch so vieles schon gesehen hat», ist verwundert über die Schönheit der Jüngsten. Es ist sicherlich kein Zufall, dass in der Astrologie der Vater durch die Sonne im Horoskop repräsentiert wird. Es geht hier also um väterliche Aufmerksamkeit *«in einer Zeit, in der das Wünschen geholfen hat»*. Nur, welche Wünsche waren es denn, die es zu erfüllen galt? Welche Erwartungshaltungen hegte der Vater an die jüngste Tochter und welche Sehnsüchte und Bedürfnisse blieben im Kind ungestillt?

Das Märchen schildert uns, dass die Tage mitunter sehr heiß waren, die Sonne also so intensiv ins Gesicht des Mädchens schien, dass es Schutz im nahegelegenen Wald suchte. Dort war es vor allzu viel Sonneneinstrahlung sicher – vor allzu großer väterlicher Aufmerksamkeit und Erwartung. Es zog sich also zurück in seine inneren Welten. Eine Linde gab es dort, die kühlenden Schatten schenkte, sodass die Seele wieder ein wenig Frieden fand.

Die Linde ist der Baum der Großen Mutter. Sie steht für den Aspekt der mütterlichen Weiblichkeit und ist Symbol für Liebe, Frieden und Heimat. Der Schatten einer Linde, so sagt man, schenkt Gelassenheit und Leichtigkeit. Der Baum der Göttin Freya «lindert» Wehmut, bietet Trost und fördert die Fähigkeit zu Traum und Fantasie. Man pflanzte ihn gerne in Gastgärten, weil er Geselligkeit, Gemeinschaft und Austausch fördert. Deshalb war er als «Tanzlinde» häufig der Mittelpunkt dörflicher Feste und Brauchtumsveranstaltungen. Die Linde ist namensgebend für viele Gaststätten und Städte. Nicht zuletzt schmückte sie die Thingplätze, also die Gerichtsplätze der alten Germanen, weil sie für Gerechtigkeit sorgte und im Schatten einer Linde, so sagte man, immer die Wahrheit gesprochen würde.

Die junge Königstochter vermisst diese Prinzipien also, trotz ihrer scheinbar so paradiesischen Umgebung im väterlichen Schloss: Die Leichtigkeit des Lebens, die Geselligkeit, das Gefühlvolle und wärmend-behütend Mütterliche. Die Welt des Vaters mag voller Bewunderung sein, aber sie fordert ihren Preis. Wer im Zentrum der Aufmerksamkeit steht, muss sich auch nach den herrschenden Regeln richten und Erwartungshaltungen erfüllen. Und die Regeln eines Königs können mitunter – wie uns auch der weitere Verlauf des Märchens verrät – recht rigide und streng sein. Ein König muss herrschen, er ist es also auch gewohnt, zu be-herrschen, sich und andere. Da ist für spielerische Leichtigkeit, auch im Umgang mit den eigenen Kindern, kein Platz. Von einer sorgenfreien Kindheit kann hier im Schloss also nicht die Rede sein.

Der permanenten Aufmerksamkeit eines Elternteiles ausgesetzt zu sein, führt nicht selten zu einer ständigen Überforderung. Wenn kein Raum mehr bleibt für eigene Spiele, Träume, Fantasien oder Rückzug, ist nicht selten die seelische Gesundheit gefährdet. Kinder sind kein Ersatz für erwachsenen Austausch. Oftmals fühlen sie sich für das Seelenheil der Erwachsenen verantwortlich und versuchen, die Rolle des starken Mannes oder der starken Frau an der Seite von Mama oder Papa einzunehmen.

So sucht auch die kleine Prinzessin immer dann, wenn der Druck wieder einmal allzu groß wird, die Sehnsucht nach Zuwendung und Trost übermächtig, nach einem Ort der Ruhe. Sie setzt sich unter die Linde an den Rand eines Brunnens, der das Bedürfnis nach kindlicher Unbeschwertheit und mütterlichem Schutz noch einmal stärker beschreibt.

Der Brunnen ist Symbol für das Urweibliche, für den Uterus, aus dem wir alle stammen und zu dem wir am Ende unserer Lebensreise wieder zurückkehren. Er ist das Sinnbild größtmöglicher Geborgenheit. Der Brunnen ist die Wohnstätte der drei Bethen, der kosmischen Spinnerinnen, von denen eine den Lebensfaden spinnt, die zweite ihn bemisst und die dritte ihn abschneidet. Am Spinnrad der Ewigkeit werden die Schicksalsräder in Gang gehalten. Hier wirkt die Große Mutter und sie herrscht über Werden und Vergehen, über Gedeih und Verderb. Ihre Gebote folgen einer inneren Ordnung und sind eindeutig den lebendigen Prozessen entlehnt. Jede Geburt, jeder Neuanfang, jedes Wachstum ist unter den Schutz der *weißen Frau* gestellt. Jeder fruchtbare, lebensspendende und kreative Prozess unter den der *roten Frau*. Und alle Phasen von Abschied, Alter und Tod finden ihren Segen bei der *schwarzen Bethe*. Wer sich dem weiblichen Urwissen befiehlt, verinnerlicht die weiblichen Lebensgesetze und wer sich in die Nähe eines Brunnens begibt, den leitet seine innere Sehnsucht nach Schutz, Geborgenheit und Ruhe dorthin.

So «heil», wie sie im ersten Abschnitt des Märchens beschrieben ist, kann die Kindheit der schönen Prinzessin also gar nicht sein. Vielleicht ist sie deshalb auch bereit, diese vermeintliche Vollkommenheit aufs Spiel zu setzen. Eine Kugel, noch dazu eine goldene, ist nicht einfach nur das luxuriöse, überteuerte Spielzeug eines verzogenen Königstöchterleins, es ist ein Sonnensymbol und damit Sinnbild für die allumfassende Präsenz des Vaters. Sie steht für eine sie umgebende Ganzheit, im Grunde für einen Kosmos, wie sie auch das väterliche Schloss für das Kind darstellt. Das Umfeld des Elternhauses ist für Kinder gleichzusetzen mit der ganzen Welt – sie kennen keine andere und deshalb wissen sie ihre Sehnsüchte nach dem Fehlenden auch nicht zu benennen.

Dass die Kugel golden ist, bezieht sich auf den hohen geistigen Wert der Bewusstheit. Dort aber, wo Teile zur Ganzheit fehlen, verliert auch eine Kugel ihre Bedeutung. Deshalb wirft die Prinzessin sie in die Höhe und fängt sie wieder auf – es ist nichts weiter als ein Spielwerk.

Da sie jedoch noch nicht erwachsen genug ist für die ihr zugedachte Rolle, sind auch ihre Hände zu klein, um mit der Kugel richtig umgehen zu können.

Nun trug es sich einmal zu, dass die goldene Kugel der Königstochter nicht in ihr Händchen fiel, das sie in die Höhe gehalten hatte, sondern vorbei auf die Erde schlug und geradezu ins Wasser hinein rollte. Die Königstochter folgte ihr mit den Augen nach, aber die Kugel verschwand, und der Brunnen war tief, so tief, dass man keinen Grund sah. Da fing sie an zu weinen und weinte immer lauter und konnte sich gar nicht trösten.

So fällt sie eines Tages nicht zurück in ihr Händchen, sondern rollt geradewegs an ihr vorbei ins Wasser. Sie taucht also ab in die Tiefen der verdrängten Gefühle, der Ängste und der Sehnsüchte. Das Mädchen folgt ihr mit den Augen nach, kann aber den Grund dessen, was da gerade passiert, nicht erkennen. Wie tief geht ein Verlust, über den man nicht sprechen kann? Wie sehr schmerzt eine Wunde, von der wir nicht einmal wissen, dass wir sie haben?

Die Prinzessin kennt die Welt der Gefühle nicht in einer vom Verstand geprägten Umgebung. Sie hat nicht gelernt, in emotionale Tiefen hinabzutauchen. Ihre Welt im Schloss ist eine in ewigem Glitzer und Schein. Sie hat ihre venusische Seite ausgebildet – sie ist hübsch und lieb, denn dafür bekommt sie die Zuwendung des Papas. Und sie hat gelernt, sich taktisch und klug zu verhalten – denn das sind die herrschenden Regeln, und die einzuhalten mag auch wichtig und wesentlich sein, damit sie nicht durch die Konkurrenz der Schwestern um die Gunst des Vaters ausgestochen wird. Und so präsentiert sie sich als schöne Hülle, als Projektionsfläche für männliche Sehnsüchte. Eine Traumfrau, die niemals die Anforderungen stellt, wie eine erwachsene Frau es tut. Dunkle Regungen, Emotionen, die einer Tiefe und Schwere entspringen, kann und darf sie gar nicht zeigen. Die mondische Seite der Frau kennt sie nicht.

Sie spürt nur, dass etwas fehlt und die Trauer darüber bringt sie schließlich zum Weinen. Zumindest so weit findet sie Zugang zu ihren Gefühlen, dass sie sie zum Fließen bringt. Und diese Haltung zeigt auch bald Erfolg. Wenn wir unseren Kummer nicht verbergen, findet sich immer jemand, der uns seine Hilfe anbietet.

Leider erscheint dieser Jemand hier nicht mit Pauken und Trompeten und auch nicht in glänzender Rüstung auf einem prächtigen Ross, wie man es sich als Prinzessin vielleicht vorstellen würde und wie die Welt, die Papa für sie gezeichnet hat, es wohl auch vorsehen würde.

Der Retter taucht auf in Gestalt eines Frosches – aber genau das ist, wie wir sehen werden, kein blinder Zufall.

Frösche werden in der Bibel als eine der sieben ägyptischen Plagen bezeichnet, was von Mythenforschern als Symbol für einen befürchteten Rückschritt Ägyptens in alte natur-/erdverbundene Glaubensvorstellungen gewertet wird. Die ägyptische Heket, Göttin der Geburt, wurde mit einem Froschkopf dargestellt. Auch in anderen Kulturen findet man Darstellungen von Fröschen in Verbindung mit Geburt sowie mit allen Transformationsprozessen von Leben, Tod und Wiedergeburt. In China gilt der Frosch bis heute als Glückssymbol. Die Verbindung der Elemente Wasser und Erde, werden als Zeichen materiellen Wachstums betrachtet.

Seine ursprüngliche Bedeutung als Sinnbild von Fruchtbarkeit und Wandel, erfuhr im Mittelalter durch den christlich geprägten Hexenglauben – wie bei allen Tieren – eine zunehmende Dämonisierung.

Als Amphibie symbolisiert der Frosch immer auch ein Wesen der zwei Welten. Er bewegt sich im nassen Element ebenso, wie auf der Erde. Allerdings braucht er immer die Nähe des Wassers, ganz kann er sich davon nicht lösen. Seine Heimat ist das Feuchte, Dumpfe und Klamme, ohne das er nicht sein kann. Psychologisch betrachtet geht es hier also immer um einen notwendigen Transformationsprozess, der aufgrund der Abhängigkeit von einem Milieu nicht vollzogen werden kann. Der Frosch ist an die Tiefen des Brunnens gebunden. Er ist gefangen in den Untiefen der weiblichen Übermacht und kann sich aus der Symbiose mit dem mütterlich-emotionalen Prinzip befreien. Hier finden wir also die umgekehrte Situation zur väterlich-intellektuell geprägten unserer Prinzessin.

Mit dem Auftauchen des Frosches trifft die Vatertochter auf den Muttersohn. Dumm nur, dass keiner von beiden sich in die Welt des anderen hineinversetzen kann. Sie versteht nicht die emotionale Verstrickung, aus der er stammt und er kann nicht erkennen, dass die Rolle der «Immerschönen» mit permanenter Selbstüberforderung zu tun hat.

Und wie sie so klagte, rief ihr jemand zu: «Was hast du vor, Königstochter, du schreist ja, dass sich ein Stein erbarmen möchte.» Sie sah sich um, woher die Stimme käme, da erblickte sie einen Frosch, der seinen dicken, hässlichen Kopf aus dem Wasser streckte. «Ach, du bist's, alter Wasserpatscher», sagte sie, «ich weine über meine goldene Kugel, die mir in den Brunnen hinabgefallen ist.» – «Sei still und weine nicht», antwortete der Frosch, «ich kann wohl Rat schaffen, aber was gibst du mir, wenn ich dein Spielwerk wieder heraufhole?» – «Was du haben willst, lieber Frosch», sagte sie; «meine Kleider, meine Perlen und Edelsteine, auch noch die goldene Krone, die ich trage.» Der Frosch antwortete: «Deine Kleider, deine Perlen und Edelsteine und deine goldene Krone, die mag ich nicht: Aber wenn du mich liebhaben willst, und ich soll dein Geselle und Spielkamerad sein, an deinem Tischlein neben dir sitzen, von deinem goldenen Tellerlein essen, aus deinem Becherlein trinken, in deinem Bettlein schlafen: Wenn du mir das versprichst, so will ich hinunterstei-

gen und dir die goldene Kugel wieder heraufholen.» – «Ach ja», sagte sie, «ich verspreche dir alles, was du willst, wenn du mir nur die Kugel wieder bringst.» Sie dachte aber: Was der einfältige Frosch schwätzt! Der sitzt im Wasser bei seinesgleichen und quakt und kann keines Menschen Geselle sein.

Ein Stein möchte sich erweichen, meint der Frosch, weil sie gar so klage, und drückt damit aus, dass sie mit ihrem Weinen bei ihm ein ganz spezielles Programm bedient. Er wird getriggert und steigt auf aus den Tiefen seines Brunnens. Er ist gefangen in diesem Uterus, was nichts anderes meint, als dass er noch immer an seine Mutter gebunden ist. Eine Abnabelung hat noch nicht stattgefunden und vielleicht hat er ja in diesen dunklen Tiefen der emotionalen Abhängigkeit auch gelernt, auf Klagen zu reagieren. Seine Welt ist die weiblich-emotionale, in der er das fehlende erwachsene Gegenüber ersetzen muss, und er tut dies, indem er tröstet und hilft.

Aber die Hilfe, die er anbietet, ist nicht ohne Bedingung. Er hat nämlich ebenso gelernt, dass er dadurch an die Befriedigung seiner eigenen Bedürfnisse gelangt.

Die Prinzessin sieht in ihm nur den alten Wasserpatscher. Ihr Männlichkeitsbild ist, geprägt durch den Vater, ein anderes. Aber ihr ist schon lange klar, dass alles im Leben seinen Preis hat, das hat sie schließlich auch in ihrer väterlichen Welt gelernt. Deshalb bietet sie ihm ihre Kleider an, ihre Perlen und Edelsteine, ja sogar die goldene Krone, die sie auf dem Haupt trägt.

Kleider sind ein hoher Wert. Sie sind Zeichen unserer Identität und auch unseres Standes. Durch unsere Kleidung präsentieren wir unser Sein. Wir zeigen der Umwelt, wer wir sind. Die Kleider einer Prinzessin sind sicherlich kostbar, ebenso kostbar wie Perlen und Edelsteine.

Unvergänglichkeit und Kraft werden mit Edelsteinen generell in Verbindung gebracht. Wer sie schenkt, tut dies als Zeichen seiner Verbundenheit, aber auch als Ausdruck seiner Macht und seines Einflusses.

Perlen sind genau, wie Kleider, Symbole des Mondes. Für Weisheit und Würde stehen sie ebenso, wie für Reinheit, Jungfräulichkeit und beginnende Fruchtbarkeit. Sie galten in alten Zeiten auch als Aphrodisiakum und Heilmittel gegen Melancholie, was darauf zurückzuführen ist, dass man mit ihnen auch Tränen und Trauer assoziierte.

Da wir um den geheimen Kummer der Prinzessin wissen, erscheint es gar nicht abwegig, dass sie die sichtbaren Attribute ihres Prinzessinnenstandes so leichtfertig von sich weist. Ihre Rolle als Königstochter verlangt ihr doch einiges ab. Der Preis, den es fordert, die Lieblingstochter zu sein, ist hoch. Da nutzt auch das goldene Krönchen wenig – ihr Bewusstsein für eine erwachsene weibliche Rolle ist aufgrund der herrschenden Bedingungen noch lange nicht geweckt.

Aber sich um den wirklichen Seelenschmerz der Prinzessin zu kümmern, ist nicht des Frosches Intention.

«Deine Kleider, deine Perlen und Edelsteine und deine goldene Krone, die mag ich nicht: Aber wenn du mich liebhaben willst, und ich soll dein Geselle und Spielkamerad sein, an deinem Tischlein neben dir sitzen, von deinem goldenen Tellerlein essen, aus deinem Becherlein trinken, in deinem Bettlein schlafen: Wenn du mir das versprichst, so will ich hinuntersteigen und dir die goldene Kugel wieder heraufholen.» – «Ach ja», sagte sie, «ich verspreche dir alles, was du willst, wenn du mir nur die Kugel wieder bringst.» Sie dachte aber: Was der einfältige Frosch schwätzt! Der sitzt im Wasser bei seinesgleichen und quakt und kann keines Menschen Geselle sein.

Der Wasserpatscher hat anderes im Sinn. Der Geselle und Spielkamerad der Prinzessin möchte er sein. Er möchte zu ihrem Stand erhoben werden, mit ihr eine gleichwertige Beziehung führen. Mit ihr am Tisch sitzen, in ihrem Bettlein schlafen, das sind Forderungen, die vielleicht ein Prinz zu stellen vermag, aber doch kein Frosch. Und hier zeigt sich plötzlich, dass sein Angebot zur Hilfe einen gewaltigen Haken hat: Er ist nämlich derjenige, der im Grunde auf Rettung hofft. Jemand, der ihn endlich aus den Tiefen seines Brunnens oder aus der Allmacht seiner Mutter befreit. Die Kugel aus dem Brunnen zu holen, mag ihm leichtfallen – er kennt sie, diese Tiefen der mütterlichen Übermacht, die ihr so fremd sind. Aber was er nicht kennt, ist ihre Welt, die Welt der Prinzessinnen und Prinzen. Niemand hat ihm beigebracht, wie man ein Prinz wird. Und er weiß offenbar auch nicht, wie er es anstellen kann, eine Beziehung auf Augenhöhe aufzubauen. Die Rolle des Retters erscheint ihm als der richtige Schritt. Ich helfe dir – du hilfst mir, so lautet sein Programm, von dem er glaubt, das es für alle Lebensbereiche gelten kann.

Hier wird also eine Beziehung angestrebt, die von vorneherein an Bedingungen geknüpft ist. Jeder erhofft sich Rettung vom anderen bzw. jeder hofft darauf, dass der andere ihm das Fehlende ersetzt.

Das sind durchaus schlechte Voraussetzungen für eine gemeinsame Zukunft. Aber übertragen wir das Ganze auf reale psychologische Ebenen, so zeigt sich auch hier bald der Spiegel unserer Gesellschaft. Wie viele junge Menschen gehen aus dem Elternhaus immer noch direkt in eine Beziehung in der Hoffnung, dort die gleichen Bedingungen vorzufinden, wie bei Mama und Papa.

Junge Mädchen bleiben in der Rolle der liebreizenden Prinzessin des Vaters und junge Männer verlangen nach der Geborgenheit und Fürsorge ihrer Mütter.

Trotzdem heute weitaus mehr Wert auf Bildung, berufliche Ausbildung und Berufstätigkeit gelegt wird, als zu früheren Zeiten und die Rollenverteilungen nicht mehr ganz so klischeehaft eindeutig sind, beteiligen sich Männer immer noch deutlich weniger an den Aufgaben in den gemeinsamen Haushalten. Nach aktuellen Untersuchungen verrichten in Deutschland Frauen immer noch mehr als ⅔ der gesamten dort anfallenden Arbeiten. Obwohl immer mehr Männer sich nicht mehr «nur» in der Rolle des Ernährers sehen und mehr Zeit mit Familie und Kindern verbringen, bleibt der Hauptteil des Haushaltes immer noch an den Frauen hängen. Und Mütter scheinen noch nicht selbstverständlich dazu bereit, ihre Söhne zu mehr Beteiligung und Achtsamkeit anzuhalten. Lieber räumen sie liegengelassene Socken und Unterwäsche ihrer Sprösslinge vom Boden, als sich auf unliebsame Diskussionen einzulassen.

Umgekehrt sonnt sich natürlich jedes Mädchen gerne in der Bewunderung des Papas. Keine Frage – wir brauchen dieses liebevolle Beachtetwerden durch den gegengeschlechtlichen Elternteil. Dadurch lernen wir uns als liebenswerte Wesen zu betrachten. Aber viele Mädchen lernen schon sehr früh, ihren Charme spielen zu lassen und den Papa um den Finger zu wickeln. Um ihre Wünsche zu erfüllen, richten sie ihr ganzes Sein auf die väterliche Aufmerksamkeit. Sie wenden ihre Gesichter nach der Sonne. Wird das jedoch zur prägenden Erfahrung, mag die Sucht nach Anerkennung und Bewunderung irgendwann einmal zum Problem werden.

Und ein noch viel größeres, weil undurchschaubareres, mag es sein, wenn das geliebte Töchterlein eines Tages feststellt, dass sie nur so lange Prinzessin sein kann, so lange er sich in der Rolle des bewunderten Papas gefällt.

Hier zeigt sich vielleicht auch ein Problem, dass sich aus der ständigen Abwesenheit eines Elternteiles ergeben mag. Wie verhalten sich Menschen in ihren eigenen Beziehungen, wenn sie in ihrer Kindheit kein prägendes Vorbild hatten für die Konflikte und erforderlichen Kompromisse, die jede Partnerschaft mit sich bringt? Oder, wenn sie sich durch häufig wechselnde Partner ihrer Mütter oder Väter auf immer andere Bezugspersonen einstellen, bzw. deren Verlust hinnehmen lernen mussten? Wir sehen also, für junge Menschen ist es auch heute alles andere als leicht, Beziehungsfähigkeit zu erlangen.

Was für ihn das Leben im Brunnen ist, ist für sie der goldene Käfig des heimischen Schlosses. Der Wunsch nach Befreiung durch einen Partner oder danach, sich gegenseitig zu erretten, ist eine schlechte Basis für ein partnerschaftliches Miteinander. Hier kann der eine nicht mehr sein, als ein billiges Trostpflaster für den anderen.

Deshalb kann die Prinzessin das Ansinnen des Frosches auch nicht einsehen. Sie erkennt, dass ein Wasserpatscher nicht ihr Geselle sein kann. Jemand, der im Sumpf seiner emotionalen Verstrickungen steckt – sei es, dass er sich aus der mütterlichen Übermacht nicht befreit hat oder eventuell auch von den Altlasten früherer Partnerschaften – ist kein gleichwertiger Partner. Aber noch hat sie die Kugel nicht wieder und ohne sie führt kein Weg zurück ins Schloss des Vaters. Deshalb verspricht sie in ihrer Not alles, was der Frosch verlangt.

Sie möchte seine Hilfe also nur zu gerne annehmen, während sie jedoch nicht bereit ist, sich auf seine Bedürfnisse einzulassen. Gefangen in ihrer eigenen Bedürftigkeit scheint es ihr – genau wie im umgekehrten Fall – überhaupt nicht bewusst, dass auch der Frosch einen Mangel erlebt bzw. unter unerfüllten Sehnsüchten leidet.

Der Frosch, als er die Zusage erhalten hatte, tauchte seinen Kopf unter, sank hinab, und über ein Weilchen kam er wieder heraufgerudert, hatte die Kugel im Maul und warf sie ins Gras. Die Königstochter war voll Freude, als sie ihr schönes Spielwerk wieder erblickte, hob es auf und sprang damit fort. «Warte, warte», rief der Frosch, «nimm mich mit, ich kann nicht so laufen wie du!» Aber was half es ihm, dass er ihr sein «Quak, quak», so laut nachschrie, als er konnte! Sie hörte nicht darauf, eilte nach Hause und hatte bald den armen Frosch vergessen, der wieder in seinen Brunnen hinabsteigen musste.

So taucht er gleich hinab in die Tiefe und bringt das Verlorene zurück. Aber die Belohnung ist nicht die, die er erwartet. Dafür, dass er auf emotionale Regungen reagiert, erhält er in seiner Welt Zuwendung, Aufmerksamkeit und Geborgenheit. Diese mondischen Verhaltensweisen kennt die Prinzessin aber nicht. Sie lebt in einer Welt der intellektuellen Überlegungen und der Logik und danach ist ein Frosch auch kein Prinz. Das zumindest weiß die Prinzessin: Zu einer Beziehung braucht es ein gewisses Maß an Augenhöhe.

Da hilft es dem Frosch auch nichts, dass er ihr nachruft, er könne nicht so schnell laufen, wie sie. Er bleibt auf seiner Triebebene gefangen, solange er nicht lernt, auf eigenen Füssen zu stehen bzw. zu laufen.

Die Angebetete ist verschwunden und ihm bleibt kein anderer Weg, als der zurück zu Mama. Zumindest für den Moment, denn wenn man in der Welt der tiefen Gefühle, der emotionalen Verschwiegenheiten und der obsessiven Abhängigkeiten etwas lernt, dann das Durchhalten und das geduldige Warten auf bessere Gelegenheiten.

Am andern Tage, als sie mit dem König und allen Hofleuten sich zur Tafel gesetzt hatte und von ihrem goldenen Tellerlein aß, da kam, plitsch platsch, plitsch platsch, etwas die Marmortreppe heraufgekrochen, und als es oben angelangt war, klopfte es an die Tür und rief: «Königstochter, jüngste, mach mir auf!» Sie lief und wollte sehen, wer draußen wäre, als sie aber aufmachte, so saß der Frosch davor. Da warf sie die Tür hastig zu, setzte sich wieder an den Tisch, und es war ihr ganz angst. Der König sah wohl, dass ihr das Herz gewaltig klopfte, und sprach: «Mein Kind, was fürchtest du dich, steht etwa ein Riese vor der Tür und will dich holen?» – «Ach nein», antwortete sie, «es ist kein Riese, sondern ein garstiger Frosch.» – «Was will der Frosch von dir?» – «Ach, lieber Vater, als ich gestern im Wald bei dem Brunnen saß und spielte, da fiel meine goldene Kugel ins Wasser. Und weil ich so weinte, hat sie der Frosch wieder heraufgeholt, und weil er es durchaus verlangte, so versprach ich ihm, er sollte mein Geselle werden; ich dachte aber nimmermehr, dass er aus seinem Wasser herauskönnte.»

Da sagte der König: «Was du versprochen hast, das musst du auch halten; geh nur und mach ihm auf.»

Aber auch für unsere Prinzessin ist die Angelegenheit noch nicht erledigt. Sie hat an den Toren einer Welt gerüttelt, die ihre eigenen Regeln kennt. Und so kommt schon am nächsten Tag etwas, *«plitsch, platsch»*, die Treppe heraufgekrochen und klopft an die Tür. Das schlechte Gewissen meldet sich also jetzt und der armen Prinzessin schwant, dass hier wohl noch eine Rechnung offen ist. Man spielt nicht ungestraft mit den Gefühlen anderer. Zerrissen in ihrer Ambivalenz zwischen Angst und Neugierde steht sie auf, um nachzusehen. Als sie den Frosch erkennt, läuft sie geschwind zurück zum Vater.

Hier aber zeigt sich gleich die ganze Rigidität ihrer Erziehung. Der König, dessen liebstes Kind sie doch immer war, denkt gar nicht daran, seine Tochter in Schutz zu nehmen.

An diesem Punkt des Märchens werden all die Widersprüche deutlich, denen Eltern in der Erziehung ihrer Kinder ausgesetzt sind:

Einerseits möchten wir, dass unsere Kinder zu ehrlichen, aufrichtigen Menschen heranwachsen, die sich an eine soziale, ethische und moralische Ordnung halten. Die ein gegebenes Versprechen einhalten und zu ihrem Wort stehen. Wir sehen doch an der so oft beklagten alltäglichen Verrohung unseres gesellschaftlichen Miteinanders, wohin uns zu viel «Ich» und zu wenig «Wir» bringt: Überbordender Egoismus, Narzissmus, der permanente Schrei nach noch mehr Freiheit, die fast suchtartige Beschäftigung mit dem eigenen Selbst führt zu immer mehr Ausbeutung, Umweltzerstörung, Mobbing und Ausgrenzung. Loyalität, Gemeinschaftssinn und Sozialverhalten bleiben auf der Strecke.

Aber andererseits: können wir dieses Versprechen auch einfordern, wenn ein Kind dafür über die eigenen Grenzen der Belastbarkeit gehen muss? Wenn Moral mehr gilt als Liebe? Wenn in den Handlungen der Eltern kein Schutz und keine Obhut mehr erkennbar ist, sondern nur noch Opportunismus, der vonnöten scheint, um den eigenen Status aufrecht zu erhalten? Wer kennt ihn nicht, diesen Spruch der Eltern aus unseren Kindertagen: «Was sagen denn die Leute dazu?»

Ja, was sagen denn die Leute dazu, die Untertanen eines Königs, wenn er sich auf die Seite seiner Tochter stellt? Geht es hier vielleicht sogar mehr um seine eigene Bequemlichkeit, als um Ehrlichkeit und Aufrichtigkeit? Ist «seine» Prinzessin also immer nur so lange liebenswert, solange sie Papis Erwartungshaltungen erfüllt und sein Image nach außen hin nicht gefährdet? Solange sie hübsch und brav ist? Solange er sich in ihren vor Bewunderung glänzenden Augen spiegeln kann und das Kind keine, aus der eigenen Individualität heraus geborenen Bedürfnisse anmeldet?

Der Vater sieht, dass seiner Tochter vor Angst das Herz gewaltig klopft. Und dennoch pocht er auf die Einhaltung ihres Wortes, das sie aus einer Notlage heraus gegeben hat.

Jetzt wird auch deutlich, warum sich das Mädchen ohne Kugel gar nicht zurück ins Schloss wagte. Dieser Vater ist streng. Regeln und Vorschriften werden über die Bedürfnisse des Kindes gestellt. Und so zwingt er die Prinzessin, dem Frosch die Türe zu öffnen und zu erfüllen, was der von ihr fordert.

Sie ging und öffnete die Türe, da hüpfte der Frosch herein, ihr immer auf dem Fuße nach, bis zu ihrem Stuhl. Da saß er und rief: «Heb mich herauf zu dir.» Sie zauderte, bis es endlich der König befahl. Als der Frosch erst auf dem Stuhl war, wollte er auf den Tisch, und als er da saß, sprach er: «Nun schieb mir dein goldenes Tellerlein näher, damit wir zusammen essen.» Das tat sie zwar, aber man sah wohl, dass sie's nicht gerne tat. Der Frosch ließ sich's gut schmecken, aber ihr blieb fast jedes Bisslein im Halse. Endlich sprach er: «Ich habe mich sattgegessen und bin müde; nun trag mich in dein Kämmerlein und mach dein seiden Bettlein zurecht, da wollen wir uns schlafen legen.» Die Königstochter fing an zu weinen und fürchtete sich vor dem kalten Frosch, den sie nicht anzurühren getraute und der nun in ihrem schönen, reinen Bettlein schlafen sollte. Der König aber ward zornig und sprach: «Wer dir geholfen hat, als du in der Not warst, den sollst du hernach nicht verachten.»

Der Frosch nutzt nun die Gunst der Stunde und folgt ihr auf den Fersen. Er glaubt tatsächlich, er könne die Notlage der Prinzessin nutzen, um sich selbst in die Rolle des Prinzgemahls zu katapultieren. Sie soll ihn befreien aus der Enge seines Brunnens. Dann, so glaubt er, könne er endlich die verhasste Froschhaut abstreifen und sich eine schmucke Prinzenuniform überziehen. Diese Aussicht macht ihn unersättlich und immer gieriger. Seine infantile Bedürftigkeit lässt ihn immer mehr fordern. Genau wie der Vater sieht er nicht, wie es der Prinzessin dabei geht. Und es interessiert ihn auch nicht. Dass sie zaudert und zögert, dass es ihr ekelt und sie sich fürchtet. Keines ihrer Signale wird beachtet, der Frosch wähnt das Ziel seiner Wünsche zum Greifen nah.

Was er dabei jedoch übersieht ist, dass er es nie gelernt hat, Prinz zu sein. Seine einzige Bezugsperson ist und war seine Mutter, die in den Tiefen ihres Brunnens wohnt. Eine Hexe, wie uns das Märchen später verrät.

Doch, wie wird eine Mutter zur Hexe?

In der Welt unserer Märchen und Sagen sind Hexen eindeutig bösartige Wesen, die Bannflüche ausstoßen, Schadenzauber ausüben, Kinder in Backöfen schieben oder bei Vollmond auf ihren Besen zu nächtlichen Orgien reiten, um mit dem Teufel Buhlschaft zu treiben. Sie werden als hakennasig, mit dicken, haarigen Warzen und vorspringendem Kinn dargestellt, meist bucklig und uralt. Begleitet werden sie von Rabenvögeln und Kröten, aber auch von schwarzen Katzen und Fröschen – Tieren, die den Phasen des Mondes zugeordnet sind oder sich auf den Ebenen verschiedener Elemente bewegen.

So finden wir sie in der Grimm'schen Sammlung bei «Hänsel und Gretel». Goethe ließ sie in dergestalt völlig enthemmt um den Blocksberg tanzen und auch Shakespeare schildert sie in seinem Werk «Macbeth» als manipulativ, böse und übersinnlich.

Aber diese zerstörend weibliche Kraft findet sich auch in vielen anderen Mythen weltweit: Die japanische Yuki-Ona lockt ihre Opfer in wirbelndes Schneetreiben und lässt sie durch ihren zauberischen Todesatem zu Eis erstarren. In der englischen Sagenwelt ist es Jenny Greenteeth, die Kinder und alte Menschen in die Tiefen der Gewässer zieht und dort ertränkt.

Die griechische Mythologie beschreibt Kirke als eine zauberkundige Hexe, die einst Odysseus auf ihre Insel lockte und seine seefahrenden Begleiter in Schweine verwandelte.

Auch Hekate, die Göttin der Wegkreuze, Schwellen und Übergänge, Wächterin der Tore zwischen den Welten wird oft als Hexe bezeichnet. Sie gilt als Herrin der Theurgie[1] und der Nekromantie[2].

In unserem Kulturkreis wurde das Bild der «bösen» Hexe durch die zunehmende Christianisierung immer weiter verbreitet.

Die Darstellung der Hexe als altes, hässliches Weib, das in einem brodelnden Kessel ihre Zaubertränke braut, ist vermutlich der keltischen Ceridwen entlehnt, der Hüterin des Kessels der Anderwelt. In ihr vermuten viele Mythenforscher die heidnische Göttin Brigid, die als Hüterin des Feuers eine Schutzgöttin der Frauen und des Lebens war. Hiermit verkehrt sich das Bild der ein-

---

1 Theurgie – griechisch *theourgia* = Gotteswerk - bezeichnet die Ausübung religiöser Riten, die es ermöglichen, mit dem Göttlichen in Verbindung zu treten.

2 Nekromantie – abgeleitet aus dem Altgriechischen für *nekros* (Leiche) und *mantis* (Weissager) bezeichnet die schwarzmagische Kunst, die Toten zu beschwören.

seitig destruktiv-zerstörenden, alles verschlingenden Weiblichkeit.

Allerdings war es in vorchristlichen Zeiten so, dass es wohl keine eindeutige moralische Trennung gab zwischen Gut und Böse. Die dunklen Seiten des Lebens waren notwendige Gegensätze zu den lichten. Göttinnen des Todes, Wächterinnen des Jenseits waren nicht dämonisiert. Sie galten als die wesentlichen und unabdingbaren Hüterinnen unausweichlicher Lebensprozesse.

Eines der bekanntesten Beispiele hierfür in den Volksmärchen finden wir in der russischen bzw. slawischen Baba Yaga. Sie entspricht diesem archetypischen Bild, das wir von einer Hexe haben: Eine alte Frau, die in den Tiefen eines Waldes wohnt – also außerhalb der sozialen und gesellschaftlichen Einbindung. Sie ist heil- und unheilbringend, schöpferisch und zerstörerisch zugleich. Ihre Wohnstätte ist eine Hütte, die auf Hühnerbeinen thront, die sie in alle Himmelsrichtungen tanzen lassen. In manchen Erzählungen reitet sie auf einem eisernen Ofen oder sie fliegt in einem Mörser oder Kessel, dessen Flugrichtung sie mit einem «beinernen Bein»[3] lenkt.

Eine Begegnung mit der Baba Yaga ist niemals oberflächlich. Sie gilt als unberechenbar und sehr gefährlich und wer sich in ihr Refugium wagt, muss klug und

---

[3] Das „beinerne Bein“ begründet auch den Beinamen der Baba Yaga „Kostjanaja Noga“ = Knochenbein

geschickt genug sein, um die von ihr auferlegten Prüfungen zu bestehen.

Als Belohnung hierfür gibt es nichts Geringeres, als eine glühende Kohle ihres Herdfeuers, das Sinnbild für das Feuer des Lebens ist.

Die Aspekte von Leben und Tod liegen also eng beisammen. Wenn diese hütende, lebensbewahrende Weiblichkeit jedoch in den Tiefen ihrer eigenen Destruktivität gefangen ist oder wenn – wie bei der Baba Yaga – die Begegnungen mit ihr sich nicht als tiefgreifend transformativ erweisen, sondern an der Oberfläche bleiben oder vielleicht sogar noch schlimmer, sich als Angst und Misstrauen manifestierten, zeigen sie ihr zerstörerisches Gesicht: Manipulation, emotionale Erpressung und Unterdrückung jeglicher Lebensimpulse. Wer also nicht lernt, alte negative Erfahrungen hinter sich zu lassen, wird jede zukünftige Beziehung durch destruktive Emotionen belasten. Das gilt für die Beziehung zwischen Eltern und Kinder genauso, wie es auch für frühere Partnerschaften gilt.

Die Hexe im Froschkönig verkörpert also jene pervertierte, destruktive Kraft, die nicht mehr dem Lebendigen dient. Sie bindet sich und diejenigen, die von ihr abhängig sind, an ihre eigene Tiefe – an ihre Emotionen, an ihre Enttäuschungen vom Leben und an erlittene Zurückweisungen durch andere. Erleiden wir diese Verletzungen in der Kindheit, erhoffen wir uns Heilung durch eine Beziehung – erleiden wir sie in der

Partnerschaft, wird diese Last jedem neuen Partner übergestülpt. Er oder sie soll dann für Heilung sorgen bzw. dafür, dass wir nie wieder leiden müssen.

Umgekehrt übernehmen sich unzählige Frauen und Männer hoffnungslos in ihren neuen Beziehungen, indem sie versuchen, den anderen zu therapieren, ihn zu retten und an ihm alles gut und heil machen zu wollen, was an alten Narben vorhanden ist. Sie tun es, indem sie Vater- oder Mutterrollen übernehmen, weil sie selbst die Rolle des gleich-wertigen Gegenübers nie gelernt haben. Aber warum? Weil sie ihre eigene Liebens-Würdigkeit darüber definieren, wie verständnisvoll und hilfsbereit sie für den Anderen sind? Weil sie besser sein wollen/müssen als der/die VorgängerIn? Oder, weil sie bereits in ihrer Kindheit Seelentröster oder Partnerersatz für einen Elternteil sein mussten und diese Rolle in jedem neuen System unhinterfragt einnehmen.

Ich helfe dir – dafür liebst du mich! Genau dies ist das Milieu, in dem unser Frosch gefangen ist.

Damit zeigt sich hier die Pervertiertheit einer Mutter-Sohn-Beziehung. Die Hexe ist die Mutter, die sich selbst nicht aus den Sümpfen ihrer verletzten Emotionen erretten kann. Aber natürlich geht es hier nicht um geschlechtliche Zuordnungen – es geht auf psychologischer Ebene um eine Gefangenschaft in manipulativ-emotionalen Tiefen. Genauso, wie es bei der Prinzessin um eine Prägung in einer intellektuell, von

Regeln und Ordnungen bestimmten Welt geht, die zu wenig Gefühle und zu wenig Trost kennt. In beiden gibt es keine ausgleichenden Kräfte, die Beispiel geben für Kompromissfähigkeit und Aufgabenverteilung, auf die eine gleichberechtigte Partnerschaft baut.

Er fordert von ihr, wie er auch von einer Mutter fordern würde: nämlich Unterstützung, Nahrung und Schutz. Er glaubt, dass sie dafür sorgen muss, dass es ihm besser geht und er dafür keinerlei Verantwortung trägt. Dafür hat er schließlich die Kugel wieder geholt.

Aber genau deshalb kann er nicht ihr Geselle sein, so sehr er sich das wünscht, und seine Sehnsucht danach darf auch nicht mit Liebe verwechselt werden. Es ist eine Abhängigkeit, eine Obsession und es ist die grundlegende Verweigerung sich in eine Beziehung gleichwertig einzubringen. Genau hier stellt sich die Frage, wie oft gehen Menschen nach Trennungen in neue Beziehungen und erwarten, dass der neue Partner an ihrer Seite, all die Verletzung heilt, all die Enttäuschungen wieder gut macht, die aus der früheren Gemeinschaft stammen? Hier zeigt sich nicht die Bereitschaft zu lieben, sondern eine unstillbare Bedürftigkeit, die aus einer infantilen Erwartungshaltung heraus geboren ist.

Wenn ein Märchen uns verrät, dass in einer Beziehung einer der beiden eine Tiergestalt einnimmt, bedeutet dies, dass er oder sie gefangen ist auf der Ebene der Triebe und Instinkte. Er kann seine Fähigkeit zur Bewusstwerdung nicht nutzen und hat keine Möglichkeit zum intellektuellen, mentalen und auch emotionalen Ausgleich beizutragen.

Diese Beziehung hat also eine gewaltige Schieflage, die sich dadurch zeigt, dass der Frosch die Hilfe der Prinzessin benötigt, um überhaupt die Höhe ihres Tisches zu erreichen. Im Moment jedoch kümmert ihn das wenig. Seine Wünsche und Forderungen werden immer dreister. Kaum ist er auf dem Stuhl, schon will er auf den Tisch. Und als er sich am goldenen Tellerlein satt gegessen hat, verlangt er auch noch, mit ihr ins Bett zu gehen.

Jetzt kommen bei dem Königstöchterlein endlich die Gefühle in Fluss. Bisher zeigte sie ihre Abwehr eher durch ihre stummen Gesten. Die Vorstellung jedoch, mit einem kalten Frosch das Bett teilen zu müssen, bringt die Tränen zum Fließen. Sie zeigt jetzt ganz deutlich, dass ihre Grenze erreicht ist. Aber nicht einmal die Tatsache, dass seine eigene Tochter ihr Bett mit einem kalten Frosch teilen soll, lässt den König von seinen rigiden Moralvorstellungen abweichen.

Da packte sie ihn mit zwei Fingern, trug ihn hinauf und setzte ihn in eine Ecke. Als sie aber im Bett lag, kam er gekrochen und sprach: «Ich bin müde, ich will schlafen so gut wie du: heb mich herauf, oder ich sag's deinem Vater.» Da ward sie erst bitterböse, holte ihn herauf und warf ihn aus allen Kräften wider die Wand: «Nun wirst du Ruhe haben, du garstiger Frosch.»

Als er aber herabfiel, war er kein Frosch, sondern ein Königssohn mit schönen und freundlichen Augen. Der war nun nach ihres Vaters Willen ihr lieber Geselle und Gemahl. Da erzählte er ihr, er wäre von einer bösen Hexe verwünscht worden, und niemand hätte ihn aus dem Brunnen erlösen können als sie allein, und morgen wollten sie zusammen in sein Reich gehen.

Die Prinzessin muss sich diesem Druck – zumindest für den Moment – beugen. Aber dennoch versucht sie sich den Frosch, so gut sie kann, vom Leib zu halten. Solange er auf die Befriedigung seiner kindlichen Bedürfnisse pocht, kann eine Beziehung auf körperlich-sexueller Ebene nicht stattfinden. Wer sich als Mutterersatz missbraucht fühlt, kann als Geliebte keine Erfüllung finden.

Nun geht es für die Prinzessin also um ihre persönlichste Grenze. Hier kann und will sie sich auch nicht mehr auf die Gebote ihres Vaters berufen. Sie weiß, dass sie hier, in ihrer kleinen Schlafkammer – dem intimsten Bereich ihres Seins – die Verantwortung alleine trägt und nun ist sie endlich so weit, «*bitterböse*» zu werden. Sie zeigt ihren Zorn, ihre Wut, ihre Aggression und ihre Fähigkeit, sich selbst zu schützen und abzugrenzen. Damit erfährt sie nun aber auch, was es heißt, von

Gefühlen mitgerissen zu werden. Jetzt erlebt sie diese Tiefe, die sich jeder Kontrolle und jeder Berechenbarkeit entzieht. Wer wütend wird, muss die Maske der ewig liebreizenden und schönen Prinzessin ablegen und seine eigene destruktive Seite nach außen bringen.

Sie verlässt also ihre Rolle und riskiert eine Krise, indem sie den Frosch packt und an die Wand wirft. Die Erkenntnis, dass weiteres Nachgeben immer größere Forderungen nach sich ziehen würden, schenkt ihr ungeahnten Mut. Jetzt ist es Zeit zu handeln.

Aber genau in dem Moment, vor dem sie vielleicht die größte Angst hatte, weil sie fürchtete, ihre Liebenswürdigkeit und damit ihren Platz im System zu verlieren, erfährt sie, was viele in ihren tiefsten Lebenskrisen erfahren: Wenn wir uns abgrenzen und selbst für unsere körperliche und seelische Unversehrtheit eintreten, wenn wir zeigen, wer wir wirklich sind, geht die Welt davon nicht unter.

Wie viele Frauen versuchen, den Mythos der Männerversteherin in ihren Beziehungen aufrecht zu erhalten, und übernehmen sich dabei hoffnungslos? Indem sie jede noch so verweigernde Attitüde ihres Partners mit einem «Männer sind halt so» herunterspielen? Indem sie von ihren Männern keine gleichwertige Beteiligung an der Beziehung, an der Erziehung der Kinder und an der Verteilung der Aufgaben im Haushalt einfordern? Indem sie es als selbstverständlich betrachten, dass Männer sich immer noch grundsätzlich mehr Freiheiten von ihren sozialen Verpflichtungen nehmen als Frauen?

Sie tun es, weil sie glauben, erst dadurch für einen Mann attraktiv und liebenswert zu sein. Weil sie nicht erkennen, dass Männer sich dadurch nur sehr bequem jegliche Konfrontation vom Leibe halten. Weil sie die anerzogene Rolle der Alles-Versteherin nicht verlassen können.

Umgekehrt gibt es sicherlich auch viele Männer, die sich in der Rolle des Frauentrösters sehen, die als Beschützer und Therapeut in ihren Beziehungen auftreten, die die Hilflosigkeit weinender Prinzessinnen brauchen, um ihren Platz im System zu rechtfertigen. Warum tun sie das? Weil sie immer schon Mamas Tröster und Ratgeber waren und sie gelernt haben, auf diese Art Liebe und Zuwendung zu erhalten.

Natürlich müssen wir in unseren Beziehungen immer wieder Kompromisse schließen. Und nicht jede gefühlte Benachteiligung oder jedes Bedürfnis unseres Partners/unserer Partnerin darf eine Beziehung als solche in Frage stellen. Natürlich heißt Beziehung auch, für den anderen da zu sein, ihn zu trösten und zu helfen, wenn Ausnahmesituationen es erfordern. Wir müssen Schieflagen ausbalancieren und dazu gehört es auch, dass wir mitunter die eine oder andere Ungleichheit in

Kauf nehmen. Aber dennoch müssen wir lernen, die Grenzen unserer Belastbarkeit frühzeitig wahrzunehmen und dies auch auszudrücken. Und wir müssen begreifen, dass wir als Partner kein Elternersatz sind.

Das Märchen zeigt uns: Wenn wir eine Krise riskieren, erlauben wir uns nicht nur selbst, uns unserer frühkindlichen Prägungen bewusst zu werden, unsere angestammten Rollen zu hinterfragen und bestenfalls zu verlassen. Wir geben dadurch auch unserem Gegenüber die Chance, sich vom Frosch zum Prinzen zu wandeln. Nur befreit von emotionalen Abhängigkeiten können wir lebendige Beziehungen gestalten.

Für den Frosch ist nun endlich auch der Schritt zum Erwachsenwerden vollzogen. Durch die erlittene Zurückweisung, den Schock, der dadurch ausgelöst wurde, war er gezwungen, das eigene Handeln zu überdenken. Erst durch die eindeutige Konfrontation und die Abgrenzung durch die Prinzessin hat er begriffen, dass eine Partnerin kein Mutterersatz sein kann, dass er, um Prinzgemahl zu sein, erwachsenes männliches Verhalten an den Tag legen muss. Er erkennt, dass eine Beziehung nicht auf gegenseitige Abhängigkeit beruhen kann, nicht darauf, dass einer den anderen rettet. Und er hat diese Krise angenommen und sie als Chance für seine eigene Transformation genutzt.

Dadurch konnte er sich aus seiner emotionalen Verstrickung – seiner Verzauberung – befreien. Er erkannte das Fehlende, das ihn von der Rolle des Prinzen trennt, genauso, wie die Prinzessin erkannte, dass sie erst Königin sein kann, wenn sie selbst die Verantwortung für ihre Entscheidungen trägt. Jeder kann also nun erwachsen innerhalb dieser Beziehung agieren und reagieren.

Der ehemalige Frosch sieht jetzt seine Partnerin mit lieben und freundlichen Augen an – er ist ihrer «bewusst» geworden und nimmt sie als Gegenüber wahr, das für ihn nicht mehr länger Mittel zum Zweck ist.

Deshalb kann er jetzt – auch nach des Königs Willen – ihr lieber Geselle und Gemahl sein. Und genau deshalb können die beiden nun auch das seidene Bettchen miteinander teilen. Sie begegnen sich nicht mehr als Mutter und Sohn bzw. Vater und Tochter, sondern als Mann und Frau, weshalb es nun auch eine Erfüllung auf sexueller Ebene geben kann.

Da ihm nun die eigene emotionale Abhängigkeit bewusst ist, in der er sich befand, erkennt er auch den hexischen Zauber, der auf ihm ruhte. Er war nicht nur darauf trainiert, auf emotionalen Druck zu reagieren, sondern auch darauf, ihn selbst auszuüben, um an die Befriedigung seiner Bedürfnisse zu gelangen.

Wer verzaubert ist, steht unter einem Bann, von dem er sich nicht aus eigener Kraft befreien kann. Die magische Welt ist fixiert, sie lässt keine Bewußtwerdungsprozesse zu. Um uns von den väterlichen und mütterlichen Erwartungshaltungen zu befreien, braucht es kritische Auslöser. Wir müssen lernen, dass gegengeschlechtliche

Partner kein Ersatz für Mama und Papa sind und schon gar nicht dafür zuständig, dass unsere Bedürfnisse immer rundweg befriedigt werden. Erst, wenn wir bereit sind, die goldenen Käfige und die tiefen Brunnen unserer Kindheit hinter uns zu lassen, sind wir in der Lage, Beziehungen auf Augenhöhe zu führen. Der Weg dorthin mag manchmal schwer und mit vielen Herausforderungen verbunden sein – aber er lohnt!

Krisen können also – auch wenn sie noch so schmerzhaft sind – den Weg in neue und bessere Lebensumstände weisen, sobald wir bereit sind, sie anzunehmen und aus ihnen zu lernen. Und nicht zuletzt: Sobald wir erkennen, dass unsere Partner die Verletzungen früherer Beziehungen – ob zu Eltern oder andere Partnern – nicht heilen können und es auch nicht müssen.

Frosch und Prinzessin ist das gelungen – auch im ersten Licht des Tages bleibt das neu erwachte Bewusstsein für eine erwachsene Beziehung bestehen.

Dann schliefen sie ein, und am anderen Morgen, als die Sonne sie aufweckte, kam ein Wagen herangefahren, mit acht weißen Pferden bespannt, die hatten weiße Straußfedern auf dem Kopf und gingen in goldenen Ketten, und hinten stand der Diener des jungen Königs, das war der treue Heinrich. Der treue Heinrich hatte sich so betrübt, als sein Herr war in einen Frosch verwandelt worden, dass er drei eiserne Bande hatte um sein Herz legen lassen, damit es ihm nicht vor Weh und Traurigkeit zerspränge. Der Wagen aber sollte den jungen König in sein Reich abholen; der treue Heinrich hob beide hinein, stellte sich wieder hinten auf und war voller Freude über die Erlösung.

Und als sie ein Stück Wegs gefahren waren, hörte der Königssohn, dass es hinter ihm krachte, als wäre etwas zerbrochen. Da drehte er sich um und rief:

«Heinrich, der Wagen bricht!»
«Nein, Herr, der Wagen nicht,
es ist ein Band von meinem Herzen,
das da lag in großen Schmerzen,
als Ihr in dem Brunnen saßt,
als Ihr eine Fretsche (Frosch) wast (wart).»

Noch einmal und noch einmal krachte es auf dem Weg, und der Königssohn meinte immer, der Wagen bräche, und es waren doch nur die Bande, die vom Herzen des treuen Heinrich absprangen, weil sein Herr erlöst und glücklich war.

Eine Kutsche, gezogen von acht weißen Pferden, mit weißen Straussfedern auf den Köpfen und mit goldenen Ketten symbolisiert ihren Weg in eine gemeinsame Zukunft. Die Farbe Weiss steht für das unbelastete Neue, das sie nun gemeinsam beginnen und auf dem kein dunkler Schatten der Vergangenheit fällt. Die goldenen Ketten zeigen die Bewusstheit, die dazu beiträgt, dass aus dieser Beziehung nun auch eine stabile Bindung wird, die auf Gleichberechtigung und Loyalität beruht.

Hinten am Antritt steht der treue Diener Heinrich. Er ist Symbol für die kognitiven und intellektuellen Fähigkeiten, für alle mentalen Werkzeuge, die uns dazu dienen, unser Leben bewusst zu gestalten und die der Märchenheld als Frosch in seiner Verzauberung nicht ausbilden konnte. Drei eiserne Bande lagen um Heinrichs Herz, die jegliche Lebendigkeit und schöpferische Tatkraft unterdrückten. Nun, da der Zauber gebrochen ist, können auch diese Bande brechen und König und Königin glücklich und erlöst die Herrschaft über ihrer beider Leben antreten.

Aschenputtel

- Vom weiblichen Selbstwert

Einem reichen Manne, dem wurde seine Frau krank, und als sie fühlte, dass ihr Ende herankam, rief sie ihr einziges Töchterlein zu sich ans Bett und sprach: «Liebes Kind, bleibe fromm und gut, so wird dir der liebe Gott immer beistehen, und ich will vom Himmel auf dich herabblicken, und will um dich sein.» Darauf tat sie die Augen zu und verschied. Das Mädchen ging jeden Tag hinaus zu dem Grabe der Mutter und weinte und blieb fromm und gut. Als der Winter kam, deckte der Schnee ein weißes Tüchlein auf das Grab, und als die Sonne im Frühjahr es wieder herabgezogen hatte, nahm sich der Mann eine andere Frau.

Die Frau hatte zwei Töchter mit ins Haus gebracht, die schön und weiß von Angesicht waren, aber garstig und schwarz von Herzen. Da ging eine schlimme Zeit für das arme Stiefkind an. «Soll die dumme Gans bei uns in der Stube sitzen!», sprachen sie, «wer Brot essen will, muss verdienen: hinaus mit der Küchenmagd!» Sie nahmen ihm seine schönen Kleider weg, zogen ihm einen grauen, alten Kittel an und gaben ihm hölzerne Schuhe. «Seht einmal die stolze Prinzessin, wie sie geputzt ist!», riefen sie, lachten und führten es in die Küche. Da musste es von Morgen bis Abend schwere Arbeit tun, früh vor Tag aufstehen, Wasser tragen,

Feuer anmachen, kochen und waschen. Obendrein taten ihm die Schwestern alles ersinnliche Herzeleid an, verspotteten es und schütteten ihm die Erbsen und Linsen in die Asche, so dass es sitzen und sie wieder auslesen musste. Abends, wenn es sich müde gearbeitet hatte, kam es in kein Bett, sondern musste sich neben den Herd in die Asche legen. Und weil es darum immer staubig und schmutzig aussah, nannten sie es Aschenputtel.

Es trug sich zu, dass der Vater einmal in die Messe ziehen wollte, da fragte er die beiden Stieftöchter, was er ihnen mitbringen sollte. «Schöne Kleider», sagte die eine, «Perlen und Edelsteine», die zweite. «Aber du, Aschenputtel», sprach er, «was willst du haben?» – «Vater, das erste Reis, das Euch auf Eurem Heimweg an den Hut stößt, das brecht für mich ab!» Er kaufte nun für die beiden Stiefschwestern schöne Kleider, Perlen und Edelsteine, und auf dem Rückweg, als er durch einen grünen Busch ritt, streifte ihn ein Haselreis und stieß ihm den Hut ab. Da brach er das Reis ab und nahm es mit. Als er nach Haus kam, gab er den Stieftöchtern, was sie sich gewünscht hatten, und dem Aschenputtel gab er das Reis von dem Haselbusch. Aschenputtel dankte ihm, ging zu seiner Mutter Grab und pflanzte das Reis darauf, und weinte so sehr, dass die Tränen darauf niederfielen und es begossen. Es wuchs aber und ward ein schöner Baum. Aschenputtel ging alle Tage dreimal darunter, weinte und betete, und allemal kam ein weißes Vöglein auf den Baum, und wenn es einen Wunsch aussprach, so warf ihm das Vöglein herab, was es sich gewünscht hatte.

Es begab sich aber, dass der König ein Fest anstellte, das drei Tage dauern sollte, und wozu alle schönen Jungfrauen im Lande eingeladen wurden, damit sich sein Sohn eine Braut aussuchen möchte. Die zwei Stiefschwestern, als sie hörten, dass sie auch dabei erscheinen sollten, waren guter Dinge, riefen Aschenputtel und sprachen: «Kämm uns die Haare, bürste uns die Schuhe und mache uns die Schnallen fest, wir gehen zur Hochzeit auf des Königs Schloss.» Aschenputtel gehorchte, weinte aber, weil es auch gern zum Tanz mitgegangen wäre, und bat die Stiefmutter, sie möchte es ihm erlauben. «Aschenputtel», sprach sie, «bist voll Staub und Schmutz, und willst zur Hochzeit? Du hast keine Kleider und Schuhe und willst tanzen!» Als es aber mit Bitten anhielt, sprach sie endlich: «Da habe ich dir eine Schüssel Linsen in die Asche geschüttet, wenn du die Linsen in zwei Stunden wieder ausgelesen hast, so sollst du mitgehen.» Das Mädchen ging durch die Hintertür nach dem Garten und rief: «Ihr zahmen Täubchen, ihr Turteltäubchen, all ihr Vöglein unter dem Himmel, kommt und helft mir lesen,

Die guten ins Töpfchen,
die schlechten ins Kröpfchen.»

Da kamen zum Küchenfenster zwei weiße Täubchen herein, und danach die Turteltäubchen, und endlich schwirrten und schwärmten alle Vöglein unter dem Himmel herein und ließen sich um die Asche nieder. Und die Täubchen nickten mit den Köpfchen und fingen an pick, pick, pick, pick, und da fingen die übrigen auch an pick, pick, pick, pick, und lasen alle guten Körnlein in die Schüssel. Kaum war eine Stunde herum, so waren sie schon fertig und flogen alle wieder hinaus. Da brachte das Mädchen die Schüssel der Stiefmutter, freute sich und glaubte, es dürfte nun mit auf die Hochzeit gehen. Aber sie sprach: «Nein, Aschenputtel, du hast keine Kleider, und kannst nicht tanzen: Du wirst nur ausgelacht.» Als es nun weinte, sprach sie: «Wenn du mir zwei Schüsseln voll Linsen in einer Stunde aus der Asche rein lesen kannst, so sollst du mitgehen», und dachte: «Das kann es ja nimmermehr.» Als sie die zwei Schüsseln Linsen in die Asche geschüttet hatte, ging das Mädchen durch die Hintertür nach dem Garten und rief: «Ihr zahmen Täubchen, ihr Turteltäubchen, all ihr Vöglein unter dem Himmel, kommt und helft mir lesen,

Die guten ins Töpfchen,
die schlechten ins Kröpfchen.»

Da kamen zum Küchenfenster zwei weiße Täubchen herein und danach die Turteltäubchen, und endlich schwirrten und schwärmten alle Vöglein unter dem Himmel herein und ließen sich um die Asche nieder. Und die Täubchen nickten mit ihren Köpfchen und fingen an pick, pick, pick, pick, und da fingen die übrigen auch an pick, pick, pick, pick, und lasen alle guten

Körner in die Schüsseln. Und ehe eine halbe Stunde herum war, waren sie schon fertig, und flogen alle wieder hinaus. Da trug das Mädchen die Schüsseln zu der Stiefmutter, freute sich und glaubte, nun dürfte es mit auf die Hochzeit gehen. Aber sie sprach: «Es hilft dir alles nichts: Du kommst nicht mit, denn du hast keine Kleider und kannst nicht tanzen; wir müssten uns deiner schämen.» Darauf kehrte sie ihm den Rücken zu und eilte mit ihren zwei stolzen Töchtern fort.

Als nun niemand mehr daheim war, ging Aschenputtel zu seiner Mutter Grab unter den Haselbaum und rief:

«Bäumchen, rüttel dich und schüttel dich,
wirf Gold und Silber über mich.»

Da warf ihm der Vogel ein golden und silbern Kleid herunter und mit Seide und Silber ausgestickte Pantoffeln. In aller Eile zog es das Kleid an und ging zur Hochzeit. Seine Schwestern aber und die Stiefmutter kannten es nicht und meinten, es müsse eine fremde Königstochter sein, so schön sah es in dem goldenen Kleide aus. An Aschenputtel dachten sie gar nicht und dachten, es säße daheim im Schmutz und suchte die Linsen aus der Asche. Der Königssohn kam ihm entgegen, nahm es bei der Hand und tanzte mit ihm. Er wollte auch sonst mit niemand tanzen, also dass er ihm die Hand nicht losließ, und wenn ein anderer kam, es aufzufordern, sprach er: «Das ist meine Tänzerin.»

Es tanzte, bis es Abend war, da wollte es nach Hause gehen. Der Königssohn aber sprach: «Ich gehe mit und begleite dich», denn er wollte sehen, wem das schöne Mädchen angehörte. Sie entwischte ihm aber und sprang in das Taubenhaus. Nun wartete der Königssohn, bis der Vater kam und sagte ihm, das fremde Mädchen wär in das Taubenhaus gesprungen. Der Alte dachte: «Sollte es Aschenputtel sein?», und sie mussten ihm Axt und Hacken bringen, damit er das Taubenhaus entzweischlagen konnte; aber es war niemand darin. Und als sie ins Haus kamen, lag Aschenputtel in seinen schmutzigen Kleidern in der Asche, und ein trübes Öllämpchen brannte im Schornstein; denn Aschenputtel war geschwind aus dem Taubenhaus hinten herabgesprungen und war zu dem Haselbäumchen gelaufen: Da hatte es die schönen Kleider abgezogen und aufs Grab gelegt, und der Vogel hatte sie wieder weggenommen, und dann hatte es sich in seinem grauen Kittelchen in die Küche zur Asche gesetzt.

Am andern Tag, als das Fest von neuem anhub, und die Eltern und Stiefschwestern wieder fort waren, ging Aschenputtel zu dem Haselbaum und sprach:

«Bäumchen, rüttel dich und schüttel dich,
wirf Gold und Silber über mich!»

Da warf der Vogel ein noch viel stolzeres Kleid herab als am vorigen Tag. Und als es mit diesem Kleide auf der Hochzeit erschien, erstaunte jedermann über seine Schönheit. Der Königssohn aber hatte gewartet, bis es kam, nahm es gleich bei der Hand und tanzte nur allein mit ihm. Wenn die andern kamen und es aufforderten, sprach er: «Das ist meine Tänzerin.» Als es nun Abend war, wollte es fort, und der Königssohn ging ihm nach und wollte sehen, in welches Haus es ging: Aber es sprang ihm fort und in den Garten hinter dem Haus. Darin stand ein schöner großer Baum, an dem die herrlichsten Birnen hingen, es kletterte so behänd wie ein Eichhörnchen zwischen die Äste, und der Königssohn wusste nicht, wo es hingekommen war. Er wartete aber, bis der Vater kam und sprach zu ihm: «Das fremde Mädchen ist mir entwischt, und ich glaube, es ist auf den Birnbaum gesprungen.» Der Vater dachte: «Sollte es Aschenputtel sein?», ließ sich die Axt holen und hieb den Baum um, aber es war niemand darauf. Und als sie in die Küche kamen, lag Aschenputtel da in der Asche, wie sonst auch, denn es war auf der andern Seite vom Baum herabgesprungen, hatte dem Vogel auf dem Haselbäumchen die schönen Kleider wiedergebracht und sein graues Kittelchen angezogen.

Am dritten Tag, als die Eltern und Schwestern fort waren, ging Aschenputtel wieder zu seiner Mutter Grab und sprach zu dem Bäumchen:

«Bäumchen, rüttel dich und schüttel dich,

wirf Gold und Silber über mich!»

Nun warf ihm der Vogel ein Kleid herab, das war so prächtig und glänzend, wie es noch keins gehabt hatte, und die Pantoffeln waren ganz golden. Als es in dem Kleid zu der Hochzeit kam, wussten sie alle nicht, was sie vor Verwunderung sagen sollten. Der Königssohn tanzte ganz allein mit ihm, und wenn es einer aufforderte, sprach er: «Das ist meine Tänzerin.»

Als es nun Abend war, wollte Aschenputtel fort, und der Königssohn wollte es begleiten, aber es entsprang ihm so geschwind, dass er nicht folgen konnte. Der Königssohn hatte aber eine List gebraucht, und hatte die ganze Treppe mit Pech bestreichen lassen: Da war, als es hinabsprang, der linke Pantoffel des Mädchens hängen geblieben. Der Königssohn hob ihn auf, und er war klein und zierlich und ganz golden. Am nächsten Morgen ging er damit zu dem Mann und sagte zu ihm: «Keine andere soll meine Gemahlin werden als die, an deren Fuß dieser goldene Schuh passt.» Da freuten sich die beiden Schwestern, denn sie hatten schöne Füße. Die älteste ging mit dem Schuh in die Kammer und wollte ihn anprobieren, und die Mutter stand dabei. Aber sie konnte mit der großen Zehe nicht hineinkommen, und der Schuh war ihr zu klein, da reichte ihr die Mutter ein Messer und sprach: «Hau die Zehe ab: Wenn du Königin bist, so brauchst du nicht mehr zu Fuß zu gehen.» Das Mädchen hieb die Zehe ab, zwängte den Fuß in den Schuh, verbiss den Schmerz und ging hinaus zum Königssohn. Da nahm er sie als seine Braut aufs Pferd und ritt mit ihr fort. Sie mussten aber an dem Grabe vorbei, da saßen die zwei Täubchen auf dem Haselbäumchen und riefen:

«Rucke di guck, rucke di guck,
Blut ist im Schuck. (= Schuh):
Der Schuck ist zu klein,
Die rechte Braut sitzt noch daheim.»

Da blickte er auf ihren Fuß und sah, wie das Blut herausquoll. Er wendete sein Pferd um, brachte die falsche Braut wieder nach Hause und sagte, das wäre nicht die rechte, die andere Schwester solle den Schuh anziehen. Da ging diese in die Kammer und kam mit den Zehen glücklich in den Schuh, aber die Ferse war zu groß. Da reichte ihr die Mutter ein Messer und sprach: «Hau ein Stück von der Ferse ab: Wenn du Königin bist, brauchst du nicht mehr zu Fuß gehen.» Das Mädchen hieb ein Stück von der Ferse ab, zwängte den Fuß in den Schuh, verbiss den Schmerz und ging heraus zum Königssohn. Da nahm er sie als seine Braut aufs Pferd und ritt mit ihr fort. Als sie an dem Haselbäumchen vorbeikamen, saßen die zwei Täubchen darauf und riefen:

«Rucke di guck, rucke di guck,
Blut ist im Schuck.
Der Schuck ist zu klein,
Die rechte Braut sitzt noch daheim.»

Er blickte nieder auf ihren Fuß und sah, wie das Blut aus dem Schuh quoll und an den weißen Strümpfen ganz rot heraufgestiegen war. Da wendete er sein Pferd und brachte die falsche Braut wieder nach Hause. «Das ist auch nicht die rechte», sprach er, «habt ihr keine andere Tochter?» – «Nein», sagte der Mann, «nur von meiner verstorbenen Frau ist noch ein kleines verbuttetes Aschenputtel da: Das kann unmöglich die Braut sein.» Der Königssohn sprach, er sollte es heraufschicken, die Mutter aber antwortete: «Ach nein, das ist viel zu schmutzig, das darf sich nicht sehen lassen.» Er wollte es aber durchaus haben, und Aschenputtel musste gerufen werden. Da wusch es sich erst Hände und Angesicht rein, ging dann hin und neigte sich vor dem Königssohn, der ihm den goldenen Schuh reichte. Dann setzte es sich auf einen Schemel, zog den Fuß aus dem schweren Holzschuh und steckte ihn in den Pantoffel, der war wie angegossen. Und als es sich in die Höhe richtete und der König ihm ins Gesicht sah, so erkannte er das schöne Mädchen, das mit ihm getanzt hatte, und rief: «Das ist die rechte Braut.» Die Stiefmutter und die beiden Schwestern erschraken und wurden bleich vor Ärger: er aber nahm Aschenputtel aufs Pferd und ritt mit ihm fort. Als sie an dem Haselbäumchen vorbeikamen, riefen die zwei weißen Täubchen:

«Rucke die guck, rucke di guck,
kein Blut im Schuck.

Der Schuck ist nicht zu klein,
Die rechte Braut, die führt er heim.»

Und als sie das gerufen hatten, kamen sie beide herab geflogen und setzten sich dem Aschenputtel auf die Schultern, eine rechts, die andere links, und blieben da sitzen.

Als die Hochzeit mit dem Königssohn sollte gehalten werden, kamen die falschen Schwestern, wollten sich einschmeicheln und teil an seinem Glück nehmen. Als die Brautleute nun zur Kirche gingen, war die älteste zur rechten, die jüngste zur linken Seite. Da pickten die Tauben einer jeden das eine Auge aus. Hernach, als sie herausgingen, war die älteste zur Linken und die jüngste zur Rechten. Da pickten die Tauben einer jeden das andere Auge aus. Und waren sie also für ihre Bosheit und Falschheit mit Blindheit auf ihr Lebtag bestraft.

Vom weiblichen Selbstwert

oder: Den Schuh finden, der passt.

Einem reichen Manne, dem wurde seine Frau krank, und als sie fühlte, dass ihr Ende herankam, rief sie ihr einziges Töchterlein zu sich ans Bett und sprach: «Liebes Kind, bleibe fromm und gut, so wird dir der liebe Gott immer beistehen, und ich will vom Himmel auf dich herabblicken, und will um dich sein.» Darauf tat sie die Augen zu und verschied. Das Mädchen ging jeden Tag hinaus zu dem Grabe der Mutter und weinte und blieb fromm und gut. Als der Winter kam, deckte der Schnee ein weißes Tüchlein auf das Grab, und als die Sonne im Frühjahr es wieder herabgezogen hatte, nahm sich der Mann eine andere Frau.

Gleich zu Beginn verrät uns dieses Märchen vom Aschenputtel viel über die Verhältnisse – die familiären, die sozialen und die gesellschaftlichen – um die es geht: «Einem reichen Mann wird seine Frau krank». Der Mann ist wohlhabend, er besitzt vermutlich viele Güter. Aber vor allem *besitzt* er eine Frau. Sie gehört ihm, es ist seine. Sie selbst hat in diesem Kontext keine eigenen Lebensrechte. Und dann wird sie *ihm* auch noch krank. Es sind also mehr seine Unannehmlichkeiten und weniger die ihren. Hier zeigt sich, welchen Wert es hat, eine Frau zu sein. Kein Wunder also, dass «Aschenputtel» als das kollektive Märchen der familiären und gesellschaftlichen Entrechtung der Frau schlechthin bezeichnet wird. Es beschreibt das in der patriarchalen Gesellschaft herrschende Wertverhältnis zwischen Mann und Frau. Ein Aschenputtel ist eine Frau, die in der Asche sitzt und darin rührt. Aufschlussreich hierzu sind die etymologischen Wurzeln des Wortes, nämlich das aus dem Griechischen stammende «achylia» für Asche und «poutti» für die weiblichen Geschlechtsteile, die hier als «unrein» bezeichnet werden. Der Name des Märchens weist also auf das minderwertige, schmutzige Weibliche hin und damit auf ein in patriarchalen Strukturen kollektives Thema.

Dies erklärt vielleicht auch, warum es das Märchen in dieser oder ähnlicher Form überall auf der Welt gibt. Ob in der französischen Urform «Cendrillon oder das gläserne Pantöffelchen» von Charles Perrault, in der italienischen «Cenerentola», der angloamerikanischen Version der «Cinderella», der russischen Heldin Wasilisa oder im chinesischen Märchen von Ye Xian – immer wird vom Kampf eines jungen Mädchens gegen seine böse Stiefmutter berichtet und immer geht es um den Verlust der angestammten Rechte als Tochter und Erbin. Es geht um Entwürdigung und Entwertung und um die daraus resultierende Suche nach der weiblichen Identität.

Aschenputtel ist eines der beliebtesten Märchenstoffe weltweit und immer noch identifizieren sich unzählige Frauen mit dieser Heldin. Das bedeutet aber auch, dass viele von uns dieses kollektive Bild der benachteiligten Frau in sich tragen.

1950 präsentierte Walt Disney in seinem Zeichentrickfilm, dessen Drehbücher zum Teil noch aus den 30er Jahren stammten, eine unschuldige Cinderella, die in ihrer rührend-naiven Darstellung dem damaligen Zeitgeist entsprach. Die Kriegsjahre waren vorbei, die Männer kehrten von der Front zurück und beanspruchten die Arbeitsplätze, die in der Zwischenzeit von den Frauen besetzt waren. Diese sollten dringend wieder zurück zu Heim und Herd. Das verlangte natürlich nach einem entsprechenden Narrativ. Verführerisch und begehrenswert waren stille, duldsame Weibchen. Dieses Klischee führte in den 1980er Jahren zu dem von der Herausgeberin einer Frauenzeitschrift, Colette Dowling, erstmals so bezeichneten Begriff des «Cindarella-Komplexes». Dieser bezieht sich auf eine, scheinbar typisch weibliche Verhaltensweise, nämlich die, nichts anderes zu tun, als auf den erlösenden Prinzen zu warten. Also jegliche Verantwortung und jegliche Aktivität auf die Männer zu übertragen. Kein Wunder also, dass dieser Film damals mehrere internationale Auszeichnungen und sogar das Prädikat «wertvoll» erhielt.

Der Entwicklungsweg, den uns das Märchen Aschenputtel schildert, ist aber ein ganz anderer. Aschenputtel ist eine Heldin, die sich aus eigener Kraft vom Schicksalszwang befreit und das gegen die herrschenden rigiden Bedingungen des Patriarchats und ohne jegliche männliche Unterstützung.

Wenn im Märchen die gute Mutter stirbt, bedingt das für ein Mädchen immer einen einsamen und schweren Weg hin zu ihrem weiblichen Selbstwert. Der Verlust der Mutter löst eine Traumatisierung aus, eine Trauer, in der das Mädchen offensichtlich keinen Trost finden kann. Das Einzige, das die Mutter ihr hinterlassen konnte, war ein Segen, der nun zum Glück auf dem Mädchen ruht, der jedoch auch den Auftrag beinhaltet «fromm und gut» zu sein. Nun mag im Märchen «fromm und gut» nicht immer mit unseren moralisch-ethischen Vorstellungen gleichzusetzen sein, dennoch bedingt es eine gewisse Anpassung an die herrschenden Verhältnisse, in denen das Mädchen existieren muss, und die sind nun einmal patriarchal und hierarchisch. Daran muss es sich halten, wenn es im System überleben will. Dies bietet wenig Schutz und Verständnis für weibliche Nöte und Ängste.

Das Mädchen bleibt also fromm und gut, es weint und geht jeden Tag hinaus auf das Grab, auch im Winter, der sein weisses Tuch darauf legt. Die Zeit des Winters im Märchen symbolisiert immer eine Zeit des Stillstandes, der Trauer. Die Schneeflocken, gefrorenes Wasser, zeigen die Stagnation oder die Lähmung unserer Gefühle an. Das Mädchen verharrt im Zustand der Trauer und obwohl es durch seine Tränen seine Gefühle offenbart, ist niemand da, der es tröstet. Dennoch wird das Grab für das Mädchen zu einem wichtigen Ort, an den es seinen Kummer tragen kann, an dem sie ihren Gefühlen freien Lauf lassen kann und an dem sie Trost findet. Wer einen Ort hat, an dem er trauern kann, hat auch einen Ort der guten Erinnerung.

Trauer ist ein Prozess, der nicht in zeitlichen Grenzen bemessen werden kann. Wie lange wir trauern, entscheidet unsere Seele. Für ein Kind mag ein solcher Prozess vielleicht sogar sehr viel bedeutender sein, als für einen Erwachsenen, weil es in seiner Vorstellung mit der Mutter die gesamten Grundlagen seiner Existenz verloren hat.

Für den Vater steht im Frühling, der Zeit des Neubeginns, als die Sonne das weiße Tuch wieder vom Grab zieht, der Weg in ein neues Leben offen – er nimmt sich eine andere Frau – das Kind aber bleibt allein in seinem Kummer.

Die Frau hatte zwei Töchter mit ins Haus gebracht, die schön und weiß von Angesicht waren, aber garstig und schwarz von Herzen. Da ging eine schlimme Zeit für das arme Stiefkind an. «Soll die dumme Gans bei uns in der Stube sitzen!», sprachen sie, «wer Brot essen will, muss verdienen: hinaus mit der Küchenmagd!» Sie nahmen ihm seine schönen Kleider weg, zogen ihm einen grauen, alten Kittel an und gaben ihm hölzerne Schuhe. «Seht einmal die stolze Prinzessin, wie sie geputzt ist!», riefen sie, lachten und führten es in die Küche. Da musste es von Morgens bis Abend schwere Arbeit tun, früh vor Tag aufstehen, Wasser tragen, Feuer anmachen, kochen und waschen. Obendrein taten ihm die Schwestern alles ersinnliche Herzeleid an, verspotteten es und schütteten ihm die Erbsen und Linsen in die Asche, so dass es sitzen und sie wieder auslesen musste. Abends, wenn es sich müde gearbeitet hatte, kam es in kein Bett, sondern musste sich neben den Herd in die Asche legen. Und weil es darum immer staubig und schmutzig aussah, nannten sie es Aschenputtel.

Daran ändert sich auch nichts, als die neue Frau ins Haus kommt. Sie hat selbst zwei Töchter und kann und will dem Mädchen keine Mutter sein. Stiefmütter und Stiefgeschwister symbolisieren auf psychologischer Ebene immer die Aspekte, die nicht konstruktiv fördernd auf uns wirken – also alles, was wir als einschränkend, feindlich oder bedrohlich wahrnehmen. Innerhalb der natürlichen Familienstruktur, im alltäglichen Erleben mit unseren biologischen Eltern und Geschwistern, lernen wir selbstverständlich, dass nicht all unsere Bedürfnisse befriedigt werden können, dass wir im menschlichen Miteinander Erfahrungen der Benachteiligung oder der Nichterfüllung unserer Wünsche ausgesetzt sind und Konflikte ausgetragen und Kompromisse geschlossen werden müssen. Im besten Fall lernen wir dadurch auch, die damit verbundenen Frustrationen zu verarbeiten.

Da jedoch negativ besetzte Attribute wie z.B. Zorn, Neid, Eifersucht, nicht mit dem in unserer Vergangenheit geltenden hohen Mutter- oder Familienideal vereinbar schienen, wurden diese Rollen im Märchen immer durch Stiefmütter bzw. Stiefgeschwister besetzt.

Allerdings war es in früheren Zeiten durchaus keine Seltenheit, dass Kinder durch den frühen Tod der leiblichen Mutter mit Stiefmüttern zurechtkommen mussten, denen sie im Grunde ausgeliefert waren, da die Väter sich – wie auch im vorliegenden Märchen – aus den häuslichen Verhältnissen zum größten Teil heraushielten. Erziehung und die dafür notwendigen Maßnahmen lagen allein in weiblicher Hand.

Dass also die leiblichen Kinder des Vaters gegenüber den eigenen, in die Ehe gebrachten Kinder, benachteiligt wurden, war keine Seltenheit.

Hinzu kommt, dass in vor-patriarchalen Zeiten das Erbe einer Mutter immer auf die jüngste Tochter überging. Durch Ausgrenzung und Entwertung, durch eine Neuverteilung der Verhältnisse in der Familie, sicherte man sich auch einen Anteil am vorhandenen Besitz.

Auch wenn heute glücklicherweise nicht mehr so viele Kinder als Waisen in dieser Welt zurückbleiben müssen, so verlangen ihnen geänderte familiäre Beziehungen doch eine hohe Flexibilität ab. Das Leben in Patchworkfamilien ist oftmals nicht so fröhlich und leicht, wie uns das diverse TV Serien vermitteln wollen. Wie gehen Kinder um mit der Herausforderung, sich auf neue Väter, Mütter und Geschwister einstellen zu müssen? Wie erleben sie das Verhältnis zu den «eigenen» Kindern einer Stiefmutter oder eines Stiefvaters – auch wenn sie oder er sich noch so bemühen, alle Kinder gleich zu behandeln? Und wie vereinbaren sie ihre Loyalitätsgefühle zu dem zurückbleibenden Elternteil mit der wachsenden Zuwendung der neuen Mutter oder dem neuen Vater gegenüber? Wie fügen sie sich in die Hierarchien des neuen Systemes ein und wer hilft ihnen dabei?

Für unsere Märchenheldin bricht nun eine schlimme Zeit an. Sie, die selbst noch nicht die Trauer über den Verlust ihrer Mutter überwunden hat, wird jetzt zur Zielscheibe für Konkurrenzkampf und Mobbing.

Man nimmt ihr die Kleider weg, die Zeichen ihrer Identität und ihres Standes. Kleider zeichnen uns aus. In unserer Kleidung spiegeln sich unsere Persönlichkeit, unsere Herkunft und unsere gesellschaftliche Stellung. Sie ist eine äußere Demonstration unseres inneren Seins. Die Art, wie wir uns kleiden, zeigt, wer wir sind.

Die Heldin wird also innerhalb des Familiensystems ihres angestammten Platzes beraubt.

Im eigenen Zuhause muss sie sich jetzt ihr Brot selbst verdienen. Sie muss von früh bis spät schwere Arbeit tun: Wasser tragen, Feuer machen, kochen und waschen. Aber diese Tätigkeiten verraten uns, dass es sich hierbei – trotz aller Schwere – um einen Initiationsweg handelt. Wer lernt, mit den Elementen Feuer und Wasser umzugehen, wer kochen und waschen kann, erfährt eine Einweihung in die grundlegenden mondischen Künste. Hier ist ein tiefgreifender, auf psychologischer und physiologischer Ebene wirkender alchemistischer Prozess angesprochen. Wer ihn durchläuft, lernt sich am Leben zu erhalten.

Jedoch erfährt unsere Märchenheldin für ihren Fleiß kein Lob, sondern Hohn und Spott. Sie wird beschimpft und verlacht für ihre ärmliche Kleidung. Sie muss nun Linsen und Erbsen aus der Asche lesen, die man ihr mit Absicht hineingeleert hat.

Aber auch dabei lernt sie wesentliche Lektionen, die ihren Stiefschwestern verborgen bleiben, die den Wert des weiblichen Wissens und Könnens nicht kennen: das Auslesen von Linsen und Erbsen bezeichnet Prozesse der Unterscheidung. Sie lernt, das Gute vom Schlechten zu trennen und sich auf das Wesentliche zu konzentrieren.

So schwer die Zeit für sie auch sein mag, für ihre Zukunft ist sie von großem Nutzen. Wir lernen und wachsen durch unsere Krisen, weil wir durch sie zu unseren inneren Schätzen, zu unseren Talenten und Fähigkeiten finden.

Zunächst aber erlebt unsere Märchenheldin dies alles als Entwürdigung. Sogar ihr Name – der Inbegriff ihrer bisherigen Identität wird ihr genommen und sie wird als «Aschenputtel» bezeichnet. Damit hat sie jegliches Lebensrecht eingebüßt und findet sich alleine und verlassen in der Asche neben dem Herd wieder. Und der Vater kümmert sich nicht um die Belange und Bedürfnisse seiner Tochter.

Mobbing, Unterdrückung und Ausgrenzung sind nicht nur innerhalb der Familie, sondern auch an Arbeitsplätzen, an Schulen, in sozialen Medien und Sportvereinen ein großes Thema. Die wirtschaftlichen Schäden, die dadurch jährlich entstehen, belaufen sich lt. Schätzung alleine in Deutschland inzwischen auf nahezu 20 Millionen Euro. Weitaus schlimmer jedoch sind die seelischen Schäden, die durch systematische Anfeindungen, Diskriminierungen und Schikanen entstehen. Über die Dunkelziffer der daraus folgenden psychischen Erkrankungen bis hin zum Suizid kann man nur spekulieren.

Lesen wir von Mobbing, glauben wir immer, dies ginge von einzelnen boshaften und neidischen Mitmenschen aus, zu denen wir uns selbst natürlich niemals zählen. Aber – ganz ehrlich – neigen wir nicht auch manchmal dazu, andere zur Zielscheibe unserer Frustrationen zu machen? Begründen und heiligen wir nicht alle – mehr oder weniger – unsere Aggressionen und unsere Abwehr anderen gegenüber, durch deren Verhalten – auch, wenn wir nicht so weit gehen würden, systematisch und gezielt zu mobben? Aber, wo fängt Mobbing und Ausgrenzung denn überhaupt an?

Was mag der Grund für derartige Verhaltensweisen sein? Warum grenzen wir eine Person, aufgrund ihres Aussehens, ihrer Herkunft, ihrer Andersartigkeit, aus und nehmen ihr damit jegliches Recht auf eine soziale Zugehörigkeit?

Aus verschiedenen Untersuchungen wissen wir, dass eine der Hauptursache für Mobbing in einer schwachen Führung, ungerechter Behandlung von Mitarbeitern oder in der Angst um die Zugehörigkeit im Betrieb /System zu suchen ist. Auch, wenn wir generell denjenigen, der sich ausgrenzend und schikanierend verhält, dadurch nicht aus der Verantwortung nehmen können: Der Fisch stinkt in der Regel vom Kopf her.

Wenn Kollegen nicht um die Gunst des Chefs buhlen müssen, verliert Mobbing bereits eine wesentliche Grundlage. Damit sind wir wieder bei der familiären Struktur des Märchens. Wenn der Vater nicht oder nur selten anwesend ist, er aber durch die Verteilung der Machtstrukturen, über das Wohl und Wehe der Familienmitglieder entscheidet, bleiben Konkurrenzkämpfe nicht aus. Je rarer er seine Zuwendung verteilt, umso vehementer das Buhlen um seine Gunst. Die finanzielle, psychische und soziale Abhängigkeit zum Familienoberhaupt, in der sich weibliche Familienmitglieder befanden, verstärkte dieses Verhalten noch einmal erheblich.

Doch warum wiederholen wir heute immer noch diese Muster, obwohl wir uns doch längst aus derartigen Strukturen befreit glauben? Warum halten wir fest an der ewigen Sucht, die Schönste, die Beste, die Liebenswerteste und die Verständnisvollste zu sein? Warum sind wir so gierig danach, etwas Besonderes zu sein?

Frauen, die «Aschenputtel» zum Lieblingsmärchen haben, fühlen sich oft selbst innerhalb der Familienstruktur benachteiligt. Sie sehen sich als Opfer gefühlskalter Mütter und neidischer Schwestern. Diese innere Abwehr gegen das Weibliche innerhalb der eigenen Struktur führt oft dazu, dass sich destruktive Verhaltensweisen im Leben fortpflanzen. In einem ständig sich wiederholenden Muster erfahren sie sich als permanente Opfer scheinbarer Konkurrentinnen. Andere Frauen werden immer als neidisch und eifersüchtig erlebt, während man selbst mit allen Tugenden bedacht zu sein scheint. Aber wäre es nicht hilfreicher, die Ursachen dieser Konflikte zu betrachten? Wenn wir erkennen, dass wir alle Leidtragende rigider und ausgrenzender Strukturen sind – also auch unsere Mütter und Schwestern? Und könnte es nicht zu einer sinnvollen Verhaltensänderung führen, wenn wir uns bewusst machen, dass wir – wie es uns die Märchenbilder lehren – nicht immer «nur» die unschuldigen Opfer sind, sondern genauso auch die neidischen und boshaften Stiefschwestern? Jede Protagonistin im Märchen spiegelt uns einen Teil unserer eigenen Haltung.

Am Ende tragen wir alle dazu bei, die gewohnten Strukturen zu erhalten.

Es trug sich zu, dass der Vater einmal in die Messe ziehen wollte, da fragte er die beiden Stieftöchter, was er ihnen mitbringen sollte. «Schöne Kleider», sagte die eine, «Perlen und Edelsteine», die zweite. «Aber du, Aschenputtel», sprach er, «was willst du haben?» – «Vater, das erste Reis, das Euch auf Eurem Heimweg an den Hut stößt, das brecht für mich ab!» Er kaufte nun für die beiden Stiefschwestern schöne Kleider, Perlen und Edelsteine, und auf dem Rückweg, als er durch einen grünen Busch ritt, streifte ihn ein Haselreis und stieß ihm den Hut ab. Da brach er das Reis ab und nahm es mit. Als er nach Haus kam, gab er den Stieftöchtern, was sie sich gewünscht hatten, und dem Aschenputtel gab er das Reis von dem Haselbusch. Aschenputtel dankte ihm, ging zu seiner Mutter Grab und pflanzte das Reis darauf, und weinte so sehr, dass die Tränen darauf niederfielen und es begossen. Es wuchs aber und ward ein schöner Baum. Aschenputtel ging alle Tage dreimal darunter, weinte und betete, und allemal kam ein weißes Vöglein auf den Baum, und wenn es einen Wunsch aussprach, so warf ihm das Vöglein herab, was es sich gewünscht hatte.

Den Vater scheinen die Vorgänge im Haus nicht zu interessieren. Er verteidigt seine Tochter nicht, er schützt sie nicht und lässt den Dingen ihren Lauf.

Als er eines Tages zu einer Messe fährt, erkundigt er sich zuerst bei den Stieftöchtern nach den Wünschen, ehe er das Aschenputtel nach den ihren fragt. Vielleicht ist das der Grund, warum das Mädchen sich ein Reis wünscht, das dem Vater an den Hut stößt. Es möchte, dass ihm etwas aufgeht, vielleicht ein Gedanke daran, dass er selbst etwas an den herrschenden Bedingungen innerhalb der Familie ändern müsste.

Die Wünsche der Stiefschwestern zielen auf Oberflächlichkeiten ab, auf Äußerlichkeiten. Sie haben keine anderen Sehnsüchte und auch keine anderen Bedürfnisse, als die, ihre eigenen venusischen Anlagen zu stärken. Dennoch mag auch in der Sehnsucht nach funkelnden Edelsteinen und kostbaren Kleidern der unbewusste Wunsch nach Wert und Identität verborgen sein.

Ein Reis – ein Haselreis – hingegen symbolisiert die Verbindung zu etwas Lebendigem. Die griechische Mondgöttin Diana, die Herrin der Wälder und Tiere – fälschlicherweise oft als Göttin der Jagd und nicht der Vegetation dargestellt – wurde im Haselstrauch verehrt. Sie verkörpert den jungfräulichen Aspekt der Weiblichkeit und damit möchte Aschenputtel seinen Vater auf etwas aufmerksam machen: auf die verloren gegangene Achtung dem Weiblichen gegenüber, aber auch auf die verloren gegangene Stellung als Tochter innerhalb des Familiensystems.

Da der Vater den Hinweis wohl nicht versteht, bringt Aschenputtel das Reis auf das Grab der Mutter. Es pflanzt es in die Erde, dort, wo die Wurzeln ihrer Herkunft sind, und tatsächlich geht der Trieb auf. Von den Tränen des Mädchens begossen, wächst daraus ein Baum in den Himmel und erinnert es an seine Verbindung zum Göttlichen, die ihm auch die Mutter als letzten Wunsch noch ans Herz legte.

Bäume symbolisieren nicht nur unsere Verbindung zu den spirituellen Welten, die Aschenputtel durch den Segen seiner Mutter niemals verloren hat. Sie erinnern uns auch an die Verbindung zu unseren Ahnen. Sie zeigen, worin wir verwurzelt sind und wie weitverzweigt unsere Sippenprogramme in die Zukunft wirken. Dass dort ein Reis aufgeht und zu einem Baum heranwächst, zeigt auch, dass nun endlich aus der langen Zeit der Trauer etwas erwachsen ist.

Dreimal täglich geht Aschenputtel ans Grab und weint. Und mit seinen Tränen begießt es das Bäumchen, das schließlich zu einem großen Baum wird. Es vollzieht dadurch eine Art ritueller Handlung. Rituale können uns nicht nur in Zeiten der Trauer eine wertvolle Hilfe sein, da sie einer inneren Ordnung folgen. Sie führen uns zu einer psychischen Struktur zurück, die wir in Krisenzeiten allzuleicht verlieren. Regelmäßig sich wiederholende Gesten oder eine Reihe festgelegter

Worte im Sinne eines Gebetes, eines Mantras oder eines Verses schaffen Verbindung zum Verlorenen und zur Wieder-Erinnerung an das, was über den Tod hinaus bleibt. Ritualisierte Handlungen geben uns also nicht nur Sicherheit, sie drücken auch unsere Achtung für den Verstorbenen aus und sie geben uns das Gefühl, aktiv etwas zur Situation beitragen zu können. Beides hilft, den Verlust zu verarbeiten und unsere Erinnerung zu bewahren. Aber derartige Rituale können und sollen auch nicht die Zeit der Trauer verkürzen. Die Seele folgt ihrem eigenen Rhythmus, der sich weder manipulieren, noch umgehen lässt. Alles geschieht zu seiner Zeit – auch das verrät uns dieses Märchen, in dem es uns zeigt, wie lange und einsam dieser Weg für Aschenputtel ist.

Durch seine Handlungen zeigt Aschenputtel auch Bereitschaft zur Verantwortung. Trotz widrigster Umstände bringt es dadurch seine Gefühle nach außen. Es schluckt seinen Kummer nicht, es drückt ihn aus. Und klugerweise tut es das dort, wo es für seine Tränen keinen Spott und keine Kritik empfängt. Aschenputtels Trauer hat einen sicheren Ort und es weiß, wo er zu finden ist. Das ist das grundlegende Gesetz des Selbstschutzes.

Dieses Annehmen der Trauer führt am Ende zu neuer Fruchtbarkeit und nicht nur das: Ein weißes Vöglein erscheint und setzt sich auf die Krone des Baumes. Die Gedanken klären sich also und verbinden sich mit dem Vertrauen in eine höhere Ordnung. Dadurch wird ein kreativer Prozess in Gang gesetzt, der neue Impulse und Ideen bringt.

Das Vöglein wirft vom Baum herab, wonach immer das Mädchen verlangt. Und wir wissen schon, dass Aschenputtel sich nicht leichtfertig etwas wünscht.

Es begab sich aber, dass der König ein Fest anstellte, das drei Tage dauern sollte, und wozu alle schönen Jungfrauen im Lande eingeladen wurden, damit sich sein Sohn eine Braut aussuchen möchte. Die zwei Stiefschwestern, als sie hörten, dass sie auch dabei erscheinen sollten, waren guter Dinge, riefen Aschenputtel und sprachen: «Kämm uns die Haare, bürste uns die Schuhe und mache uns die Schnallen fest, wir gehen zur Hochzeit auf des Königs Schloss.» Aschenputtel gehorchte, weinte aber, weil es auch gern zum Tanz mitgegangen wäre, und bat die Stiefmutter, sie möchte es ihm erlauben. «Aschenputtel», sprach sie, «bist voll Staub und Schmutz, und willst zur Hochzeit? Du hast keine Kleider und Schuhe und willst tanzen!» Als es aber mit Bitten anhielt, sprach sie endlich: «Da habe ich dir eine Schüssel Linsen in die Asche geschüttet, wenn du die Linsen in zwei Stunden wieder ausgelesen hast, so sollst du mitgehen.» Das Mädchen ging durch die Hintertür nach dem Garten und rief: «Ihr zahmen Täubchen, ihr Turteltäubchen, all ihr Vöglein unter dem Himmel, kommt und helft mir lesen,

Die guten ins Töpfchen,
Die schlechten ins Kröpfchen.»

Da kamen zum Küchenfenster zwei weiße Täubchen herein, und danach die Turteltäubchen, und endlich schwirrten und schwärmten alle Vöglein unter dem Himmel herein und ließen sich um die Asche nieder. Und die Täubchen nickten mit den Köpfchen und fingen an pick, pick, pick, pick, und da fingen die übrigen auch an pick, pick, pick, pick, und lasen alle guten Körnlein in die Schüssel. Kaum war eine Stunde herum, so waren sie schon fertig und flogen alle wieder hinaus.

Wenn wir in einer Krise stecken, scheint sich die ganze Welt um uns herum verschworen zu haben. Wir sehen nirgendwo einen Ausweg aus dem Dilemma, wir erkennen keinen Lösungsansatz für unser Problem. Erst wenn sich unsere überbordenden Gefühle wieder klären, wenn etwas in uns in Fluss kommt und wir uns, so wie Aschenputtel, wieder auf das Wesentliche besinnen, begegnen uns auch im Außen wieder die nötigen Impulse, die uns auf unserem Weg weiterbringen. Die Welt um uns herum gerät wieder in Bewegung.

Im Königsschloss soll ein Fest stattfinden. Drei Tage wird es dauern – es geht also um einen umfassenden Prozess der Wahl einer Partnerin für den Königssohn. Auf drei Ebenen – der materiellen, der seelischen und der geistigen. Deshalb müssen alle Jungfrauen des ganzen Landes begutachtet zu werden, um die Richtige zu finden. Da freuen sich die Stiefschwestern und lassen sich von Aschenputtel die Haare kämmen und die Schuhe bürsten.

Aber durch die Einladung des Königs – und vor allem durch sein gerade erst erwachtes Selbstbewusstsein – fühlt sich auch unser Aschenputtel angesprochen und es entdeckt wieder, so nach und nach, die Lust auf Leben und Liebe. Über die Kraft, die in ihm erwachsen ist, wagt es nun auch, für die eigenen Wünsche und Bedürfnisse einzustehen.

Wie es sich gehört, fragt es die Stiefmutter um Erlaubnis. Die jedoch möchte die Rollenverteilung im Haus nicht geändert sehen. *«Keine Schuhe und keine Kleider»* habe das Mädchen und außerdem könne es nicht tanzen. Es wird also wieder an seine verlorenen Werte erinnert, um es wieder zurück in die Asche zu zwingen.

Da hilft es ihm auch nicht, dass es zu weinen beginnt. Aschenputtel zeigt seine Gefühle am falschen Ort. Hier kann es dafür kein Verständnis erwarten. Erbsen und Linsen muss es aus der Asche lesen. Aber wenn es diesen schier unlösbaren Auftrag innerhalb der gesetzten Frist erfüllt, darf es mitgehen.

Die Stiefmutter kann sich nicht vorstellen, dass es Aschenputtel inzwischen gelungen ist, sich mit den weiblichen Künsten, die ihr selbst doch so fremd sind, vertraut zu machen. Sie unterschätzt die Kraft, die das

Mädchen entwickelt hat, so wie wir in unserer Gesellschaft alle die Kraft der mondischen, fürsorgenden Tätigkeiten unterschätzen. Erst in jüngster Zeit rückt wieder ins Bewusstsein, dass die sogenannte «Care-Arbeit» innerhalb der Familien einseitig zu Lasten der Frauen geht. Und was dabei besonders wichtig erscheint, wir «erinnern» uns erst jetzt wieder daran, dass es diese unbezahlte Care-Arbeit erst seit der Zeit der Industrialisierung gibt. Alle hegenden, lebenserhaltenden und fürsorgenden Arbeiten waren früher innerhalb der Familien untereinander aufgeteilt, weil Familien sich selbst erhaltende Systeme waren. Es waren landwirtschaftliche oder handwerkliche Betriebe, in denen jeder seine Aufgabe hatte.

Erst in den Fabriken, in denen ausschließlich die produktive Arbeitskraft zählte, wurde deutlich, dass es einen erheblichen Mangel an Hygiene, Fürsorge und Pflege gab, der zu vermehrten Ausfällen aufgrund gesundheitlicher Einschränkungen führte. Die Lösung war so einfach, wie naheliegend: Bezahlte Fabrikarbeit wurde von den Männern erledigt – die Leistung der Frau in Bezug auf Essen, Kleidung und Hygiene wurde zum unbezahlten Liebesdienst erklärt.

All die Arbeit, die nicht der Produktion, sondern den lebendigen Prozessen dient, hat in unserer Gesellschaft also keinen oder nur geringen Wert. Um das in unseren Köpfen zu verändern, erscheint es längst überfällig, dass über die Einführung eines «equal-care-day» gesprochen wird, um jeder gefüllten Brotdose, jedem gebügelten Hemd und jedem gekochten Essen wieder seine ursprüngliche Bedeutung zu verleihen.

Aschenputtel weiß um diesen Wert und es versteht sich auf die Kunst, dem Leben zu dienen. Das Mädchen hat es lange und hart genug gelernt. Es geht durch die Hintertür zum Garten, öffnet damit ein Tor zur Welt und ruft die Vögel, als Sinnbild seines erwachten Geistes, zu Hilfe. Und da kommen sie auch angeflogen:

- Die zahmen Täubchen: die gewohnten Gedanken, die es sich schon lange über seine Situation gemacht hat.
- Die Turteltäubchen: seine Überlegungen in Bezug auf seine Beziehung zur Welt und auch über eine mögliche Partnerschaft.
- Und nicht zuletzt: Alle Vöglein im Himmel – all das Vertrauen in das segensreiche Wirken des Universums, das es in der Zeit der Trauer und der Einsamkeit durch die Unerschütterlichkeit seines Glaubens, nicht verloren hat – Dank des Segens seiner Mutter.

Sie alle fliegen nun herbei und helfen zu klären, das Gute vom Schlechten zu trennen. Das, was nutzt, von dem, was schadet. Hier findet ein wichtiger Prozess statt, in dem bewusst wird, dass nicht jede schwere Erfahrung dauerhaft negative Folgen für uns haben muss. Wir lernen durch Krisen und Schmerzen und wir wachsen daran.

«Die guten ins Töpfchen
Die schlechten ins Kröpfchen», …

… so heißt es. Und damit ist gemeint, dass es hier um einen Ausleseprozess geht. Müssen wir wirklich an unseren negativen Erfahrungen so lange kauen? Ist es nicht manchmal besser, etwas zu schlucken, nicht jede erlittene Zurückweisung, jede Schmähung, jedes unschönes Wort auf die Goldwaage zu legen? Je länger wir an den ständigen Wiederholungen der Ungerechtigkeiten, die uns widerfahren sind, festhalten, je mehr wir uns auf das Negative konzentrieren, umso schwerer machen wir uns den Schritt in eine unbelastete Zukunft.

Wir erleben heute eine Generation von Menschen, die fast ihre gesamte Freizeitbeschäftigung darauf auslegen, ihre Eltern für alle Versäumnisse und Mängel anzuklagen, die sie als Kind vermeintlich erlitten haben. Ich spreche hier nicht von wirklich prägenden Traumata, sondern von immerwährenden infantilen Bedürfnissen, die auch im Erwachsenenalter immer noch nicht zur Genüge befriedigt erscheinen. Wäre es nicht oft sinnvoller, einen Schlussstrich unter das Vergangene zu ziehen und sich auf die eigene Verantwortung für die Zukunft zu besinnen.

Aber dieser Entscheidungsprozess hilft auch, eine andere Frage zu klären, nämlich die, ob das, was im vorhandenen System als wertvoll und gut gilt, für uns selbst wirklich einen weiterführenden Wert besitzt.

Wäre Aschenputtel denn wirklich glücklich, wenn sie das Leben ihrer Stiefschwestern teilen müsste? Dann müsste sie nämlich auch dieselben Werte teilen.

Unsere Aufmerksamkeit sollte also immer mehr den Töpfen gelten, in denen das Fruchtbare liegt, das uns nutzt, das uns weiterbringt, und weniger darauf, was schon längst verloren ist oder vielleicht, bei näherer Betrachtung für uns gar nicht erstrebenswert. In allen Krisensituationen des Lebens kommt der Moment, an dem wir uns fragen müssen, wie lange wir noch am Schmerz festhalten wollen, oder ob nicht schon längst die Zeit gekommen ist, in der wir uns, innerlich gestärkt und um neue Erfahrungen reicher, unserer Zukunft zuwenden.

Hülsenfrüchte sind immer Fruchtbarkeitssymbole – sie auszulesen bedeutet, das Unbrauchbare hinter uns zu lassen und zu vergessen. Als Sinnbild stellen sie uns immer die Frage: «Was dient dem Leben?».

Aus diesem Grund spiegelt sich hier generell auch unser Umgang mit lebenserhaltenden Ressourcen wider. Wie gehen wir mit den Erträgen unserer Erde um? Welchen Wert hat Nahrung für uns? Es scheint, je besser wir versorgt sind, umso größer werden offensichtlich unsere Probleme durch falsche oder mangelhafte Ernährung. Während die einen sich selbst aus einem kollektiven Verständnis darüber, was als schön gilt, fast jegliche Nahrung verweigern, um einem entfremdeten Ideal zu entsprechen, entwickeln andere eine

Art Suchtverhalten und verlieren jedes gesunde Empfinden für Sättigung.

Mit klaren Gedanken und Überlegungen auf das zu schauen, was wir brauchen, auch auf das, was vor uns liegt und das Unnütze, das Schädliche, nicht mehr länger aus der verbrannten Asche unserer Emotionen zu picken, bringt uns dazu, wieder neuen Lebensmut zu schöpfen und das richtige Verhältnis zu dem, was uns nährt, wieder herzustellen.

Das Gute vom Schlechten zu trennen bedeutet ebenso etwas abschliessen und verzeihen zu können, wie es uns aber auch mahnt, nicht alles zu schlucken, was uns vorgesetzt wird – im physischen, wie auch im psychischen Sinne. Die Unterscheidung zwischen dem nutzvollen Guten und dem hinderlichen Schlechten müssen wir selbst vornehmen. Das ist erwachsenes Handeln und es dient der Befreiung vom kollektiven Druck der unser Verhalten, uns selbst und anderen gegenüber beeinflusst.

Die Stiefmutter erkennt diese Haltung an Aschenputtel nicht oder sie ist nicht bereit dazu, denn das würde eine Verunsicherung in den von ihr geschaffenen Hierarchien bedeuten. Wenn Aschenputtel erwachsen wird, ist ihre Position im Haushalt bedroht.

Deshalb weist sie das Mädchen wieder zurück mit dem Hinweis auf ihre mangelnden venusischen Attribute: Aschenputtel ist nicht schön, es ist nicht begehrenswert, es versteht sich nicht aufs Flirten und Verführen und das sind die einzigen Werte, die die Stiefmutter für sich selbst und für ihre leiblichen Töchter kennt.

Deshalb zwingt sie das Mädchen noch einmal in die Asche und der Prozess des Auslesens beginnt erneut. Im Märchen, wie im Leben, müssen Erfahrungen oft mehrfach gemacht werden, damit wir die Lektionen verinnerlichen, die sie mit sich bringen. Und der zweite Durchgang zeigt eine deutliche Entwicklung: In nur der halben Zeit wird das Doppelte an Linsen aus der Asche gelesen.

Aber was nutzt es uns, dass wir uns verändern, wenn die Strukturen die alten bleiben? Aschenputtel muss in der ihm zugedachten Rolle bleiben, zumindest so lange, bis seine eigene Identitätssuche abgeschlossen ist. Die Stiefmutter geht mit ihren aufgehübschten Töchtern zum Fest und unsere Märchenheldin bleibt alleine zurück.

Was also bleibt ihm anderes, als sich auf seine Wurzeln zu besinnen und erneut Mut zu schöpfen bei seinen Ahnen und bei seinem Gottvertrauen? Es kennt seine Kraftquellen inzwischen, geht zum Grab der Mutter und bittet das Vöglein auf dem Baum um ein Gewand.

Als nun niemand mehr daheim war, ging Aschenputtel zu seiner Mutter Grab unter den Haselbaum und rief:

«Bäumchen, rüttel dich und schüttel dich,
wirf Gold und Silber über mich.»

Da warf ihm der Vogel ein golden und silbern Kleid herunter und mit Seide und Silber ausgestickte Pantoffeln. In aller Eile zog es das Kleid an und ging zur Hochzeit. Seine Schwestern aber und die Stiefmutter kannten es nicht und meinten, es müsse eine fremde Königstochter sein, so schön sah es in dem goldenen Kleide aus. An Aschenputtel dachten sie gar nicht und dachten, es säße daheim im Schmutz und suchte die Linsen aus der Asche. Der Königssohn kam ihm entgegen, nahm es bei der Hand und tanzte mit ihm. Er wollte auch sonst mit niemand tanzen, also dass er ihm die Hand nicht losließ, und wenn ein anderer kam, es aufzufordern, sprach er: «Das ist meine Tänzerin.»

Aschenputtel geht also wieder zurück an das Grab seiner Mutter. Der Ort, zu dem es seinen größten Schmerz trägt, wird zum Kraftort, an dem es Verbundenheit und Vertrauen spürt. Der Vogel wirft ihm auf sein Bitten ein «golden und silbern» Kleid herunter, welches es in aller Eile anzieht.

Kleider sind immer Symbol für unsere Identität. Gerade in Märchen spielen sie eine prägnante Rolle, wenn es darum geht, dass eine junge Märchenheldin auf der Suche nach ihrer ganzheitlichen Weiblichkeit ist, auf ihrem Weg zum erwachsenen Ich. Meist geht es – wie beim Aschenputtel – dabei um drei Kleider – das Mond-, das Sonnen- und das Sternenkleid. Jedes steht für eine eigene Bewusstseinsebene. Während das Mondkleid für die weibliche Seite unserer Psyche und für unsere Gefühle steht, verkörpert das Sonnenkleid die männliche Ebene und die Bereiche des Intellekts. Das Sternenkleid hingegen verbindet alle Bereiche unseres Seins zu einem großen Ganzen. Hier geht es also um die Erkenntnis, dass innerhalb der kosmischen Ordnung am Ende alle Trennungen wieder aufgehoben sind.

Aber Kleider sind natürlich auch immer Attribute, die uns schmücken, die ausdrücken, welchem Stand wir angehören, welchem Status, ob wir ledig oder verheiratet sind, arm oder reich. Durch unsere Kleidung kommunizieren wir mit unserer Umwelt: Wie möchten wir gesehen werden? Wie scheinen und wie sein?

Das Spiel mit verschiedenen Kleidern bedeutet also auch das Spiel mit verschiedenen Identitäten. Gerade in Zeiten der Selbstfindung, in der Pubertät oder nach Krisen, in denen wir uns selbst verloren glaubten, werden wechselnde Kleider zum Zeichen dafür, dass wir in unserer Suche nach uns selbst noch nicht so wirklich ans Ziel gekommen sind. Wir schlüpfen in verschiedene Rollen, bis wir das passende Kleid für uns finden.

In einem golden und silbernen Kleid geht Aschenputtel jetzt zum ersten Mal aufs Fest. Und natürlich wird es von niemanden – auch nicht von ihrer Familie – erkannt. Es ist das typische Merkmal festgefahrener

Strukturen, dass systemfremde Veränderungen nicht bemerkt werden. Innerhalb des Systems werden wir immer nur in der uns zugedachten Rolle wahrgenommen – zumindest so lange, wie wir das System als solches nicht gefährden – und bis dahin ist es für Aschenputtel noch ein weiter Weg.

Der Prinz jedoch bemerkt die Signale, die es aussendet: Es spielt mit männlicher und weiblicher Energie. Es flirtet und er geht darauf ein.

Es tanzte, bis es Abend war, da wollte es nach Hause gehen. Der Königssohn aber sprach: «Ich gehe mit und begleite dich», denn er wollte sehen, wem das schöne Mädchen angehörte. Sie entwischte ihm aber und sprang in das Taubenhaus. Nun wartete der Königssohn, bis der Vater kam und sagte ihm, das fremde Mädchen wär in das Taubenhaus gesprungen. Der Alte dachte: «Sollte es Aschenputtel sein?», und sie mussten ihm Axt und Hacken bringen, damit er das Taubenhaus entzweischlagen konnte; aber es war niemand darin. Und als sie ins Haus kamen, lag Aschenputtel in seinen schmutzigen Kleidern in der Asche, und ein trübes Öllämpchen brannte im Schornstein; denn Aschenputtel war geschwind aus dem Taubenhaus hinten herabgesprungen und war zu dem Haselbäumchen gelaufen: Da hatte es die schönen Kleider abgezogen und aufs Grab gelegt, und der Vogel hatte sie wieder weggenommen, und dann hatte es sich in seinem grauen Kittelchen in die Küche zur Asche gesetzt.

Aber ein Flirt ist keine Beziehung. Auch, wenn ein Tanz das harmonische Zusammenspiel zwischen Mann und Frau symbolisiert – es bleibt vorerst nur ein Spiel. Das weiß auch Aschenputtel und es hat ja inzwischen gelernt, die Dinge voneinander zu trennen. Es lässt sich nicht leichtfertig ein.

Deshalb lehnt es das Angebot des Prinzen ab, es zu begleiten. Es läuft davon und springt durch ein Taubenhaus davon.

Tauben sind Attribute der Venus. Die Turteltäubchen der Inbegriff eines verliebten Paares. Aber ist bei den beiden tatsächlich schon Liebe im Spiel? Beide befinden sich auf einer Entwicklungsstufe des Suchens, des Ausprobierens. Das Mädchen in seinem neuen Kleid und er in seiner Rolle als Prinz, der sich unter vielen Angeboten, das Beste heraussuchen darf. Diese Situation bietet wenig Grundlage für eine stabile Beziehung. Genau das weiß Aschenputtel, weshalb es das Kleid wieder auszieht und sich in seine – zwar unschöne – aber doch sichere, weil gewohnte Rolle begibt.

Dem Königssohn ist die Lust auf dieses Spiel jedoch noch nicht vergangen und so verfolgt er seine Tänzerin. Seine Jagdinstinkte scheinen geweckt – es handelt sich also auch bei ihm bisher um noch nichts weiter, als um ein rein sexuelles Interesse. Als er den Vater fragt, denkt dieser sich «das wird doch nicht Aschenputtel sein» – er erinnert sich also an seine Tochter und dennoch ist er bereit, sie der männlichen Erwartungshaltung der Verfügbarkeit auszusetzen. Mit brachialer Gewalt schlägt er mit Axt und Hacke das Taubenhaus entzwei. Wie gut, dass Aschenputtel sich selbst zu schützen weiß.

Aber schon am nächsten Tag wiederholt sich das Ganze. Dieses Mal erscheint Aschenputtel in einem noch viel «stolzeren» Kleid. Es spielt also weiterhin mit ihren verschiedenen Rollen der Frau, es kokettiert und das darf es auch. Es darf seine Reize ausspielen, ohne, dass andere das als Aufforderung verstehen, seine Grenzen zu verletzen. Da es aber in einem Umfeld lebt, in dem die weiblichen Werte nicht respektiert werden – auch nicht von seinem eigenen Vater – muss es sich selbst schützen.

Wieder entzieht es sich dem Prinzen nach der durchtanzten Nacht und wieder verfolgt er es. Dieses Mal aber flüchtet es sich in einen Birnbaum, der als Symbol für das mütterliche Prinzip im Leben steht. Bereits bei den Babyloniern und den alten Germanen als Sitz der Götter verehrt, verkehrte sich das positive Bild dieses Baumes, in der frauenfeindlichen Weltsicht christlicher Lehren und des mittelalterlichen Aberglaubens. Nun galt er als Wohnsitz von Hexen und Dämonen.

In der klassischen Mythologie war der Birnbaum jedoch noch Göttin Hera, der Beschützerin verheirateter

Frauen, geweiht. Dies war ein wichtiger Aspekt, da Frauen gerade auch in ihren Ehen der Willkür ihrer Männer gnadenlos ausgeliefert waren.

Das zeigt auch der Verlauf des Märchens. Denn wieder greift der Vater zur Axt und zeigt, wie wenig Respekt er vor den weiblichen Werten hat. Mit Gewalt möchte «*mann*» sich nehmen, was «*mann*» haben will. Die Belange der Frau spielen dabei keine Rolle. Das männlich dominierte System gibt dazu das Recht. Es liegt also wieder an Aschenputtel, sich selbst zu schützen – dies umso mehr, da das «stolze» Kleid noch nicht das Passende zu sein scheint.

Am dritten Tag, als die Eltern und Schwestern fort waren, ging Aschenputtel wieder zu seiner Mutter Grab und sprach zu dem Bäumchen:

«Bäumchen, rüttel dich und schüttel dich,

Wirf Gold und Silber über mich!»

Nun warf ihm der Vogel ein Kleid herab, das war so prächtig und glänzend, wie es noch keins gehabt hatte, und die Pantoffeln waren ganz golden. Als es in dem Kleid zu der Hochzeit kam, wussten sie alle nicht, was sie vor Verwunderung sagen sollten. Der Königssohn tanzte ganz allein mit ihm, und wenn es einer aufforderte, sprach er: «Das ist meine Tänzerin.»

Als es nun Abend war, wollte Aschenputtel fort, und der Königssohn wollte es begleiten, aber es entsprang ihm so geschwind, dass er nicht folgen konnte. Der Königssohn hatte aber eine List gebraucht, und hatte die ganze Treppe mit Pech bestreichen lassen: Da war, als es hinabsprang, der linke Pantoffel des Mädchens hängen geblieben. Der Königssohn hob ihn auf, und er war klein und zierlich und ganz golden.

«Prächtig und glänzend» ist das Kleid, das der Vogel am dritten Tag herab wirft. «Prächtig und glänzend» bedeutet auch der Name der hohen Frau Percht, der alpenländischen Erscheinung, der nordischen Hel. Sie verkörpert die Große Mutter und in diesem Kleid zeigt Aschenputtel nun auch, wie weit sein weiblicher Initiationsweg ging.

Unsere Märchenheldin ist sich ihres Wertes nun bewusst und in dieser Haltung geht sie aufs Fest. Kein Wunder also, dass der Prinz sie auch dieses Mal nicht gehen lassen will. Aber auch er hat gelernt:

Die Treppe seines Schlosses hat er mit Pech bestreichen lassen. Sie wird zum Sinnbild für den Weg, den er in seine eigenen Tiefen geht.

Pech ist ein Bindemittel. Es wurde verwendet zum Abdichten und Kleben. An Pechfackeln wurde das Feuer der Bewusstheit entzündet.

Wenn zwei «wie Pech und Schwefel» zusammenstehen, dann sind sie bereit, füreinander durchs Feuer zu gehen. Der Begriff, der ursprünglich aus dem Mittelalter stammt, bezieht sich auf das in der Hölle lodernde Feuer aus Pech und Schwefel. Wer Pech auf seine Treppe streichen lässt, ist bereit, eine Bindung einzugehen und seiner Partnerin in die Tiefe zu folgen. Er möchte mit ihr zusammenhalten in guten, wie in schlechten Tagen. Das geht weit über einen unverbindlichen Flirt hinaus.

Aber «Pech zu haben» bedeutet auch noch etwas anderes. Mit Pech wurden früher die Baumstämme bestrichen. Vögel blieben mit ihrem Gefieder daran kleben, und ließen sich somit leichter fangen – sie wurden also im wahrsten Sinne des Wortes zu Pechvögeln. Möchte der Prinz sich also ein Vögelchen fangen, um es dann nach den Grundlagen des patriarchalen Systems als sein Eigentum zu betrachten? Möchte er die Gedanken, für die Vögel auch als Sinnbild stehen, seiner künftigen Partnerin einengen und kontrollieren?

Diese erneute Unterscheidung muss Aschenputtel nun treffen. Dies kann nicht aus dem Rausch einer durchtanzten Nacht heraus geschehen.

Aber auch das Mädchen traut seiner neuen Identität noch nicht. Es weiß, dass es sich zwar auf dem Fest des Prinzen in dieser neuen Rolle präsentieren kann –

innerhalb seines Familiensystems, seines alltäglichen Umfeldes hat es diese Sicherheit jedoch noch nicht gefunden.

Deshalb läuft es noch einmal zurück dorthin, wo die Ursache des Problemes liegt. Aber es geht ihm nicht um Schuldzuweisungen und Anklagen. Wir glauben ja oft, wenn wir die Schuldigen benennen, die uns vermeintliches Unrecht angetan haben, dann würden wir unseren Seelenfrieden finden. In den meisten Fällen ist das jedoch nicht so. Das Einzige, das wir ernten, ist Abwehr. Wir werden auf unschöne Art damit konfrontiert, dass auch unsere Feinde ihre eigene Sicht auf die Dinge haben oder sich aufgrund der herrschenden Zwänge im System vermeintlich nicht anders verhalten konnten.

Aschenputtel hat anderes im Sinn. Wenn der Prinz es wirklich liebt, muss er auch um seine Vergangenheit und um seine Herkunft wissen. Er muss beweisen, dass er nicht nur auf den schönen Schein hereinfällt, sondern bereit ist, seiner Liebsten in ihr wahres Angesicht zu blicken. Meint er wirklich sie oder ist sein Versprechen auf Loyalität nur der Verliebtheit des Augenblicks geschuldet?

Und damit beweist Aschenputtel sich erneut nicht nur als sehr tatkräftige Märchenheldin, sondern auch als eine sehr mutige. Sie ist alles andere als passiv. Sie ist eine wahre Heldin, eine Kriegerin, die sich für ihr Schicksal beherzt einsetzt und bereit ist, für ihr Lebensglück auch viele Risiken einzugehen und Prüfungen zu bestehen.

Am nächsten Morgen ging er damit zu dem Mann und sagte zu ihm: «Keine andere soll meine Gemahlin werden als die, an deren Fuß dieser goldene Schuh passt.» Da freuten sich die beiden Schwestern, denn sie hatten schöne Füße. Die älteste ging mit dem Schuh in die Kammer und wollte ihn anprobieren, und die Mutter stand dabei. Aber sie konnte mit der großen Zehe nicht hineinkommen, und der Schuh war ihr zu klein, da reichte ihr die Mutter ein Messer und sprach: «Hau die Zehe ab: Wenn du Königin bist, so brauchst du nicht mehr zu Fuß zu gehen.» Das Mädchen hieb die Zehe ab, zwängte den Fuß in den Schuh, verbiss den Schmerz und ging hinaus zum Königssohn. Da nahm er sie als seine Braut aufs Pferd und ritt mit ihr fort. Sie mussten aber an dem Grabe vorbei, da saßen die zwei Täubchen auf dem Haselbäumchen und riefen:

«Rucke di guck, rucke di guck,
Blut ist im Schuck. (= Schuh):
Der Schuck ist zu klein,
Die rechte Braut sitzt noch daheim.»

Da blickte er auf ihren Fuß und sah, wie das Blut herausquoll. Er wendete sein Pferd um, brachte die falsche Braut wieder nach Hause und sagte, das wäre nicht die rechte, die andere Schwester solle den Schuh anziehen. Da ging diese in die Kammer und kam mit den Zehen glücklich in den Schuh, aber die Ferse war zu groß. Da reichte ihr die Mutter ein Messer und sprach: «Hau ein Stück von der Ferse ab: Wenn du Königin bist, brauchst du nicht mehr zu Fuß gehen.» Das Mädchen hieb ein Stück von der Ferse ab, zwängte den Fuß in den Schuh, verbiss den Schmerz und ging heraus zum Königssohn. Da nahm er sie als seine Braut aufs Pferd und ritt mit ihr fort. Als sie an dem Haselbäumchen vorbeikamen, saßen die zwei Täubchen darauf und riefen:

«Rucke di guck, rucke di guck,
Blut ist im Schuck.
Der Schuck ist zu klein,
Die rechte Braut sitzt noch daheim.»

Er blickte nieder auf ihren Fuß und sah, wie das Blut aus dem Schuh quoll und an den weißen Strümpfen ganz rot heraufgestiegen war. Da wendete er sein Pferd und brachte die falsche Braut wieder nach Hause.

Zunächst aber liegt es am Prinzen, zu beweisen, dass auch er bereit ist, diesen Wandel mitzugehen. Er soll ja schließlich einmal König im Reich sein und das bedingt, wie wir wissen, nicht nur die Ausbildung unterschiedlichster Talente, sondern auch ein gehöriges Maß an Bewußtwerdungsarbeit.

Mit dem goldenen Schuh macht er sich auf den Weg zum Haus des Vaters, um diejenige zu seiner Königin zu machen, an deren Fuß er passt. Er will also jetzt die «Passende» finden und die kann nicht mehr beliebig sein.

Die beiden Stiefschwestern freuen sich, denn sie haben «schöne Füße». Sie können also mit ihren venusischen Anlagen glänzen – sich als Traumfrauen präsentieren, als Verkörperung männlicher Sehnsucht und Begierde – aber reicht das auch, um Königin zu sein?

Als die ältere Tochter nicht in den Schuh hineinkommt, reicht ihr die Mutter ein Messer, um den Zeh abzuschneiden. Die eigene Mutter also nimmt Verletzungen und Verstümmelungen ihres Kindes in Kauf, nur um sie standesgemäß unter die Haube zu bringen. Wie viele Mütter in Zeiten des Patriarchats forderten von ihren Töchtern, sich rigiden Zwängen zu unterwerfen, um nicht die soziale Stellung zu gefährden oder um die existenzielle Versorgung nicht aufs Spiel zu setzen? Und wie viele Mütter raten auch heute noch ihren Töchtern zu Anpassung und Einordnung, um nur ja keinen Unfrieden zu stiften. Aber diese Szene spiegelt uns noch viel mehr: Wie viele Frauen – egal welchen Alters – sind gerade heute, in Zeiten finanzieller Unabhängigkeit und scheinbarer Gleichberechtigung, in denen der Begriff des Feminismus allgegenwärtig erscheint, bereit, sich ins eigene Fleisch zu schneiden: Durch Schönheitsoperationen, Diätenwahn und andere schmerzhafte kosmetische Eingriffe? Es sind die heutigen Mütter, die nicht nur sich selbst, sondern auch ihre Töchter in einen kollektiven Wahn treiben, der auf krankhaften, suchtartigen Fixierungen an ein künstliches Schönheitsideal beruht.

Wenn uns also die Szene im Märchen, in der die Mutter der Tochter das Messer reicht, unnötig brutal und irreal erscheint, müssen wir nur einen Blick in die Medien werfen, um zu sehen, das dies immer noch grausame Realität ist und das, obwohl wir uns heute – weitgehend – von den finanziellen Abhängigkeiten zu den Männern befreit haben. Was also bringt Frauen dazu, sich für scheinbare Liebe und Anerkennung zu verstümmeln? Kommen wir aus diesem Jahrhunderte alten Rollenverhalten nicht heraus oder sind wir selbst es, die uns diese engen Käfige zimmern?

Im Märchen scheint diese Rechnung für den Moment jedenfalls aufzugehen. Der Prinz lässt sich täuschen. Er setzte seine vermeintliche Braut auf das Pferd und reitet mit ihr davon.

Ein neues erotisches Abenteuer scheint ihn also zu reizen. Das Reiten auf einem Pferde steht symbolisch für einen sexuellen Akt. Das aus dem Schuh austretende Blut, das bald darauf über den Strumpf nach oben steigt, zeigt aber, dass dieser nicht fruchtbar war.

«Rucke di gu, rucke di gu, Blut ist im Schuh»,

rufen die beiden Täubchen auf dem Haselbaum seiner Angebeteten und bringen damit wieder in Erinnerung, dass es wohl noch um etwas anderes ging, als nur um pure Lust.

Mit der zweiten Schönen geht es ihm nicht besser. Sie muss sich im Auftrag der Mutter die Ferse abhacken. Sie nimmt also billigend in Kauf, dass ihre Töchter durch diese Maßnahmen niemals im Stande sein werden, eigenständige Schritte in ein selbstbestimmtes Leben zu tun.

Das Hineinschlüpfen in einen Schuh steht ebenso, wie der Ritt auf dem Pferd für den rein sexuellen Akt. Körperliche Anziehung allein genügt jedoch nicht, um eine Beziehung tragfähig und fruchtbar zu machen.

Deshalb decken auch hier die beiden Täubchen den Betrug schnell auf. Ehrlich, so heißt es, währt am längsten. So ist es auch in Beziehungen. Künstliche Rollenspiele halten wir auf Dauer nicht durch. Das verführerische Spiel mit der Koketterie währt nicht ewig, irgendwann müssen wir uns zeigen, wie wir sind – erst dann beweist sich, ob wir zu Loyalität, Treue und wahrer Liebe fähig sind.

So findet auch die zweite Braut, schneller als gedacht, ihren Weg zurück ins Haus der Eltern. Sie kann die übernommenen Programme nicht hinter sich lassen, sie folgt den alten Strukturen.

Aber der Prinz weiß jetzt, was er will.

«Habt ihr keine andere Tochter?» – «Nein», sagte der Mann, «nur von meiner verstorbenen Frau ist noch ein kleines verbuttetes Aschenputtel da: Das kann unmöglich die Braut sein.» Der Königssohn sprach, er sollte es heraufschicken, die Mutter aber antwortete: «Ach nein, das ist viel zu schmutzig, das darf sich nicht sehen lassen.» Er wollte es aber durchaus haben, und Aschenputtel musste gerufen werden. Da wusch es sich erst Hände und Angesicht rein, ging dann hin und neigte sich vor dem Königssohn, der ihm den goldenen Schuh reichte. Dann setzte es sich auf einen Schemel, zog den Fuß aus dem schweren Holzschuh und steckte ihn in den Pantoffel, der war wie angegossen. Und als es sich in die Höhe richtete und der König ihm ins Gesicht sah, so erkannte er das schöne Mädchen, das mit ihm getanzt hatte, und rief: «Das ist die rechte Braut.» Die Stiefmutter und die beiden Schwestern erschraken und wurden bleich vor Ärger: er aber nahm Aschenputtel aufs Pferd und ritt mit ihm fort. Als sie an dem Haselbäumchen vorbeikamen, riefen die zwei weißen Täubchen:

«Rucke die guck, rucke di guck,
kein Blut im Schuck.
Der Schuck ist nicht zu klein,
Die rechte Braut, die führt er heim.»

Und als sie das gerufen hatten, kamen sie beide herabgeflogen und setzten sich dem Aschenputtel auf die Schultern, eine rechts, die andere links, und blieben da sitzen.

In dieser Szene offenbart sich noch einmal die ganze Rigidität dieser familiären Struktur. Nicht einmal, als er danach gefragt wird, erinnert der Vater sich an seine Tochter. *«Ein verbuttetes Aschenputtel»* gäbe es noch im Haus, meinte er, aber das, so die Mutter, darf nicht gezeigt werden, weil es schmutzig ist.

Dieses Mädchen erfüllt nicht die Anforderungen, entspricht nicht den Werten, die man im Elternhaus als erstrebenswert ansieht. Es hat sich nicht im Sinne des Familienprogrammes entwickelt – wie hätte es auch können? Man hat es all ihrer weiblichen Rechte beraubt. Aber genau das hat am Ende, wie sich jetzt zeigt, dazu geführt, dass aus dem einstigen Aschenputtel eine liebenswerte und beziehungsfähige Frau geworden ist. Deshalb besteht auch der Prinz nun darauf, dass sie zu ihm geführt wird.

Und so muss nach Aschenputtel gerufen werden, das sich Hände und Gesicht wäscht – es spült den Staub der Vergangenheit ab und ist bereit, sich zu zeigen. Ohne sich zu verbiegen, ohne Kosmetik, ohne Schein und ohne Maske zeigt es nun sein wahres Gesicht. Dann setzt es sich auf den Schemel und schlüpft in den goldenen Schuh, der natürlich wie angegossen passt.

Als es nun aufblickt, erkennt auch er in ihm seine Tänzerin. Nach einem langen, einsamen Weg der Erkenntnis und der Selbstfindung zieht sich unsere Märchenheldin endlich den Schuh an, der ihr passt, und der Prinz erkennt die Richtige, sobald er ihr wahrhaft ins Angesicht sieht.

Deshalb ist ihr Ritt zurück zum Königsschloss nun auch von Erfolg gekrönt. Die beiden Täubchen, die erwachten Gedanken, die Erkenntnisse, die auf dem Weg gewonnen wurden, fliegen auf und setzten sich auf Aschenputtels Schultern, links und rechts – sie bleiben in Verbindung mit seinen Gefühlen und seinem Intellekt und begleiten das junge Paar in seine Zukunft.

Als die Hochzeit mit dem Königssohn sollte gehalten werden, kamen die falschen Schwestern, wollten sich einschmeicheln und teil an seinem Glück nehmen. Als die Brautleute nun zur Kirche gingen, war die älteste zur rechten, die jüngste zur linken Seite: Da pickten die Tauben einer jeden das eine Auge aus. Hernach, als sie herausgingen, war die älteste zur linken und die jüngste zur rechten: Da pickten die Tauben einer jeden das andere Auge aus. Und waren sie also für ihre Bosheit und Falschheit mit Blindheit auf ihr Lebtag bestraft.

Die Hochzeit kann endlich vollzogen werden – die Verbindung zwischen dem männlichen und dem weiblichen Prinzip findet auf erwachsener Ebene statt. An diesem Glück möchten auch die beiden falschen Schwestern teilhaben – es fällt ihnen leicht, sich einzuschmeicheln, sie haben ja nie etwas anderes gelernt als sich an die herrschenden Gegebenheiten anzupassen. Aber beim Einzug in die Kirche hacken die Täubchen auf den Schultern der Braut einer jeden ein Auge aus und beim Heraustreten das andere. Ihre Bosheit und ihre Falschheit bedeuten aber nichts anderes, als dass sie nicht bereit sind, ihre Verhaltensweisen zu ändern, ihre Positionen im System zu überdenken – das wird sie zu weiteren Konkurrenzkämpfen, zum immerwährenden Verzicht auf ihre persönlichen Lebensrechte und ihre individuelle Freiheiten zwingen. Sie werden sich blind und taub stellen müssen, gegen jeden Wunsch und jede Regung nach Gleichberechtigung und Selbstverwirklichung, nach Loyalität und Verbundenheit – und das ist am Ende die Strafe, die sie ihr Leben lang tragen.

Hans im Glück
- Des Lebens Reise

Hans hatte sieben Jahre bei seinem Herrn gedient, da sprach er zu ihm: «Herr, meine Zeit ist herum, nun wollte ich gerne wieder heim zu meiner Mutter, gebt mir meinen Lohn.» Der Herr antwortete: «Du hast mir treu und ehrlich gedient, wie der Dienst war, so soll der Lohn sein», und gab ihm ein Stück Gold, das so groß als Hansens Kopf war. Hans zog ein Tüchlein aus der Tasche, wickelte den Klumpen hinein, setzte ihn auf die Schulter und machte sich auf den Weg nach Haus. Wie er so dahinging und immer ein Bein vor das andere setzte, kam ihm ein Reiter in die Augen, der frisch und fröhlich auf einem muntern Pferd vorbeitrabte. «Ach», sprach Hans ganz laut, «was ist das Reiten ein schönes Ding! Da sitzt einer wie auf einem Stuhl, stößt sich an keinen Stein, spart die Schuh, und kommt fort, er weiß nicht wie.» Der Reiter, der das gehört hatte, hielt an und rief: «Ei, Hans, warum läufst du auch zu Fuß?» «Ich muss ja wohl», antwortete er, «da habe ich einen Klumpen heim zu tragen: Es ist zwar Gold, aber ich kann den Kopf dabei nicht gerad halten, auch drückt mir's auf die Schulter.» «Weißt du was», sagte der Reiter, «wir wollen tauschen: Ich gebe dir mein Pferd, und du gibst mir deinen Klumpen.» «Von Herzen gern», sprach Hans, «aber ich sage Euch, Ihr müsst

Euch damit schleppen.» Der Reiter stieg ab, nahm das Gold und half dem Hans hinauf, gab ihm die Zügel fest in die Hände und sprach «wenns nun recht geschwind soll gehen, so musst du mit der Zunge schnalzen und hopp hopp rufen.»

Hans war seelenfroh, als er auf dem Pferde saß und so frank und frei dahinritt. Über ein Weilchen fiels ihm ein, es sollte noch schneller gehen und fing an mit der Zunge zu schnalzen und hopp hopp zu rufen. Das Pferd setzte sich in starken Trab, und ehe sichs Hans versah' war er abgeworfen und lag in einem Graben, der die Äcker von der Landstraße trennte. Das Pferd wäre auch durchgegangen, wenn es nicht ein Bauer auf gehalten hätte, der des Weges kam und eine Kuh vor sich hertrieb. Hans suchte seine Glieder zusammen und machte sich wieder auf die Beine. Er war aber verdrießlich und sprach zu dem Bauer: «Es ist ein schlechter Spaß, das Reiten, zumal, wenn man auf so eine Mähre gerät, wie diese, die stößt und einen herab wirft, dass man den Hals brechen kann; ich setze mich nun und nimmermehr wieder auf. Da lob ich mir Eure Kuh, da kann einer mit Gemächlichkeit hinterhergehen, und hat obendrein seine Milch, Butter und Käse jeden Tag gewiss. Was gäb ich darum, wenn ich so eine Kuh hätte!» «Nun», sprach der Bauer, «geschieht Euch so ein großer Gefallen, so will ich Euch wohl die Kuh für das Pferd vertauschen.» Hans willigte mit tausend

Freuden ein: der Bauer schwang sich aufs Pferd und ritt eilig davon.

Hans trieb seine Kuh ruhig vor sich her und bedachte den glücklichen Handel. «Hab ich nur ein Stück Brot, und daran wird mirs noch nicht fehlen, so kann ich, sooft mirs beliebe, Butter und Käse dazu essen; hab ich Durst, so melk ich meine Kuh und trinke Milch. Herz, was verlangst du mehr?» Als er zu einem Wirtshaus kam, machte er halt, aß in der großen Freude alles, was er bei sich hatte, sein Mittags- und Abendbrot, rein auf, und ließ sich für seine letzten paar Heller ein halbes Glas Bier einschenken. Dann trieb er seine Kuh weiter, immer nach dem Dorfe seiner Mutter zu. Die Hitze ward drückender, je näher der Mittag kam, und Hans befand sich in einer Heide, die wohl noch eine Stunde dauerte. Da ward es ihm ganz heiß, so dass ihm vor Durst die Zunge am Gaumen klebte. «Dem Ding ist zu helfen'», dachte Hans, «jetzt will ich meine Kuh melken und mich an der Milch laben.» Er band sie an einen dürren Baum, und da er keinen Eimer hatte, so stellte er seine Ledermütze unter, aber wie er sich auch bemühte, es kam kein Tropfen Milch zum Vorschein. Und weil er sich ungeschickt dabei anstellte, so gab ihm das ungeduldige Tier endlich mit einem der Hinterfüße einen solchen Schlag vor den Kopf, daß er zu Boden taumelte und eine Zeitlang sich gar nicht besinnen konnte, wo er war. Glücklicherweise kam gerade ein Metzger des Weges, der auf einem

Schuhkarren ein junges Schwein liegen hatte. «Was sind das für Streiche!», rief er und half dem guten Hans auf. Hans erzählte, was vorgefallen war. Der Metzger reichte ihm seine Flasche und sprach: «Da trinkt einmal und erholt Euch. Die Kuh will wohl keine Milch geben, das ist ein altes Tier, das höchstens noch zum Ziehen taugt oder zum Schlachten.» «Ei, ei», sprach Hans und strich sich die Haare über den Kopf, «wer hätte das gedacht! Es ist freilich gut, wenn man so ein Tier ins Haus abschlachten kann, was gibts für Fleisch! Aber ich mache mir aus dem Kuhfleisch nicht viel, es ist mir nicht saftig genug. Ja, wer so ein junges Schwein hätte! Das schmeckt anders, dabei noch die Würste.» «Hört, Hans», sprach da der Metzger, «Euch zuliebe will ich tauschen und will Euch das Schwein für die Kuh lassen.» «Gott Lohn Euch Eure Freundschaft», sprach Hans, übergab ihm die Kuh, ließ sich das Schweinchen vom Karren losmachen und den Strick, woran es gebunden war, in die Hand geben.

Hans zog weiter und überdachte, wie ihm doch alles nach Wunsch ginge, begegnete ihm ja eine Verdrießlichkeit, so würde sie doch gleich wieder gutgemacht. Es gesellte sich danach ein Bursch zu ihm, der trug eine schöne weiße Gans unter dem Arm. Sie boten einander die Zeit, und Hans fing an, von seinem Glück zu erzählen, und wie er immer so vorteilhaft getauscht hätte. Der Bursch erzählte ihm, dass er die Gans zu einem Kindtaufschmaus brächte. «Hebt einmal», fuhr er fort und packte sie bei den Flügeln, «wie schwer sie ist, die ist aber auch acht Wochen lang genudelt worden. Wer in den Braten beißt, muss sich das Fett von beiden Seiten abwischen.» «Ja», sprach Hans, und wog sie mit der einen Hand, «die hat ihr Gewicht, aber mein Schwein ist auch keine Sau.» Indessen sah sich der Bursch nach allen Seiten ganz bedenklich um, schüttelte auch wohl mit dem Kopf. «Hört», fing er darauf an, «mit Eurem Schweine mags nicht ganz richtig sein. In dem Dorfe, durch das ich gekommen bin, ist eben dem Schulzen eins aus dem Stall gestohlen worden. Ich fürchte, ich fürchte, Ihr habt's da in der Hand. Sie haben Leute ausgeschickt, und es wäre ein schlimmer Handel, wenn sie Euch mit dem Schwein erwischten: Das Geringste ist, dass Ihr ins finstere Loch gesteckt werdet.» Dem guten Hans ward bang, «ach Gott», sprach er, «helft mir aus der Not, Ihr wisst hier herum bessern Bescheid, nehmt mein Schwein da und lasst mir Eure Gans.» «Ich muss schon etwas aufs Spiel setzen», antwortete der Bursche, «aber ich will doch nicht schuld sein, dass Ihr ins Unglück geratet.» Er nahm also das Seil in die Hand und trieb das Schwein schnell auf einen Seitenweg fort: Der gute Hans aber ging, seiner Sorgen entledigt, mit der Gans unter dem Arme der Heimat zu. «Wenn ich's recht überlege», sprach er mit sich selbst, «habe ich noch Vorteil bei dem Tausch: Erstlich den guten Braten, hernach die Menge von Fett, die heraustraufeln wird, das gibt Gänsefettbrot auf ein Vierteljahr, und endlich die schö-

nen weißen Federn, die lass ich mir in mein Kopfkissen stopfen, und darauf will ich wohl ungewiegt einschlafen. Was wird meine Mutter eine Freude haben!»

Als er durch das letzte Dorf gekommen war, stand da ein Scherenschleifer mit seinem Karren, sein Rad schnurrte, und er sang dazu.

«Ich schleife die Schere und drehe geschwind,
Und hänge mein Mäntelchen nach dem Wind.»

Hans blieb stehen und sah ihm zu; endlich redete er ihn an und sprach: «Euch gehts wohl, weil Ihr so lustig bei Eurem Schleifen seid.» «Ja», antwortete der Scherenschleifer, «das Handwerk hat einen güldenen Boden. Ein rechter Schleifer ist ein Mann, der, sooft er in die Tasche greift, auch Geld darin findet. Aber wo habt Ihr die schöne Gans gekauft?» «Die hab ich nicht gekauft, sondern für mein Schwein eingetauscht.» «Und das Schwein?» «Das hab ich für eine Kuh gekriegt.» «Und die Kuh?» «Die hab ich für ein Pferd bekommen.» «Und das Pferd?» «Dafür hab ich einen Klumpen Gold, so groß als mein Kopf, gegeben.» «Und das Gold?» «Ei, das war mein Lohn für sieben Jahre Dienst.» «Ihr habt Euch jederzeit zu helfen gewusst», sprach der Schleifer, «könnt Ihrs nun dahin bringen, dass Ihr das Geld in der Tasche springen hört, wenn Ihr aufsteht, so habt Ihr Euer Glück gemacht.» «Wie soll ich das anfangen?», sprach Hans. «Ihr müsst ein Schleifer werden, wie ich; dazu gehört eigentlich nichts als ein Wetzstein, das andere findet sich schon von selbst. Da hab ich einen, der ist zwar ein wenig schadhaft, dafür sollt Ihr mir aber auch weiter nichts als Eure Gans geben; wollt Ihr das?» «Wie könnt Ihr noch fragen», antwortete Hans, «ich werde ja zum glücklichsten Menschen auf Erden; habe ich Geld, sooft ich in die Tasche greife, was brauche ich da länger zu sorgen?» Reichte ihm die Gans hin, und nahm den Wetzstein in Empfang. «Nun», sprach der Schleifer und hob einen gewöhnlichen schweren Feldstein, der neben ihm lag, auf, «da habt Ihr noch einen tüchtigen Stein dazu, auf dem sich's gut schlagen lässt und Ihr Eure alten Nägel gerade klopfen könnt. Nehmt ihn und hebt ihn ordentlich auf.»

Hans lud den Stein auf und ging mit vergnügtem Herzen weiter; seine Augen leuchteten vor Freude, «ich muss in einer Glückshaut geboren sein», rief er aus «alles, was ich wünsche, trifft mir ein, wie einem Sonntagskind.» Indessen, weil er seit Tagesanbruch auf den Beinen gewesen war, begann er müde zu werden; auch plagte ihn der Hunger, da er allen Vorrat auf einmal in der Freude über die erhandelte Kuh aufgezehrt hatte. Er konnte endlich nur mit Mühe weitergehen und musste jeden Augenblick halt machen; dabei drückten ihn die Steine ganz erbärmlich. Da konnte er sich des Gedankens nicht erwehren, wie gut es wäre, wenn er sie gerade jetzt nicht zu tragen brauchte. Wie eine Schnecke kam er zu einem Feldbrunnen geschlichen, wollte da ruhen und sich mit einem frischen Trunk laben: Damit er aber die Steine im Niedersitzen nicht beschädigte, legte er sie bedächtig neben sich auf den Rand des Brunnens. Darauf setzte er sich nieder und wollte sich zum Trinken bücken, da versah er es, stieß ein klein wenig an, und beide Steine plumpsten hinab. Hans, als er sie mit seinen Augen in die Tiefe hatte versinken sehen, sprang vor Freuden auf, kniete dann nieder und dankte Gott mit Tränen in den Augen, dass er ihm auch diese Gnade noch erwiesen und ihn auf eine so gute Art, und ohne, dass er sich einen Vorwurf zu machen brauchte, von den schweren Steinen befreit hätte, die ihm allein noch hinderlich gewesen wären. «So glücklich wie ich», rief er aus, «gibt es keinen Menschen unter der Sonne.» Mit leichtem Herzen und frei von aller Last sprang er nun fort, bis er daheim bei seiner Mutter war.

Des Lebens Reise

oder: Die Kunst des Loslassens

«Hans im Glück» ist nicht nur eines der ältesten Märchen der Grimm'schen Sammlung, es ist wohl auch jenes, das die scheinbar größten Widersprüche in sich vereint. Einerseits erinnert es mit seinen zahlreichen Tierszenen an alte Schamanenmärchen fremder Kulturen. Andererseits ruft der Protagonist selbst – im Gegensatz zu sonstigen Märchenhelden, mit denen wir uns i.d.R. sehr leicht identifizieren können – in unserer materiell geprägten Welt eine gewisse Abwehr und Geringschätzung hervor. Wir lieben Helden, wenn sie stark sind, klug und gewitzt. All diese Eigenschaften scheint unser Hans nicht im Übermaß zu besitzen. Begegnet uns Hans nicht hier als blauäugig-naiver Luftikus, der, obwohl er sieben lange Jahre bei einem Herrn gedient hat, in dieser Zeit wenig über das Wirken unserer Gesellschaft und vor allem ihre Werte gelernt hat? Er ist – zumindest auf den ersten Blick – so gar nicht der clevere Held, der smart und mit Weitblick seine Probleme löst und die Anderen, in die Fallen tappen lässt, die er ihnen stellt. Vor allem die Geldgierigen, die immer auf Gewinn und persönlichen Vorteil bedacht sind. Nein, es fehlt ihm jegliche Form von Coolness und Überlegenheit.

Immer wieder lässt er sich zu einem offenbar für ihn nachteiligen Handel überreden und sich Tauschobjekte aufschwatzen, deren Wert weit geringer ist, als der des Besitzes, den er, ohne nachzudenken, dafür gibt. Er ist ein Sinnbild des ewigen Narren, der seine Dinge nicht zusammenhalten kann, der sich von jedem, der ihm über den Weg läuft, über den Tisch ziehen lässt. Einer, der nie erwachsen wird und den Wert der Dinge nicht erkennt. Nach unserem herkömmlichen Verständnis also, nichts weiter als ein Looser.

Aber lehrt uns die Geschichte von Hans nicht auch, dass sich der Wert, den wir den Dingen geben, auch ändern kann und alles im Leben zwei Seiten hat?

Damit fordert uns dieses Märchen auf, ein wenig hinter die Fassade zu blicken.

Im Tarot finden sich zwei Karten, die den Archetypus des Märchens widerspiegeln:

1. Der Narr

Dargestellt ist ein Bursche, ein «Hans-guck-in-die-Luft», der durch die Landschaft wandert, frei und unbeeindruckt von den kleineren und größeren Sorgen des Lebens. In der Hand hält er eine Blume, auf seinem Hut schwingt eine fröhliche Feder. Das Bündel, das er an einer Stange über dem Rücken baumeln lässt, scheint ihn nicht zu belasten. Zu seinen Füssen springt ein fröhliches Hündchen als Begleiter und von einem wolkenlosen Himmel herab leuchtet eine strahlende Sonne.

Auf den ersten Blick eine verlockende Art der Idylle. Freiheit im Sein und unbeschwert von sorgenvollen Gedanken, düsteren Zukunftsprognosen und negativen Erwartungshaltungen. Er scheint keine täglichen Nachrichtenmeldungen zu hören, die ihn beunruhigen würden, keine Zeitungen zu lesen und keinerlei Ängste zu kennen, die ihn um das, was er liebt, fürchten lassen. Fordert uns dieses Bild also nicht geradezu dazu auf, die Dinge, genauso wie der Narr, auf die leichte Schulter zu nehmen, positiv zu denken und die Welt nur noch durch eine rosarote Brille zu sehen?

Ein zweiter Blick verrät jedoch, dass diese sorglose Haltung nicht ohne Gefahren ist. Schnurstracks marschiert unser Held nämlich auf einen steilen Abgrund zu. Das Hündchen erscheint uns damit nicht mehr fröhlich und verspielt, vielmehr versucht es, den jungen Mann bellend und kläffend auf die drohende Gefahr aufmerksam zu machen.

Auf symbolischer Ebene spiegeln Tiere immer unsere unbewussten Triebe und Instinkte. Damit steht auch das Hündchen auf dieser Karte sowohl für eine spielerische Ebene, für Inspirationen, die es offen wahrzunehmen gilt, als auch für einen Hinweis darauf, auf unsere inneren Impulse zu achten, auf unsere Instinkte, die uns vor drohenden Herausforderungen warnen können. Es geht darum, keine unnötigen Belastungen, Sorgen und Ängste mit sich zu tragen, aber dennoch nicht alle Bedrohungen auszublenden. Wir können uns die Welt, in der wir leben, nicht einfach nur «positiv» denken. Blauäugigkeit und Naivität führen oft nicht weiter, als nur von einer Krise zur nächsten, weil wir aus einmal gemachten Erfahrungen nicht lernen.

Die Karte «Der Narr» fordert uns also dazu auf, mit Leichtigkeit durchs Leben zu gehen, ohne die Gefahren, die uns drohen, aus den Augen zu verlieren. Sie weißt uns darauf hin, wie wichtig es ist, die richtige Balance zwischen Leichtsinn und Offenheit zu finden, zwischen Neugierde auf das Neue und der unbegründeten Angst vor dem Unbekannten. Das Vertrauen auf unsere warnenden Instinkte, die uns im richtigen Augenblick handeln lassen, lässt uns unseren Lebensweg mit Leichtigkeit gehen, ohne unnötige Sorgen.

2. Der Gehängte

Auf der Karte ist eine Person abgebildet, die kopfüber an einem Galgen hängt, weshalb sie oft als ein Zeichen für eine Krise gedeutet wird, auf einen Zustand des Stillstandes, des Ausgeliefertseins und der Unbeweglichkeit. Sie gilt als klassischer Hinweis auf ein Opfer, das von uns gefordert wird. Das mag sich auch mit den Erfahrungen eines Hans im Glück decken, der auf seiner Heldenreise immer wieder in Situationen gerät, in der er mit seinem neu erworbenen Besitz nicht umgehen kann und ihn deshalb verliert.

Bei näherer Betrachtung der Tarotkarte sehen wir aber, dass der Galgen von immergrünem Efeu umrandet ist, der auf neues Leben hinweist, auf neue Impulse und Chancen – auch, wenn wir sie noch nicht erkennen oder zu nutzen im Stande sind.

Der Gehängte *hängt*, er ist kein Gehenkter! Er wirkt durch seinen offenen Blick, sein blondes Haar und den an einen Heiligenschein erinnernden Strahlenkranz, der sein Haupt umgibt, sehr lebendig. Eher erleuchtet, als geopfert. Er wirkt, als würde er wach und bewusst auf die Geschehnisse blicken. Seine Kleidung ist blau und rot, was für einen Ausgleich von weiblichen und männlichen Energien steht, weil hier die Elemente Wasser und Feuer angedeutet sind. Er ist also in der Lage, scheinbare Gegensätze zu vereinen. Seine Beine sind gekreuzt, wie zu einer Vier, der Zahl der Materie. Auf älteren Darstellungen dieser Karte sieht man, dass einige goldglänzende Münzen aus seinen Taschen herausfallen.

Diese Haltung erinnert an den Mythos des nordischen Gottes Odin, der einst neun Tage kopfüber an der Weltenesche Yggdrasil hing, ehe sich ihm die Runen offenbarten. Im Sinne spiritueller Lehren kann man diesen Zustand mit einer Art Erleuchtung erklären. Auf psychologischer Ebene mag uns diese Karte also dazu anhalten, unsere Sichtweisen und auch unsere materiellen Anhaftungen zu überprüfen. Es geht darum, Unnötiges und Überholtes loszulassen und zu lernen, die Situation aus einer anderen Perspektive wahrzunehmen. Oft sind unsere Denkmuster, unsere Erziehungsprogramme, unsere gesellschaftlichen Dogmen so eng, dass sie nicht mehr passend erscheinen für neue Chancen auf unserem Lebensweg. Und oft stellt sich eine Einschränkung, die das Leben von uns fordert, am Ende als notwendige Initialzündung für eine wichtige Richtungsänderung in Bezug auf unsere Gewohnheiten heraus.

Innezuhalten, zu reflektieren, einige Momente lang stillzuhalten, um neuen Sichtweisen Raum zu geben und zu erkennen, welche unserer angesammelten Werte – ob materielle oder immaterielle – uns für die Zukunft noch dienlich sind und welche uns für weitere Entwicklungen behindern, ist die Aufgabe, auf die uns diese Karte verweist.

Hans im Glück ist also ein Narr, der oftmals den Wert der Dinge nicht erkennt, aber ebenso ist er auch ein Weiser, der es versteht, seinen Blickwinkel zu ändern und nicht unnötig an liebgewonnenen Gewohnheiten und bequem gewordenen Besitztümern hängt.

Seine Heldenreise wird bei näherer Betrachtung zu dem Weg durchs Leben, den wir alle gehen und – genau wie Hans – sind wir an jeder Weggabelung aufgefordert zu überprüfen, ob die Last, die wir mit uns tragen, nicht schon längst zu groß für uns geworden ist.

Hans hatte sieben Jahre bei seinem Herrn gedient, da sprach er zu ihm: «Herr, meine Zeit ist herum, nun wollte ich wieder heim zu meiner Mutter, gebt mir meinen Lohn!»

Sieben lange Jahre war Hans in einem Zustand des Dienens oder Lernens. Das, was er hinter sich gebracht hat, mag also eine Erfahrung gewesen sein, aus der er etwas mit genommen hat, eine Lehre, ein Wissen oder eine Prägung.

Früher war ein Zeitraum von sieben Jahren immer gleichgesetzt mit einem physischen und psychischen Reifeprozess im Leben eines Menschen. Mit sieben Jahren begann die Schulzeit, mit zweimal sieben Jahren die Zeit der Lehre und der Eintritt ins Erwachsenenalter erfolgte mit dreimal sieben Jahren, also mit 21. Grundlage hierfür waren empirische Studien zu den Entwicklungsstadien des Körpers, wie Wachstum von Knochen und Zähnen und anderen physischen und psychischen Wandlungsprozessen.

Die Sieben begegnet uns als Symbol für abgeschlossene oder in sich geschlossene Einheiten auf verschiedenen Ebenen: Die Woche ist eingeteilt in sieben Tage. Sieben betrug die ursprüngliche Zahl der Planeten der klassischen Astrologie: Sonne, Mond, Merkur, Venus, Mars, Jupiter und Saturn (ehe Uranus, Neptun und Pluto hinzukamen). Jeder dieser Planeten (bzw. Lichter) symbolisiert eine psychische Anlage im menschlichen

Sein. In religiösen Lehren galt die Sieben als heilige Zahl und in der christlichen Kultur findet sie in vielen biblischen Überlieferungen ihre Entsprechungen: Gott erschuf die Welt in sieben Tagen. Sieben Todsünden kennt die katholische Kirche, die von der Gemeinschaft mit Gott trennen, sie kennzeichnen den Weg in die Verderbnis. Sieben fette Jahre folgen einer Reihe von sieben mageren. Sieben Jahre diente Jakob, bis seine erste Tochter Labans geboren wurde und noch einmal sieben bis zur Geburt seiner zweiten Tochter Rachel. Und nicht zuletzt gilt die Menora[4] als Zeichen der Erleuchtung. Gott selbst gab Moses die Anleitung dazu, wie sie auszusehen hat, und sie wurde zum wichtigsten religiösen Symbol des Judentums.

Die Sieben gilt als Zahl der Vollkommenheit. Etwas ist abgeschlossen und gereift. Sie symbolisiert also immer einen Entwicklungsprozess, eine Reife, die erlangt wurde, die zu einem Abschluss führte.

Auch Hans hat nach sieben Jahren Dienst etwas abgeschlossen, das nun nach einer Belohnung verlangt. Und sein Herr vergütet ihm dies auch mit nicht weniger, als einem Klumpen Gold.

Der Herr antwortete: «Du hast mir treu und ehrlich gedient, wie der Dienst war, so soll der Lohn sein», und

---

[4] Menora bezeichnet einen siebenarmigen Leuchter.

gab ihm ein Stück Gold, das so groß als Hansens Kopf war. Hans zog ein Tüchlein aus der Tasche, wickelte den Klumpen hinein, setzte ihn auf die Schulter und machte sich auf den Weg nach Haus.

Gold steht in Märchen und Mythen immer als Symbol für den höchsten Wert, den es zu erlangen gilt – auf materieller Ebene genauso, wie auch auf immaterieller. Oder wie es in der Märchenanalyse heißt: auf der Objektebene ebenso wie auf der Subjektebene. Erhält jemand Gold für seine Dienste, so erhält er damit den höchsten Lohn. Er hat also seine Sache gut gemacht, der Hans. Sein Dienst war für seinen Herrn, genauso wie für ihn, von großem Wert. Deshalb bekommt er jetzt einen Klumpen, der so groß ist, wie sein Kopf.

Gold ist das Material der Könige. Hans wird im wahrsten Sinne des Wortes königlich entlohnt. Er hat bewiesen, dass er eine Herrschaft über etwas oder über sich selbst erlangt hat.

Kein Wunder also, dass im psychologischen Sinne Gold eben auch für das höchste geistige Bewusstsein steht. In der Astrologie ist es der Sonne zugeordnet, die unter anderem Symbol ist, für unsere Lebens- und Tatkraft, für Motivation und Kreativität und nicht zuletzt für unsere Fähigkeit, unser Leben eigenständig zu organisieren und zu managen.

Hans hat also nicht nur treu und fleißig gedient, er hat auch viel gelernt, das er jetzt auf seinem eigenen Lebensweg umsetzen kann und auch muss.

Ein Klumpen, exakt so groß wie sein Kopf, zeigt, dass es hier auch um mentale Inhalte geht, die Hans jetzt mit sich trägt auf seinem Weg hinaus in die Welt.

Seine Zeit der Lehre und des Dienens kann gleichgesetzt werden, mit der Phase der Kindheit. Auch im familiären Umfeld lernen wir – im besten Falle behütet und umsorgt von liebenden Eltern – alles das, was wir fürs Leben brauchen.

Das Gold, das wir am Ende dafür erhalten, mag also für alle Werte, Muster und Prägungen stehen, die wir von unseren Familien mitnehmen. Dabei kann es sich um bewusste Erziehungsmuster genauso handeln, wie um unbewusste Haltungen, die ungefragt und unausgesprochen in uns weiterwirken.

Erst wenn wir die Geborgenheit und Sicherheit unserer familiären Schutzzonen hinter uns lassen, um uns in andere soziale Systeme hineinzubewegen – in Kindergärten, Schulen, Ausbildungen und Beziehungen, zeigt sich, wie viel Wert das Gold, das wir erhalten haben, wirklich besitzt. Haben wir gelernt, in anderen Bereichen zu funktionieren? Wie verhalten wir uns im sozialen Kontext, der nicht von bekannten Verhaltensweisen geprägt ist? Sind wir fähig zu Anpassung, Kommunikation und Kompromiss?

Können wir andere so wahrnehmen, wie sie sind oder nur so, wie sie unserer Erwartungshaltung entsprechen? Wie sieht es aus mit unserer Sozialkompetenz? Funktioniert sie im Außen, oder ist sie vielleicht gar nicht vorhanden?

Für Hans geht es jetzt hinaus ins Leben oder wie er sagt: «Heim zur Mutter» und er drückt damit aus, wohin uns unser aller Lebensweg führt: Nämlich, egal wie lange, am Ende zum Tod.

In vorchristlichen Zeiten war der Tod eine ewige Heimat, über der immer eine schützend-mütterliche, Hand ruhte. Es war das urweibliche Prinzip, welches das Leben hütete, welches aber auch die Seelen der Verstorbenen wieder zurück in eine ewige Obhut nahm.

Hans mag zwar noch einen langen Weg vor sich haben, das Ziel steht jedoch fest – jenes nämlich, das für uns alle das Ende unserer Lebensreise markiert. In unserem Sprachgebrauch ist diese Vorstellung teilweise heute noch vorhanden, wenn wir von einem Verstorbenen sagen, er ist «heimgegangen». Damit drücken wir unsere Hoffnung auf einen jenseitigen Ort aus, zu dem wir heimkommen können, um dort unseren ewigen Frieden zu finden.

Das Märchen vom «Hans im Glück» wird dadurch zu einer Beschreibung unserer eigenen Lebensreise.

Wie er so dahinging und immer ein Bein vor das andere setzte, kam ihm ein Reiter in die Augen, der frisch und fröhlich auf einem muntern Pferd vorbei trabte. ‚Ach,' sprach Hans ganz laut, «was ist das Reiten ein schönes Ding! Da sitzt einer wie auf einem Stuhl, stößt sich an keinen Stein, spart die Schuh, und kommt fort, er weiß nicht wie.» Der Reiter, der das gehört hatte, hielt an und rief: «Ei, Hans, warum läufst du auch zu Fuß?» «Ich muss ja wohl», antwortete er, «da habe ich einen Klumpen heim zu tragen: Es ist zwar Gold, aber ich kann den Kopf dabei nicht gerad halten, auch drückt mirs auf die Schulter.» «Weißt du was», sagte der Reiter, «wir wollen tauschen: Ich gebe dir mein Pferd, und du gibst mir deinen Klumpen.» «Von Herzen gern», sprach Hans, «aber ich sage Euch, Ihr müsst Euch damit schleppen.»

Hans nimmt also ordentlich etwas mit aus seiner Kindheit. Kein Wunder, dass der Klumpen – so wertvoll er auch sein mag – ihm erst einmal ordentlich auf den Nacken drückt, so sehr nämlich, dass er den Kopf nicht mehr gerade halten kann. Es geht nun nicht mehr so rein nur nach seinen Vorstellungen. Die Prägungen und Muster, die wir aus unserer Kindheit übernehmen – jenem Kosmos, der uns in sich abgeschlossen, komplett und allgemein gültig erscheint – werden in neuen Systemen oftmals auf den Kopf gestellt. Wir werden konfrontiert mit anderen Regeln, anderen Denkmustern, mit anderen Verhaltensweisen und mit anderen Erwartungen, die wir oftmals gar nicht einordnen können. Aber auch mit unseren charaktertypischen, vielleicht infantilen, egoistischen oder emotionalen Zügen, mit denen Mama und Papa vielleicht noch sehr wohlwollend umgegangen sind, stoßen wir jetzt an die Grenze, die andere uns setzen.

Das, was uns die Eltern mitgeben, mag liebevoll und gut gemeint sein, im besten Falle also wertvoll wie Gold, aber erst auf unserem eigenen Lebensweg lernen wir – oftmals auf schmerzhafte Weise – was davon wirklich sinnvoll ist, und welche Haltungen wir am besten hinter uns lassen, damit neue Beziehungen nicht belastet sind und uns auch wirklich gelingen.

So wird auch Hans das Gold bald recht schwer und als ihm ein Reiter in die Augen kommt, der frisch und frei daherreitet, sind neue Begierden schnell geweckt.

«Der Teufel gibt uns Ziele ein und lässt sie uns erreichen», sagte der Religionsphilosoph Martin Buber einst. Und genauso geht es unserem Hans, der nun an sein Fortkommen im Leben denkt.

«Was ist das Reiten doch für ein schönes Ding», sagt er sich und möchte es haben, dieses stolze Pferd. Da er dazu ja nur das geben muss, was ihn ohnehin schon drückt, scheint ihm der Tausch so nachteilig nicht zu sein.

Er will nun also etwas hinter sich lassen. Jedoch in jugendlichem Übermut, so scheint es, will er sich jetzt gleich aufs hohe Ross setzen. Es geht also auch ein wenig ums Image, das es zu pflegen gilt.

Aber hat er denn überhaupt gelernt, mit diesen PS umzugehen?

Der Reiter stieg ab, nahm das Gold und half dem Hans hinauf, gab ihm die Zügel fest in die Hände und sprach: «Wenns nun recht geschwind soll gehen, so musst du mit der Zunge schnalzen und hopp, hopp rufen.»

Hans war seelenfroh, als er auf dem Pferde saß und so frank und frei dahin ritt. Über ein Weilchen fiels ihm ein, es sollte noch schneller gehen und fing an mit der Zunge zu schnalzen und hopp hopp zu rufen. Das Pferd setzte sich in starken Trab, und ehe sichs Hans versah' war er abgeworfen und lag in einem Graben, der die Äcker von der Landstraße trennte.

Selbstüberschätzung beim Kräftemessen ist in der Pubertät ein wichtiges Thema. Wie sollen wir lernen, wo die Grenzen unseres Könnens liegen, wenn wir nicht selbst an diese Grenzen stoßen? Das Pferd ist also Symbol für die ungebändigte Kraft in unseren jungen Jahren, für Freiheiten und sexuelle Erfahrungen, für das Ausbrechen aus zu engen Regeln und Vorschriften. Für ein «Leben im Rausch», das wir uns doch alle in dieser

Zeit für uns gewünscht hätten. Es steht auch für unser ungebändigtes Bedürfnis nach Expansion, nach Darstellung und Image. Wer möchten wir sein? Wie möchten wir scheinen?

Erst wenn die ersten Rückschläge, Enttäuschungen und auch die notwendigen Herausforderungen des Lebens uns eines Besseren belehren, sind wir in der Lage, unsere Bedürfnisse den Gegebenheiten anzupassen. Bis dahin gilt es die Muskeln spielen zu lassen, um uns von der stinklangweiligen Normalität unserer Herkunftsfamilien zu verabschieden.

Und diese Art von Abgrenzung ist gut und sinnvoll – solange sie nicht in selbst- oder fremdschädigende Exzesse abdriftet und solange wir uns und andere nicht über Gebühr verletzen. Genau das müssen wir aber erst lernen, im ersten Überschwang unserer Gefühle und den Bedürfnissen nach Freiheit und Abenteuer. Wir müssen lernen, dass wir die Dinge oft nicht so gut beherrschen, wie wir das glauben. Wir müssen lernen, unsere Kräfte zu zügeln. Wir müssen lernen, uns mit möglichst wenig Gefährdung am Straßenverkehr zu beteiligen oder, wie Hans es muss: Er muss das Reiten lernen, wenn er auf einem Pferd sitzen will.

Aber ihm scheint es, wie den meisten jungen Menschen, zunächst einmal gar nicht schnell genug gehen zu können. So fängt er, kaum im Sattel, schon an mit der Zunge zu schnalzen und «hopp, hopp» zu rufen. Dass sich der Gaul daraufhin in einen so starken Trab versetzt und er Hals über Kopf abgeworfen wird, hat der junge Reiter nicht bedacht.

Die Zeit der Pubertät ist für viele von uns nicht so ungefährlich, wie man denkt. Nicht wenige Mutproben oder unter dem Gruppendruck der Freundesclique abgelegte Aufnahmeprüfungen enden in den Notaufnahmen von Krankenhäusern oder weit Schlimmeres. Dennoch ist es wichtig, dass junge Menschen ihre eigenen Grenzen erkennen lernen, dass sie die Freiheit besitzen, sich auszuprobieren, ihre Kräfte zu spüren und natürlich auch zu scheitern. Viele Gesten der Provokation sind nichts weiter, als der Versuch, sich abzunabeln und endlich erwachsen zu sein. Aber genau das ist der Punkt, an dem nun auch unser Märchenheld steht: Erwachsen sein setzt voraus, dass wir Erwachsen *werden.*

Hans zeigt sich dabei nicht wirklich einsichtig. Er sieht die Schuld an der Misere nicht bei sich selbst, sondern bei dem Gaul, der nicht so wollte, wie er.

«Es ist ein schlechter Spaß das Reiten, zumal wenn man auf so eine Mähre gerät wie diese, die stößt und einen abwirft, dass man sich den Hals brechen kann.»

Wie gut es jedoch das Schicksal mit ihm meint, zeigt sich gleich darauf in Gestalt einer Kuh, die der Bauer vor sich hertreibt, der Hans so freundlich wieder auf die

Beine hilft. Und sogleich werden wieder neue Begierden geweckt:

«Da lob ich mir Eure Kuh, da kann einer mit Gemächlichkeit hinterhergehen, und hat obendrein seine Milch, Butter und Käse jeden Tag gewiss. Was gäb ich darum, wenn ich so eine Kuh hätte!» «Nun», sprach der Bauer, «geschieht Euch so ein großer Gefallen, so will ich Euch wohl die Kuh für das Pferd vertauschen.» Hans willigte mit tausend Freuden ein: Der Bauer schwang sich aufs Pferd und ritt eilig davon.

Der Bauer ist nicht nur hilfsbereit, sondern auch verständnisvoll und bietet Hans einen Tausch, in den dieser mit tausend Freuden einwilligt.

Wie es scheint, hat Hans aus seiner Erfahrung gelernt, er muss seine Kräfte nicht mehr messen. Sein Sehnen gilt jetzt einem anderen Objekt der Begierde: Einer Kuh!

Als Avatar der Großen Muttergottheit verkörpert die Kuh den Aspekt der Versorgung. Entgegen der Geringschätzung, die Nutztiere in unserer Gesellschaft erfahren, galten sie in früheren Kulturen immer als Begleittiere bzw. Erscheinungsformen weiblich-mütterlicher Gottheiten. Besonders Kühe, Sinnbild für ihre nahrungs- und schutzgebende Präsenz, galten als heilig. Königinnen und Göttinnen, wie z.B. die ägyptische Himmels- und Muttergöttin Hathor, trugen als Zeichen ihrer

Macht und ihrer Verbundenheit mit dem mütterlichen Prinzip Kuhkronen. Ihr voran ging bereits die altägyptische Kuhgöttin Hesath, welche der Legende nach den ersten Pharao gebar und nährte. Sie war die Hüterin des Lebens, aber auch der Toten und versorgte die Verstorbenen im Jenseits.

Auch Nut, die Herrin des Nachthimmels breitete sich, nach der damaligen Glaubensvorstellung, in Kuhgestalt schützend über die Erde aus, um den Himmel mit der Unterwelt zu verbinden. Ihre Beine markierten die vier Himmelsrichtungen und auf dem Bauch trug sie alle Sterne des Kosmos. Jeden Morgen gebar sie die Sonne in Gestalt eines Kalbes.

Aber nicht nur die Ägypter, sondern bereits die Sumerer verehrten die Mondgöttin Ninlil in ihrer Kuhgestalt.

Unantastbar gilt auch im Hinduismus die «Heilige Kuh». Bereits in den dieser Lehre vorangegangenen vedischen Schriften wird sie aufgrund ihrer Mütterlichkeit als Göttin betrachtet.

Für das in der Sahelzone angesiedelte Hirtenvolk der Fulbe, war die Welt aus einem Tropfen Milch entstanden und noch vor Mann und Frau hatte Gott die Kuh erschaffen.

Und nicht zuletzt kennt auch die germanische Mythologie eine kosmische Urkuh. Audhumbla nährte mit ihrer Milch den Riesen Ymir, der als erstes Lebewesen auf Erden galt.

Die Kuh als allumfassendes Sinnbild für mütterliche Versorgungsprozesse ist also weit verbreitet und vielleicht liegt darin auch der aktuelle Denkanstoß, den das Märchen für uns alle geben kann: Wie stehen wir zum Umgang mit unseren Mitgeschöpfen in einer Welt, in der Massentierhaltung, artfremder Umgang und Ausbeutung an der Tagesordnung sind? Unsere derzeitigen Verfahren der Lebensmittelherstellung machen es uns leicht, die Augen vor all dem Tierleid zu verschließen. Wir beziehen unsere Milchprodukte aus dem Supermarktregal und müssen uns, wenn wir nicht wollen, weder fragen, woher sie kommen noch, unter welchen Bedingungen sie gewonnen wurden.

Die Kuh auf Symbolebene steht für alle mütterlichen Aspekte des menschlichen Seins. In der Astrologie finden diese Bereiche eine Zuordnung im mondischen Prinzip. Hier geht es um das psychische «bemuttert werden», also um Schutz und Geborgenheit, genauso, wie es um Versorgung und Fürsorge geht. Sind wir jedoch unseren kindlichen Bedürfnissen entwachsen, müssen wir auch lernen, uns diese Art von Hege und Pflege selbst zukommen zu lassen. Wir müssen in der Lage sein, uns selbst zu ernähren und mütterlich-sorgende Instinkte zu entwickeln – für uns und all diejenigen, die uns nahe stehen. Wir schaffen uns ein Heim und gründen unsere eigenen Familien und all das fordert von uns die Ausbildung unserer mondischen Talente. Wer für sich selbst sorgen kann, sorgt auch für andere. Wir lernen also, dass wir Beziehungen, soziale Systeme, wie Partnerschaften, Familien, Gemeinschaften usw., nur im gegenseitigen Wechsel zueinander in Balance halten können. Jeder der nimmt, der gibt auch etwas. Bleiben wir dagegen in unseren infantilen Erwartungshaltungen der Welt gegenüber hängen, in dem Anspruch, dass irgendeine «Mutter» ohne unser Zutun für uns zu sorgen hat, begeben wir uns sehr leicht auf die Pfade von Missbrauch und Ausbeutung – ob Menschen, Tieren oder der Umwelt gegenüber.

Und damit zurück zu unserem Märchenhelden:

Hans trieb seine Kuh ruhig vor sich her und bedachte den glücklichen Handel. «Hab ich nur ein Stück Brot, und daran wird mir's noch nicht fehlen, so kann ich, sooft mir's beliebe, Butter und Käse dazu essen; hab ich Durst, so melk ich meine Kuh und trinke Milch. Herz, was verlangst du mehr?» Als er zu einem Wirtshaus kam, machte er halt, aß in der großen Freude alles, was er bei sich hatte, sein Mittags- und Abendbrot, rein auf, und ließ sich für seine letzten paar Heller ein halbes Glas Bier einschenken. Dann trieb er seine Kuh weiter, immer nach dem Dorfe seiner Mutter zu. Die Hitze ward drückender, je näher der Mittag kam, und Hans befand sich in einer Heide, die wohl noch eine Stunde dauerte. Da ward es ihm ganz heiß, so dass ihm vor Durst die Zunge am Gaumen klebte. «Dem Ding ist zu helfen»,' dachte Hans, «jetzt will ich meine Kuh melken und mich an der Milch laben.» Er band sie an einen dürren Baum, und da er keinen Eimer hatte, so stellte er seine Ledermütze unter, aber wie er sich auch bemühte, es kam kein Tropfen Milch zum Vorschein. Und weil er sich ungeschickt dabei anstellte, so gab ihm das ungeduldige Tier endlich mit einem der Hinterfüße einen solchen Schlag vor den Kopf, dass er zu Boden taumelte und eine Zeitlang sich gar nicht besinnen konnte, wo er war.

Hans scheint nach seiner unglücklichen Erfahrung mit dem Pferd aus der Phase des jugendlichen Übermuts herausgewachsen. Seine Sehnsucht führt ihn jetzt eindeutig in häuslichere Richtungen. Nach Heimat und Geborgenheit steht ihm der Sinn, und die Kuh verspricht ihm beides.

Milch, Butter und Käse sollen jeden Tag auf dem Speiseplan stehen und die Kuh wird schon dafür sorgen, dass er dies alles auch bekommt.

In dieser Gewissheit isst Hans all seine Vorräte auf und gibt auch noch sein letztes Geld für ein halbes Glas Bier. Im Hinblick auf seinen neu erworbenen, scheinbaren Reichtum mag dies zwar gerechtfertigt erscheinen, aber im Bezug auf die Verantwortung, die ein erwachsenes Leben mit sich bringt, greift sein Denken und Handeln wieder einmal zu kurz. Er hat die Prinzipien von Geben und Nehmen nicht verinnerlicht und hofft, ohne sein Zutun, das jemand anderer für ihn sorgt.

Das, was in unserem Leben dauerhaft zu Erfolg führen soll, erfordert unsere Aufmerksamkeit, unsere Beteiligung und unser Bemühen. Das gilt für die Schaffung von materiellen Werten, das gilt aber weitaus mehr noch für den Aufbau und die Erhaltung unserer Beziehungen.

Hans' Sichtweise, die er auf seine Kuh einnimmt, die hier als Symbol für eine eingegangene Beziehung stehen mag, erinnert nicht an die eines erwachsenen Mannes, sondern eher an die, eines kleinen, trotzigen Buben auf seine Mutter. Er will sooft es *ihm* beliebt in den Genuss von Butter und Käse kommen und Milch trinken, sooft *er* Durst verspürt. Um die Belange seiner Kuh und deren Bedürfnisse mag er sich nicht kümmern. Und wieder zeigt sich, dass Hans mit dem, was er hat, nicht umgehen kann. Wer in den Genuss von Milch kommen will, sollte erst einmal melken lernen!

Und so wundert es nicht, dass die arme Kuh sich seine ungeschickten Versuche, sie zu melken, nicht gefallen lässt und ihn durch einen groben Schlag mit dem Hinterbein, im wahrsten Sinne des Wortes, auf den Boden der Tatsachen zurückbringt. Hans muss also wieder einmal zur Besinnung gebracht werden.

Inzwischen ist es, wie das Märchen uns verrät, bereits Mittag geworden – auf Hans' Lebensreise berechnet, nähert er sich wohl dem Zenit seines Daseins. Im Grunde höchste Zeit, an die Gründung einer Familie zu denken – aber, wie soll das gehen, wenn man noch nicht einmal beziehungsfähig geworden ist?

Hans' Lösung ist wieder einmal eine recht schlichte: Schuld sind, wie immer, die Anderen. Die Kuh ist alt und taugt nur noch zum Ziehen und Schlachten. Das glaubt er gerne, nur er macht sich nichts aus Kuhfleisch. Verantwortung zu übernehmen, liegt ihm nicht, dagegen steht ihm der Sinn schon längst nach anderen Schweinereien.

Die «alte Kuh» lässt er gerne ziehen – und in diesem Zusammenhang zeigt sich die herablassende, entwertende Art unserer Alltagssprache, mit der alles Weibliche so gerne bezeichnet wird.

Der Metzger, der da geradewegs vorbei kommt und ihm so bereitwillig die Flasche reicht, lockt ihn nun schon mit neuen Verführungen:

Glücklicherweise kam gerade ein Metzger des Weges, der auf einem Schubkarren ein junges Schwein liegen hatte. «Was sind das für Streiche!», rief er und half dem guten Hans auf. Hans erzählte, was vorgefallen war. Der Metzger reichte ihm seine Flasche und sprach, «da trinkt einmal und erholt Euch. Die Kuh will wohl keine Milch geben, das ist ein altes Tier, das höchstens noch zum Ziehen taugt oder zum Schlachten.» «Ei, ei», sprach Hans und strich sich die Haare über den Kopf, «wer hätte das gedacht! Es ist freilich gut, wenn man so ein Tier ins Haus abschlachten kann, was gibts für Fleisch! Aber ich mache mir aus dem Kuhfleisch nicht viel, es ist mir nicht saftig genug. Ja, wer so ein junges Schwein hätte! Das schmeckt anders, dabei noch die Würste.» «Hört, Hans», sprach da der Metzger, «Euch zuliebe will ich tauschen und will Euch das Schwein für die Kuh lassen.» «Gott Lohn' Euch Eure Freundschaft», sprach Hans, übergab ihm die Kuh, ließ sich das Schweinchen vom Karren losmachen und den Strick, woran es gebunden war, in die Hand geben.

In unserer patriarchal geprägten Kultur mag das Schwein kein besonders hohes Ansehen genießen. Weniger vielleicht noch als die vielbescholtene Kuh. Die Wurzeln hierfür liegen, wie bereits erwähnt, in einer grundlegend entwertenden Haltung gegenüber allem Weiblichen schlechthin. In vielen religiösen Lehren gilt das Schwein als unrein. In der jüdischen Tradition berichtete man sogar davon, dass die Seelen von Selbstmördern auf Schweinen reiten würden. Auch unsere Vorstellung vom «Glücksschwein» gründet auf seiner Bedeutung als Trostpreis. Im Mittelalter wurde dem Verlierer eines Wettkampfes oft als Entschädigung für den entgangenen Sieg ein Schwein überreicht. Deshalb gilt «Schwein zu haben» heute noch als Ausdruck eines mehr oder weniger unverdienten Zugewinns.

Begeben wir uns jedoch in vorchristliche Betrachtungen, erkennen wir im Schwein – genauso wie in der Kuh – eine weitere Erscheinungsform der Großen Muttergottheit. Es ist Sinnbild für Fruchtbarkeit und Lebensfreude. In seinem Suhlen in der Erde entdeckte man eine Verbindung zu den Göttinnen der Fruchtbarkeit, des Ackerbaus und der Ernte, wie z.B. der griechischen Demeter oder der römischen Ceres. In bildlichen Darstellungen reiten sie sowohl auf Delfinen, als auch auf Schweinen.

Da sich ein Schwein jedoch nicht domestizieren ließ, wie ein Rind – es zog keine Pflüge und gab keine Milch, sondern gab sich ausschließlich dem Fressen und der Fortpflanzung hin – verlieh man ihm nur zu gerne Attribute wie Dummheit und Faulheit.

Ungezügelte Sexualität und Lustbarkeit galten in vorchristlichen, heidnischen Kulten nicht als Sünde. Als Ausdruck der Schöpfung und am Vorbild natürlicher Kreisläufe gehörte gelebte Lustbarkeit zum alltäglichen Leben und wurde an spirituellen Festtagen sogar entsprechend zelebriert. In der lustfeindlichen christlichen Sichtweise der Welt, mag die Vorstellung, sich wie ein Schwein wohlig im Schlamm zu wälzen und dabei auch noch genüsslich zu grunzen, die Fantasie so manches Kirchenfürsten entsprechend zum Blühen gebracht haben.

Auch Hans mag gewisse Vorstellungen darüber hegen, wie lustvoll das Leben mit so einem jungen Schweinchen sein könnte, zumal, wenn man es sicher und fest an die eigene Hand gebunden weiß.

Aber allzu lange hält auch dieses Mal die Freude an der neuen Eroberung nicht an, auch, wenn er sich sicher ist, dass es keine Verdrießlichkeit für ihn gäbe, die nicht sogleich wieder gutgemacht würde. Gezügelte Lust scheint doch nur halbe Lust zu sein – oder meldet sich vielleicht sogar jetzt das schlechte Gewissen wegen seines kleinen, «schweinischen» Abenteuers?

Es gesellte sich danach ein Bursch zu ihm, der trug eine schöne weiße Gans unter dem Arm. Sie boten einander die Zeit, und Hans fing an, von seinem Glück zu erzählen, und wie er immer so vorteilhaft getauscht hätte. Der Bursch erzählte ihm, dass er die Gans zu einem Kindtaufschmaus brächte. «Hebt einmal», fuhr er fort und packte sie bei den Flügeln, «wie schwer sie ist, die ist aber auch acht Wochen lang genudelt worden. Wer in den Braten beißt, muss sich das Fett von beiden Seiten abwischen.» «Ja», sprach Hans, und wog sie mit der einen Hand, «die hat ihr Gewicht, aber mein Schwein ist auch keine Sau.» Indessen sah sich der Bursch nach allen Seiten ganz bedenklich um, schüttelte auch wohl mit dem Kopf. «Hört», fing er darauf an, «mit Eurem Schweine mags nicht ganz richtig sein. In dem Dorfe, durch das ich gekommen bin, ist eben dem Schulzen eins aus dem Stall gestohlen worden. Ich fürchte, ich fürchte, Ihr habt's da in der Hand. Sie haben Leute ausgeschickt, und es wäre ein schlimmer Handel, wenn sie Euch mit dem Schwein erwischten: Das Geringste ist, dass Ihr ins finstere Loch gesteckt werdet.»

Das Schwein, das Hans da an der Leine führt, scheint jemanden zu gehören: Dem Schulzen nämlich! Er gilt als Vorsteher eines Dorfes und als rechtlich befugter Vertreter des Grundherren. In seinem Auftrag fordert er die Abgaben ein und ist damit auch berechtigt, Strafen zu verhängen. Damit ist eine Autorität auf den Plan gerufen. Eine nach astrologischen Prinzipien saturnische Instanz, und diese fordern uns immer auf, unsere Verantwortlichkeiten und unsere Pflichten, die wir einer Gemeinschaft gegenüber haben, einzuhalten. Dies mag auch die Treue und Loyalität innerhalb einer bestehenden Beziehung betreffen.

In Hans wächst die Angst, sich mit Obrigkeiten anzulegen. Schon meldet sich sein schlechtes Gewissen. So wollte er den Spaß nicht verstanden haben. Ihm stand der Sinn mehr nach unverbindlichem Vergnügen, nach einem kleinen Abenteuer, einem Seitensprung, vielleicht nach einem One-Night-Stand, aber doch nicht nach Pflicht und Verantwortung. Was also tun? Das, was Hans bisher immer getan hat: sich nach neuen Chancen umsehen und sie ergreifen mit beiden Händen, sobald sie sich ergeben. Hier zeigt sich die Ambivalenz dieser ganzen Geschichte: Einerseits entdecken wir, dass Hans sehr wohl ein gewitzter Bursche ist, der es immer versteht, die Dinge, die nicht mehr nützlich sind, hinter sich zu lassen und neue Wege einzuschlagen. Andererseits aber zeigt sich hier ein deutlicher Mangel an Verantwortungsgefühl und wenig Bereitschaft erwachsen zu werden.

Ist das nicht ein fortwährendes Dilemma in unser aller Leben? Wann bedeutet eine einmal übernommene Verpflichtung Reife und Verantwortung und wann wird sie zur untragbaren Last?

Hans scheint sich jedenfalls nicht allzu lange mit diesen Gewissensbissen zu plagen, zumal ein neuer Tausch ihn nicht nur von seinen Nöten zu befreien vermag, sondern gleich wieder seine Begierden zu wecken versteht.

Dem guten Hans ward bang, «ach Gott», sprach er, «helft mir aus der Not, Ihr wisst hier herum bessern Bescheid, nehmt mein Schwein da und lasst mir Eure Gans.» «Ich muss schon etwas aufs Spiel setzen», antwortete der Bursche, «aber ich will doch nicht schuld sein, dass Ihr ins Unglück geratet.» Er nahm also das Seil in die Hand und trieb das Schwein schnell auf einen Seitenweg fort: Der gute Hans aber ging, seiner Sorgen entledigt, mit der Gans unter dem Arme der Heimat zu. «Wenn ich's recht überlege», sprach er mit sich selbst, «habe ich noch Vorteil bei dem Tausch: Erstlich den guten Braten, hernach die Menge von Fett, die herausträufeln wird, das gibt Gänsefettbrot auf ein Vierteljahr, und endlich die schönen weißen Federn, die lass ich mir in mein Kopfkissen stopfen, und darauf will ich wohl ungewiegt einschlafen. Was wird meine Mutter eine Freude haben!»

Die Angst, die er gerade noch ausgestanden hat, ist schnell vergessen, als er mit der Gans unter dem Arm weitergeht. Er scheint weder Kuh noch Schwein lange nachzutrauern. Die Vorteile, die er in der Sache sieht, scheinen jeden Nachteil aufzuwiegen. Und vielleicht ist das ja auch so.

Der Braten, der in Aussicht steht, mag verlockend sein, das Gänsefett sowieso. Aber viel mehr sind es die weißen Federn, die uns auf seine jetzigen Entwicklungsschritte hinweisen: Ein Kopfkissen will er sich stopfen und ungewiegt darauf einschlafen. Ein gutes Gewissen, so verrät uns ein Sprichwort, sei ein sanftes Ruhekissen und schon wird klar, dass Hans sich nicht lange mit Selbstvorwürfen plagen wird.

Er denkt ans Ausruhen und an einen erholsamen Schlaf. Denkt er vielleicht sogar schon über das Ende seines Lebens nach? Zeigt die Gans nun, dass er bereit ist, sich ganz anderen Lebensinhalten zuzuwenden, als allein den fleischlichen?

Natürlich ist auch die Gans, wie alle Tiere, also auch Kuh und Schwein ein Avatar oder Begleittier der Großen Muttergottheiten.

Dem Mythos nach war das Ei, das dem Chaos entsprang, welches vor Anbeginn der Welt herrschte, ein Gänseei.

Wer Graugänse einmal bei der Aufzucht und Hege ihrer Küken beobachtete, versteht, warum sie auch als Symbol bzw. Krafttier für Elternschaft und Familie gelten.

Als Tier, das sowohl die Bereiche der Erde, als auch die des Himmels beherrscht, gilt die Gans als Mittlerin zwischen den Welten – zwischen irdischem und jenseitigem Sein.

Bereits die alten Ägypter sahen in ihr einen Sonnenvogel, der die Seele eines verstorbenen Pharaos zur Sonne flog. Demnach gilt sie auch als Seelenführer, als eine Art Psychopompos[5], der die Seelen auf ihrem Übergang vom Leben in den Tod begleitet. Beim Regierungsantritt eines neuen Herrschers wurden Gänse in alle vier Himmelsrichtungen freigelassen und ihr jeweiliger Flug als Orakel gedeutet.

---

5 Psychopompos = Bezeichnung/Titel des griechischen Hermes, der als Führer/Begleiter der Seelen galt, ähnlich auch dem ägyptischen Anubis. In der christlichen Mythologie obliegt es dem Erzengel Michael, die Seelen vor Gottes Thron zu geleiten.

Sie galten als Lieblingstiere der griechischen Göttin Aphrodite und im alten Rom hielt man sie in den der Göttin Juno geweihten Tempeln als heilige Tiere.

Im indianischen Medizinrad umfasst der Bereich der Schneegans den Zeitraum der Wintersonnwende. Jetzt kehrt Vater Sonne wieder von seiner langen Reise in den Süden zurück und erweckt Mutter Erde zu neuem Leben. Die Gans gilt sowohl als Sender, als auch als Empfänger kosmischer Impulse und als Bewahrerin alten Wissens.

Auch die Kelten verehrten die Gans als heiliges Tier. Man erkannte in ihr die Göttin Ceridwen, die Hüterin des Kessels der Anderswelt[6] und die drei Uraspekte des Lebens, die nach keltischen Vorstellungen auch in den drei Bethen zu finden sind: Die weiße, die rote und die schwarze Frau. Die Farben des Gefieders einer Gans spiegeln also die wesentlichen Phasen des Lebens:

- Weiß, die jungfräulichen Aspekte, die jeden Neubeginn markieren.
- Bunt, die mütterlichen, die für alle fruchtbaren (roten) Lebensphasen stehen.
- Dunkelgrau, für die (schwarzen) Bereiche des Alters und des Todes.

---

6 Als „Anderswelt" wird in der keltischen Mythologie nicht nur der Wohnort mystischer Wesen, wie z.B. Feen, Kobolde und Elfen bezeichnet, sondern auch das Jenseits

In den nordischen Glaubensvorstellungen verwandelten sich Zauberinnen gerne in die Gestalt von Gänsen, um Verbindungen zu jenseitigen Welten aufzunehmen. Bei sibirischen Schamanen dienen sie als Reittier zwischen den einzelnen Weltenebenen. Sie tragen den Heiler auf der Suche nach verlorenen Seelenanteilen sicher und gewandt durch die Bereiche von Diesseits und Jenseits.

Die Gans ist also das Tier, das uns einerseits unsere irdischen Bindungen spiegelt, unsere Fähigkeit zu Treue, Zuverlässigkeit und Fürsorge, uns aber andererseits auch an unsere Vergänglichkeit erinnert und daran, wie es uns einst gelingen mag, all unsere Anhaftungen hinter uns zu lassen. Sie symbolisiert unseren Glauben an eine höhere Ordnung und an ein Weiterleben nach dem physischen Tod in einer jenseitigen Welt.

Wenn Hans also nun von einem weichen Kissen träumt, mag er sich vielleicht dessen bewusst sein, dass auch seine Tage gezählt sind. Und möglicherweise stellt sich ihm jetzt die Frage, ob seine Seele so weiß und unbefleckt ist, wie die Federn seiner Gans, mit der er nun unterwegs ist ins Haus seiner Mutter.

Als er durch das letzte Dorf gekommen war, stand da ein Scherenschleifer mit seinem Karren, sein Rad schnurrte, und er sang dazu:.

«Ich schleife die Schere und drehe geschwind,
und hänge mein Mäntelchen nach dem Wind.»

Hans blieb stehen und sah ihm zu; endlich redete er ihn an und sprach «Euch gehts wohl, weil Ihr so lustig bei Eurem Schleifen seid.» «Ja», antwortete der Scherenschleifer, «das Handwerk hat einen güldenen Boden. Ein rechter Schleifer ist ein Mann, der, sooft er in die Tasche greift, auch Geld darin findet. Aber wo habt Ihr die schöne Gans gekauft?» «Die hab ich nicht gekauft, sondern für mein Schwein eingetauscht.» «Und das Schwein?» «Das hab ich für eine Kuh gekriegt.» «Und die Kuh?» «Die hab ich für ein Pferd bekommen.» «Und das Pferd?» «Dafür hab ich einen Klumpen Gold, so groß als mein Kopf, gegeben.» «Und das Gold?» «Ei, das war mein Lohn für sieben Jahre Dienst.» «Ihr habt Euch jederzeit zu helfen gewusst», sprach der Schleifer, «könnt Ihrs nun dahin bringen, dass Ihr das Geld in der Tasche springen hört, wenn Ihr aufsteht, so habt Ihr Euer Glück gemacht.» «Wie soll ich das anfangen?», sprach Hans. «Ihr müsst ein Schleifer werden, wie ich; dazu gehört eigentlich nichts als ein Wetzstein, das andere findet sich schon von selbst. Da hab ich einen, der ist zwar ein wenig schadhaft, dafür sollt Ihr mir aber auch weiter nichts als Eure Gans geben; wollt Ihr das?» «Wie könnt Ihr noch fragen», antwortete Hans, «ich werde ja zum glücklichsten Menschen auf Erden; habe ich Geld, sooft ich in die Tasche greife, was brauche ich da länger zu sorgen?», reichte ihm die Gans hin, und nahm den Wetzstein in Empfang. «Nun», sprach der Schleifer und hob einen gewöhnlichen schweren Feldstein, der neben ihm lag, auf, «da habt Ihr noch einen tüchtigen Stein dazu, auf dem sich's gut schlagen lässt und Ihr Eure alten Nägel gerade klopfen könnt. Nehmt ihn und hebt ihn ordentlich auf.»

Hans hat es also fast geschafft. Ein erfüllter Lebensweg liegt hinter ihm – über Langeweile kann er sich nicht beklagen. Das erzählt er nun auch dem Schleifer, der sein Rad schnurren lässt, während er so fröhlich vor sich hin singt, und damit zeigt, dass er mit sich und der Welt im Reinen ist.

Diese Haltung mag Hans faszinieren, denn er bleibt stehen und erzählt ihm seine Geschichte. Noch einmal lässt er alle Stationen seines Weges Revue passieren und berichtet von jedem Tausch:

- Von der Gans, die er für das Schwein erhielt;
- Vom Schwein, das er wiederum für die Kuh gab;
- Von der Kuh, die anstelle des Pferdes folgte;
- Vom Pferd, für das er seinen Goldklumpen ließ;
- Vom Gold, das schließlich der Lohn für seine 7-jährigen Dienste war.

Er scheint – für den Moment zumindest – ausgesöhnt und zufrieden damit, wie er sein Leben gelebt hat.

Und der Schleifer lässt ihn auch erzählen. Er hört sich seine Geschichte an, ohne Kritik, ohne Verbesserungsvorschläge, ohne Infragestellung. Genau das ist eine Kunst, die wir inzwischen verlernt zu haben scheinen. Ist es nicht eine der negativen Erscheinungen unserer Zeit, dass Menschen sich heute viel zu leicht dazu berufen fühlen, anderen zu raten, sie zu kritisieren oder zumindest Verbesserungsvorschläge für deren Leben anzubieten? Wir sind ein Volk von Ratgebern und selbst ernannten Therapeuten geworden. Niemand kann sich einfach nur, in der Hoffnung auf ein wenig Trost, über seine Rücken- oder Kopfschmerzen beklagen, ohne gleich Tipps für richtige Yogaübungen oder gesündere Ernährung zu erhalten. Er wird sogleich überschüttet mit einer wahren Flut an Kritik über alle möglichen Fehlhaltungen auf physischer und auch psychischer Ebene, die dahin geführt haben mögen, dass er diese Krise nun erleben muss. Niemand kann seine Trauer über den Verlust eines geliebten Menschen zum Ausdruck bringen, ohne sogleich einen semi-professionellen psychologischen Rat zu seinen eigenen Versäumnissen und vermeintlichen Fehlern zu erhalten. Sicher mag darin der Wunsch verborgen sein, wirklich zu helfen. Aber gut gemeint ist allzu oft das Gegenteil von gut. Wie oft sind diese in Hilfsbereitschaft verpackten Übergriffe nichts anderes, als Abwehrreaktionen oder aber – viel schlimmer noch – Versuche, sich selbst über die Rolle des Ratgebers zu erhöhen? Wir wollen wichtig sein für den anderen und übersehen dabei, dass es um *sein* Problem geht, um *seinen* Schmerz und um *sein* Erleben, nicht um unseres.

Sind wir denn wirklich nicht mehr in der Lage zuzuhören? Erkennen wir nicht mehr, dass der andere zum Trost oder auch nur um die eigene Position zu reflektieren, meist nichts anderes braucht als ein offenes Ohr? Keinen Ratschlag, keine Kritik, keine Therapie. Und wäre es deshalb nicht angebracht, erst abzuwarten, ob der andere um unseren Rat bittet, statt ihn unaufgefordert zu geben?

Wäre es nicht vielleicht auch ein erster Schritt in eine friedvollere Zukunft, wenn wir uns nicht über die Ratschläge, die wir anderen geben, eine Wichtigkeit verleihen müssten? Wenn wir andere so annehmen könnten, wie sie sind, ohne ihre Handlungen ständig und permanent infrage stellen zu müssen – unsere Freunde, unsere Familienmitglieder, unsere Partner, aber auch alle sozialen/gesellschaftlichen Systeme, alle weltpolitischen Herausforderungen – weil wir glauben, jedes Problem aus unserer subjektiven Perspektive heraus besser lösen zu können? Der Wahn, die eigene Meinung über Fakten und auch über jegliches Empfinden anderer zu stellen, gefährdet inzwischen sogar unsere demokratische Grundordnung.

Würde uns allein schon deshalb nicht manchmal etwas mehr bescheidene Zurückhaltung besser zu Gesichte stehen?

Der Schleifer jedenfalls versteht diese Kunst noch und vielleicht ist er auch deshalb so fröhlich. Aber dennoch gelingt es ihm, Hans' materielle Begierden noch einmal zu wecken. Ein erneuter Tausch steht an, den es für Hans zu überlegen gilt. Könnte er es dazu bringen, jederzeit die Münzen in seiner Tasche springen zu hören?

Vergessen scheint jetzt das Ziel seiner Reise. Hans verliert keinen Gedanken daran, dass er gerade eben noch an sein Ende dachte. Für die Aussicht auf Reichtum und Wohlstand ist er bereit, sich noch einmal eine gehörige Last auf die Schulter zu packen. Er glaubt, «zum glücklichsten Menschen der Welt» zu werden, wenn er nur genügend Geld besitzt.

Diese ausgeprägte materielle Anhaftung ist häufig in der letzten Lebensphase von Menschen zu beobachten. Krampfhaftes Festhalten an Dingen und Werten bis hin zum, oft einer Depression geschuldeten, Verarmungswahn. Je mehr die Lebenskraft zu schwinden scheint, umso stärker klammern Menschen sich an ihre Besitztümer, haben Angst sie zu verlieren oder beschuldigen sogar andere, sie ihnen streitig zu machen. Sie horten ihre Ersparnisse in der festen Überzeugung, Besitz allein würde den Wert eines Lebens bestimmen. Sie gönnen sich selbst und anderen nichts mehr und sind weit davon entfernt, ihren Wohlstand genießen zu können.

Das vielgerühmte Loslassen scheint gerade in diesem letzten Abschnitt des Lebens am wenigsten zu gelingen.

Geht es Hans vielleicht auch so? Möchte er festhalten an all den Dingen, die ihm am Ende doch lieb und wert gewesen sind? Möchte er seiner Welt etwas hinterlassen und sieht dabei nichts anderes als materiellen Reichtum? Übersieht er dabei nicht ganz und gar, dass es doch auch um andere Spuren geht, die es zu hinterlassen gilt?

Was immer seine Motivation auch sein mag, der Schleifer versteht es geschickt, ihn noch einmal zu locken, um auch eine letzte Prüfung auf seinem Erdenweg zu bestehen.

Aber, wer ist überhaupt dieser geheimnisvolle Schleifer, der Hans gerade hier im letzten Dorf, durch das er geht, begegnet?

Dörfer und Städte im Märchen sind immer Sinnbilder eines kommunikativen Austausches. Auf ihren Straßen spielt sich das Leben ab, Menschen begegnen einander, man spricht über aktuelle Geschehnisse, Nachrichten werden verbreitet, Kinder spielen auf den Plätzen, man treibt Handel und Tausch von Waren, Dienstleistungen und Informationen. Wer auf einer Straße unterwegs ist, die durch ein Dorf oder eine Stadt führt, nimmt Teil am Leben und an der Gemeinschaft mit anderen.

Somit sind sie auch Symbol von Lebendigkeit, Zugehörigkeit und geistiger Beweglichkeit. In der Astrologie finden sie ihre Zuordnung im Bereich des Merkurs, dem Gott der kleinen Reisen, des Handels und der Verträge. Mit geflügeltem Helm und Sandalen ist er nicht nur flinker Überbringer von Botschaften – sowohl von Göttern als auch von Menschen – er ist auch der Meister der Lügen, des Geschichtenerzählens und der kleinen Gaunereien. Themen, die Hans auf seinem gesamten, hinter ihm liegenden Lebensweg immer wieder begegnet sind.

Auch der Scherenschleifer scheint die Prinzipien dieses Gottes gut verinnerlicht zu haben. Er gaukelt Hans eine scheinbare Leichtigkeit vor, indem er ihm die Kunst anpreist, «das Mäntelchen nach dem Wind zu hängen» und ihm damit aber die schwerste und offensichtlich wertloseste aller Lasten auf die Schultern packt: einen Feldstein.

Steine verkörpern in der Astrologie auf materieller Ebene die Energie des Saturns. Jenes Planeten, der u.a. für die Werte unserer Erziehung steht, unsere Fähigkeit zur Anpassung an gesellschaftliche Gegebenheiten, für unsere Bereitschaft Verantwortung zu übernehmen und nicht zuletzt auch für die Schuldgefühle, die sich einstellen, wenn wir glauben, unseren Verpflichtungen nicht gerecht geworden zu sein.

Braucht es also noch einmal einen Trick oder Kniff, eine weitere Verlockung oder Verführung, die Hans dazu bringt, über seine Verhaltensweisen in der Vergangenheit nachzudenken?

Ist der Schleifer also ein Trickster[7], der mit einem Schwindel die kosmische Ordnung durcheinander würfelt oder vielleicht sogar ein Meister, der Hans noch einmal dazu bringt, die unabgeschlossenen Kapitel seines Lebens zu reflektieren? Vermutlich liegt in der Figur des Hermes beides: Er zeigt, wie alle mythologischen Vertreter seiner Zunft, die Doppeldeutigkeit, die in den Dingen liegt: Eine Lüge mag auf den Pfad der Wahrheit führen; ein Diebstahl oder ein Verlust ungeahnten Gewinn bringen und etwas Versäumtes bewahrt uns oft vor Unglück. Nichts in unserer Welt ist, wie es scheint, nichts nur schwarz-weiß und nichts bleibt so planbar, wie wir oft glauben. Die Vorstellung einer absoluten, objektiven Wahrheit bleibt am Ende reine Illusion. Diejenigen, die uns vermeintlich Schaden zufügen wollten, bescheren uns oft ungewollt und unbeabsichtigt, neuen Erfolg. Erkenntnis liegt allein darin, dass wir die Aufgaben, die uns das Leben stellt, annehmen und uns nicht in Schuldzuweisungen verlieren.

---

7 Ein „Trickster“ (aus dem engl. *„trick“* „ bzw. franz. *„trique“* für Kniff oder Betrug) bezeichnet lt. C.G. Jung eine „Schattenfigur“, ein kosmisches Urwesen, häufig in Gestalt eines Tieres oder eines Gottes, aber auch als Gaukler, Zauberer und Kartenspieler. Wie ein unschuldiger Narr hält er den Menschen einen Spiegel vor, in dem sie sich durch eine erneute Illusion der eigenen Betrügereien bewusst werden.

Hans lud den Stein auf und ging mit vergnügtem Herzen weiter; seine Augen leuchteten vor Freude, «ich muss in einer Glückshaut geboren sein», rief er aus «alles, was ich wünsche, trifft mir ein, wie einem Sonntagskind.» Indessen, weil er seit Tagesanbruch auf den Beinen gewesen war, begann er müde zu werden; auch plagte ihn der Hunger, da er allen Vorrat auf einmal in der Freude über die erhandelte Kuh aufgezehrt hatte. Er konnte endlich nur mit Mühe weitergehen und musste jeden Augenblick halt machen; dabei drückten ihn die Steine ganz erbärmlich. Da konnte er sich des Gedankens nicht erwehren, wie gut es wäre, wenn er sie gerade jetzt nicht zu tragen brauchte.

Hans nimmt also den schadhaften Wetzstein und lädt sich zudem noch einen völlig wertlosen, beliebigen Feldstein auf die Schulter, ehe er sich wieder auf den Weg macht.

Noch scheint ihn die Last nicht zu plagen. Er kommt wieder gut voran, freut sich über den gelungenen Handel und hält sich selbst für ein Glückskind. Alles, was er sich wünscht, scheint sich zu erfüllen. Aber bald schon merkt er, dass er doch schon seit Tagesanbruch auf den Beinen ist, sein Lebensweg währt also schon lange. Vielleicht bedauert er jetzt, dass er es nicht verstand, die Ressourcen, die er sich erarbeitet hatte, richtig einzuteilen. Dass er seine Vorräte über die Freude an der erstandenen Kuh und der damit verbundenen Hoffnung auf künftige Versorgung, auf einmal aufgegessen hat? Dass er den Wert der Dinge nie schätzen lernte und ihn jetzt wohl mehr und mehr die Kräfte zu verlassen drohen? Er kann sich jedenfalls des Gedankens nicht erwehren, wie gut es doch wäre, wenn er all diese Last nicht zu tragen bräuchte.

Jetzt wird ihm klar, dass die Idee mit dem goldenen Handwerk so clever nicht gewesen sein mag. Das, was er mit sich schleppt, belastet ihn mehr, als alles Bisherige in seinem Leben – auch das Gold, das er einst erhielt. Jetzt dämmert die Erkenntnis darüber, wie wenig Sinn eine solche Last doch hat, wenn man sie nicht nutzen kann und wie schnell sie dadurch an vermeintlichem Wert verliert. Vielleicht plagen Hans nun nicht nur Müdigkeit, Hunger und Durst, sondern auch die Erinnerungen an sein Leben, Gewissensbisse über begangene Fehler und offene Rechnungen, die er nie beglichen hat.

Was kann ihm jetzt helfen, sich von dieser Last zu befreien?

Wie eine Schnecke kam er zu einem Feldbrunnen geschlichen, wollte da ruhen und sich mit einem frischen Trunk laben: Damit er aber die Steine im Niedersitzen nicht beschädigte, legte er sie bedächtig neben sich auf den Rand des Brunnens. Darauf setzte er sich nieder und wollte sich zum Trinken bücken, da versah er es, stieß ein klein wenig an, und beide Steine plumpsten hinab. Hans, als er sie mit seinen Augen in die Tiefe hatte versinken sehen, sprang vor Freuden auf, kniete dann nieder und dankte Gott mit Tränen in den Augen, dass er ihm auch diese Gnade noch erwiesen und ihn auf eine so gute Art, und ohne, dass er sich einen Vorwurf zu machen brauchte, von den schweren Steinen befreit hätte, die ihm allein noch hinderlich gewesen wären. «So glücklich wie ich», rief er aus, «gibt es keinen Menschen unter der Sonne.» Mit leichtem Herzen und frei von aller Last sprang er nun fort, bis er daheim bei seiner Mutter war.

Für Hans geht es also nun noch einmal darum, Unnützes loszulassen.

Loslassen – ein Begriff, inzwischen leider zum vielgeschundenen Buzzword esoterischer Lebensberatungen verkommen, bedeutet mehr, als nur etwas hinter sich zu bringen. Loslassen findet nicht im Vorsatz statt, sondern bedingt einen Prozess. Es funktioniert nicht auf Ansage und auch nicht auf Knopfdruck. Wir werden die schmerzhaften Erinnerungen unseres Lebens nicht *los*, indem wir sie einfach *lassen*. Wir werden sie nur dann los, wenn wir uns mit ihnen auseinandersetzen und ihnen den gebührenden Platz in unserem Leben geben – wie Hans an dem Brunnen, zu dem er sich jetzt schleppt. Wenn wir sie einbetten in unsere Erinnerungen und sie als Teil eines großen, sinnvollen Ganzen sehen können. Wenn wir um Verzeihung bitten für unsere Fehler und selbst die Verletzungen anderer, die sie uns zugefügt haben mögen, verzeihen können. Wenn wir all den Verlusten und Wunden in uns Raum geben für Trauer und Heilung. Wenn wir also uns selbst im Spiegel des Tricksters als das erkennen, was wir sind: fehlerhaft. Niemand von uns geht seinen Lebensweg, ohne selbst Schuld auf sich zu laden. Erst wenn wir das erkennen, finden unsere geschundenen Seelen ihren Frieden und der Weg zum letzten Ziel wird frei.

Vielleicht finden wir den Prozess des Loslassens tatsächlich erst in einer Art schicksalhafter Fügung – wie es Hans tut, nachdem er sich nur lange genug mit seiner Last geplagt und die nötigen inneren Prozesse bis zum Ende zugelassen hat. Auch wenn dies noch einmal einen erheblichen Kraftaufwand erfordert.

Hans bettet also die beiden Steine bedächtig neben sich auf dem Brunnenrand. Zum ersten Mal möchte er sich nicht leichtfertig von einer Sache trennen, die ihm beschwerlich erscheint. Aber gerade als er sich zum Trinken bücken möchte, versieht er sich's und die beiden Steine plumpsen, scheinbar ohne sein Zutun, in die Tiefe des Brunnens hinab.

Der Brunnen im Märchen gilt immer als Symbol bzw. Heimstätte der Großen Mutter. Er ist Sinnbild des kosmischen Uterus, aus dem alles Leben kommt und in den alles Leben zurückkehrt. Nach der keltischen Mythologie sind es die Brunnen, in deren Tiefen die allweisen Spinnerinnen wohnen, die weiße, die rote und die schwarze Frau, von denen eine den Lebensfaden spinnt, die zweite ihn bemisst und die dritte ihn schließlich abschneidet. Hier dreht sich das Spinnrad des Lebens, an dem alle Mysterien des Seins gesponnen werden. Wer hierhin gelangt, hat zu seinem Ursprung zurückgefunden. Wer seine Last bis hierher getragen hat, kann sie getrost den unergründlichen Tiefen des Vergessens überlassen.

Und hier zeigt sich noch einmal die Weisheit, die in Hansens Naivität verborgen liegt: Wieder einmal scheint er auf wundersame, schicksalhafte Weise von einer Last befreit. Denn ein wohlmeinender Zufall bedingt es, dass er sich keine Vorwürfe über die Geschehnisse zu machen braucht, sich nicht mit neuen Schuldvorwürfen plagen muss. Er fragt nicht lange, ob es unbewusste Befreiungswünsche waren, die ihn zu dieser «freudschen Fehlleistung» getrieben haben oder ob es an seiner eigenen Ungeschicklichkeit lag. Er analysiert nicht, er grübelt nicht. Er ist nicht allein zuständig für die Entwicklung der Dinge. Er ist eben nicht der Strippenzieher, derjenige, der durch seine eigene Allmacht, durch sein Denken und Handeln alles und jeden unter Kontrolle halten muss. Er muss nicht mehr jedes Rätsel lösen und auf jede Frage eine Antwort finden – das ist wahres Loslassen. Hans fügt sich im wahrsten Sinne des Wortes in sein Schicksal, das ihm wieder einmal wohlwollend entgegenkommt.

Hans nimmt die Geschehnisse an, als Gottesgeschenk, als Gnade, die ihn davor bewahrt, sich selbst Vorwürfe machen zu müssen. Und diese Dankbarkeit ist es, die ihn am Ende wirklich befreit. Dieses unerschütterliche Vertrauen in eine höhere Macht. Jetzt endlich kann er mit leichtem Herzen und ohne unnötige Last das letzte Stück des Weges zurück zu seiner Mutter gehen.

Vielleicht ist Hans nun am Ende seiner langen Reise doch vom Narr zum Weisen für uns geworden, weil er trotz aller Irrungen und Wirrungen verinnerlicht hat, was ein irischer Segensspruch aussagt – und zu guter Letzt ist es ja nur das und gar nicht mehr, worauf es im Leben ankommt:

«Mögen Zeichen an der Straße Deines Lebens sein,
die Dir sagen, wohin Du auf dem Wege bist.
Mögest Du die Kraft haben, die Richtung zu ändern,
wenn Du die alte Straße nicht mehr gehen kannst.

Möge dir im ewigen Haus, zu dem du unterwegs bist,
ein freundliches Willkommen bereitet werden.
Du gehst nicht in die Fremde.
Du bist auf dem Weg zurück in die Heimat,
die du niemals verlassen hast.»